Silvia Rößler
Lachen trotz und alledem

Silvia Rößler

Lachen
trotz und alledem

Darf ich lachen,
wenn ich traurig bin?

1. Auflage 2015
© Verlag Via Nova | Alte Landstr.12 | 36100 Petersberg
Telefon (06 61) 6 29 73 | Fax (06 61) 96 79 560
E-Mail: info@verlag-vianova.de
www.verlag-vianova.de

Copyright der Illustrationen: Kordula Röckenhaus
Umschlaggestaltung: Guter Punkt • München
Satz und Layout: Sebastian Carl • Amerang
Druck und Verarbeitung: Appel und Klinger • 96277 Schneckenlohe
© Alle Rechte vorbehalten

ISBN 978-3-86616-341-6

„Zwischen Weinen und Lachen
  schwingt die Schaukel des Lebens,
    zwischen Weinen und Lachen
      fliegt in ihr der Mensch."

Christian Morgenstern

Inhalt

Zum Geleit	9
Mein Vorwort	10
Lach-Biographie	13
Gelotologie	19
Lachyoga	28
Lächeln und Lachen	34
Lachen und Weinen – Hand in Hand	63
Lachyoga und die Traditionelle Chinesische Medizin	70
Trotz-Macht Lachen und Humor	88
Witz	121
Andere Sitten und neue Wege	133
Klinikclowns	147
Atmung und Lachen	157
Elemente der Freude	162
Poetische Hausapotheke	204
Geschichten, die das Leben schreibt	209
Vergiss mein nicht	216
„Darf ich lachen, wenn ich traurig bin?"	219
Meisterstück	223
Schlusswort als Auftakt	228
Danksagung	232
Register	234
Literatur	236

In diesem Buch zeigt die Autorin in bewegender Weise auf, wie finale Krisen (schwere Krankheiten, Todeserwartung und Verlust von Bezugspersonen) mit Hilfe von humorvollen Interventionen nachhaltig gemeistert werden können. Eingefügte authentische Berichte über diese Thematik ermutigen zu einem lebensfrohen Umgang mit diesen existenziellen Grenzerfahrungen. Dabei vermengen sich Weisheit, Witz und Lebensfreude zu einer Haltung, wie sie dem Humor wesensgemäß ist. So kann die LeserIn Wege auffinden, die aus dem leidvollen Erleben von Tod und Trauer hinausführen. Dies wird anhand von vielen praktischen Anregungen aus den Bereichen Lachyoga, Meditation, Tanz, Singen und Malen überzeugend demonstriert.

Insgesamt geben Silvia Rößlers Ausführungen allen, die fachlich oder auch privat mit der Thematik von Tod und Trauer konfrontiert sind, viele praktische Anregungen, die neue Blickwinkel eröffnen und Orientierung geben können.

Dr. Michael Titze
Psychologischer Psychotherapeut
und Pionier des Therapeutischen Humors

Zum Geleit

Der Bogen ist weit gespannt: vom kleinen Mädchen, das der Mutter Sonnenschein sein will, damit beide überleben können, bis zur erwachsenen Tochter, die über Leben und Tod der dementen, sterbenden Mutter entscheidet. Dieses Erfahrungsspektrum lässt Silvia Rößler zu einer Mutmacherin werden, die zum **Lachen – *trotz und alledem*** aufmuntert, und zu einer Spezialistin für die Frage, ob und wie Lachen und Weinen, Freude und Trauer zusammengehen können.

Mit spielerischer Kreativität, großer Übersicht, liebevoller Achtsamkeit und sorgsam gewählten, tragfähigen Worten hat sie ein Buch geschrieben, das berührt, aufrührt und die Gehirnzellen auf Trab bringt. Mich hat es dazu angeregt, darüber nachzudenken, ob ich mir einmal meinen eigenen Sarg schnitzen werde oder beim nächsten Besuch meinen Eltern statt der üblichen Blumen eine rosarote und eine weiße Gummimaus aufs Grab lege. Diese Gedanken allein schon konnten liebevolles Gedenken und zarte Heiterkeit auslösen, und das hat mich erstaunt.

Das Buch hilft, vertraute Rituale rund um Tod und Sterben zu überdenken und sich selbst in den Blick zu nehmen. Wie gelassen sehe ich Krankheiten, Verlusten und Abschieden entgegen? Wie steht es um mein Lächeln und meine Heiterkeit in Trauersituationen? Wie kann und will ich sein in Begegnungen mit Sterbenden und deren Angehörigen?

Silvia Rößler gibt einen umfassenden Überblick über alte und neue Humor- und Lachtheorien, über Ergebnisse der modernen Lachforschung und über die Praxis des Lachyoga. Ihre eigenen Erfahrungsberichte und praktischen Anregungen bieten vielfältige Zugänge zu Humor, Heiterkeit, Lachen und Lebensfreude, die unmittelbar ins Leben integriert werden können. Und sie motiviert, sich der Trauer mit Offenheit und Phantasie zu stellen. Ein einzigartiger Beitrag auf dem Weg zu einer neuen Trauer-Freude-Kultur.

Peter Cubasch

Mein Vorwort

„Lachen ist eine Lobpreisung des Lebens."
Silvia Rößler

In den letzten Jahren habe ich immer mehr begriffen, dass die Verbindung von Lachen und Weinen mein Lebensthema ist. Durch den frühen Tod meines Vaters und meiner beiden Großväter bin ich in einem Trauerhaus groß geworden. Das konfrontierte mich auf unterschiedlichste Weise mit Lachen und Weinen. Die fröhlich-kindliche Unbeschwertheit erhielt einen deutlichen Dämpfer. Es folgten immer wieder Situationen, die mich begreifen ließen, dass ich mich offensichtlich mit diesen beiden Emotionen besonders auseinandersetzen soll. In den letzten elf Jahren verlor ich drei meiner liebsten Freundinnen, alle drei starben an Krebs. Weitere Krebsdiagnosen folgten bei mir nahestehenden Freundinnen. Hier durfte ich erleben, dass es auch möglich ist, die Krise zu überstehen und wieder als gesund zu gelten. In der Zeit, in der ich die erste Freundin begleitete, befasste ich mich sehr intensiv mit dem Trauerprozess. Die Texte von Elisabeth-Kübler-Ross, Jorgos Canakakis, Alwine Paessens-Deege, Sogyal Rinpoche und Morrie Schwartz – Autoren, die sich mit dem Thema Sterben und Trauerbegleitung beschäftigt haben – waren mir eine große Hilfe. Ich war sehr froh, dass es Bücher gab, die mich in diesem intensiven, bewussten Prozess so hilfreich unterstützen konnten. Fragen wurden beantwortet, Erlebtes bekam Erklärung. Trotzdem hatte ich nach dem Tod meiner ersten Freundin mein Lachen verloren und das fühlte sich schrecklich an. Ohne Lachen fehlte mir ein wichtiges Ausdrucksmittel. Ich erkannte in dieser Zeit, wie wichtig Weinen ist, aber auch das Lachen, welches ich immer als Lebensmotor und Anker empfunden hatte. Ich ging auf die Suche.

Wie kann ich mein Lachen wieder finden? Bei dieser Suche begegnete mir Lachyoga, welch glückliche Fügung! Mit den Lachübungen und der damit verbundenen Lebensphilosophie konnte ich mein Lachen zu neuem Leben erwecken. Ich fand die Anbindung an mein ursprüngliches fröhlich-kindliches Lachen wieder und entdeckte das Lachen aus der Tiefe des Bauches und damit die Anbindung an die Quelle des Lachens. Nun befasste ich mich nach der Trauerliteratur sehr intensiv mit der unterschiedlichsten Lachliteratur, mit Witz und Humor und mit dem Grenzgang von Lachen und Weinen.

Irgendwann hatte ich das Bild vor Augen, dass ich wie ein Jongleur dastehe. In der einen Hand halte ich die Trauer, in der anderen Hand halte ich die Freude. Ich führte beide Hände zusammen und stellte mir dabei die Frage: „Und wie bekomme ich nun beides zusammen?" Kein Schwarz-Weiß-Denken, sondern schwarz-weiß-kariert oder gestreift und am besten auch mal bunt. Wie sagte Fritz Roth, innovativer Bestatter und Autor aus dem Rheinland, so schön: „Das letzte Hemd ist bunt", und sein Sarg wurde ein leuchtend knallig roter, mit ein paar Ecken und Kanten mehr. Der Trauer etwas den Schrecken nehmen, der Schwere die Hand reichen, Licht in Dunkelheit bringen, sich liebevoll durch strahlende Augen begegnen, auch oder besonders in schweren Zeiten, mehr Selbstverständlichkeit im fließenden Wechsel der Emotionen entwickeln und über sich selbst schmunzeln und lachen können: zu all dem möchte ich ermuntern. Mein Wunsch ist es, dass Ihnen beim Lesen meiner Frage „Darf ich lachen, wenn ich traurig bin?" Geschichten einfallen, bei denen Sie der hellen Seite erlauben, dass sie sich einmischen darf.

Die Verbindung Lachen – Weinen – Lachen ist befreiend, reinigend und erlösend. Lachen, Witz und Humor in Situationen, wo es undenkbar erscheint? Ja. *„Das Leben hört nicht auf, komisch zu sein, wenn Menschen schwer erkranken oder sterben. Ebenso wenig, wie es aufhört, ernst zu sein, wenn Leute lachen."*, so die Aussage des irischen Dramatikers George Bernard Shaw. Ich möchte neue Wege aufzeigen und zur Inklusion von Weinen und Lachen in den unterschiedlichsten Situationen ermuntern, die uns unser buntes Leben bietet. Lassen Sie uns diese kraftvollen Elemente als Ventil nutzen, durch das Spannung reguliert wird und zu einem heiteren, kraftvollen, gesunden Leben führen kann. Lassen Sie uns einengende Vorstellungen verabschieden, um neue Möglichkeiten mit

Freude zu begrüßen. Folgen wir der heiteren Geschichte: *„Alle sagten: Das geht nicht. Dann kam einer, der wusste das nicht und hat's gemacht."*

Um meine Aussagen zu untermauern, zitiere ich Menschen aus ganz unterschiedlichen Professionen, vom Schriftsteller, über Filmschauspieler und Comedian bis zum Wissenschaftler.

Ich wünsche mir, dass es für immer mehr Menschen auch in heiklen Situationen und in Krisen möglich ist, dass sich das Lächeln vom Herzen zu den Mundwinkeln aufschwingt, den Weg zu den Augen findet und beim Herzen wieder ankommt.

„Der Mensch hat
gegenüber den Widrigkeiten des Lebens
drei Dinge zum Schutz:
die Hoffnung, den Schlaf und das Lachen."
Immanuel Kant

Lach-Biographie

Das erste Lächeln eines jeden Babys ist immer etwas ganz Besonderes. Man nennt es Engelslächeln. Derjenige, der es erhascht, ist erfüllt von großem Glück. Eine innere Sonne geht auf und der Angelächelte strahlt voll und breit zurück. Welch herrliches Energiefeld zwischen Baby und Betrachter. Welch wohlige Wohltat. Welch ein Glück. Wärme, Liebe und was da noch alles mitschwingt. Jeder für sich und glückselige Verbundenheit. So war es bei mir auch in meinem ersten Lebensjahr.

Meine fünf Jahre ältere Schwester verkündete strahlend nach meiner Geburt (ich bin am 31. Dezember geboren): „Meine Schwester ist ein Silvesterscherz."

Doch dann kamen große Einschnitte in unser Familienleben. Als ich ein Jahr und einen Monat alt war, verstarb mein Vater völlig unerwartet nach einer Gallenstein-Operation. Diesem Verlust folgte nach einem Jahr mein Großvater (der Vater meines Vaters) und nach einem weiteren halben Jahr verstarb der Vater meiner Mutter. Unser Haus war ein Trauerhaus und meine Mutter kam aus ihren Trauerkleidern nicht heraus. Auf Schwarz folgte irgendwann Braun, und als sie einmal eine bunte Schürze darüber trug, habe ich begeistert gerufen: „Mama, bist du heute hübsch!" Meine Mutter war die große, schwarze Frau an meiner Seite, die schwer zu tragen und mit ihrem Schicksal zu kämpfen hatte. Schon als junge Erwachsene, mit neunzehn Jahren, wurde sie 1946 aus dem damaligen Sudentenland vertrieben. Getrennt von ihren Eltern und ihrer Schwester kam sie in ein Internierungslager und von dort nach Deutschland. Eltern und Schwester durften, wie zuvor versprochen, dann doch nicht nachreisen. So viele Verluste, so viel Leid, so viel Enttäuschung. Meine Mutter verfiel mit all diesen Belastungen häufig in Depressionen, und ich bin damit großgeworden, dass sie immer wieder von Selbstmord sprach. Seit einigen Jahren habe ich begriffen, wie stark sie eigentlich war. Sie hatte sich zum Ziel gesetzt, nach dem Tod meines Vaters für meine Schwester und mich da zu sein. Und das hat sie auf ihre Art und Weise erfüllt. Das war ihr ungeschriebenes Gesetz und deshalb hätte sie sich nie selbst getötet. Das weiß ich heute.

Was hat das mit meinem Lachen zu tun? Eine ganze Menge. Ich bin groß geworden mit den Worten: „Du bist mein Sonnenschein!" „Wenn du nicht gewesen wärst, hätte ich mich längst umgebracht." „Wenn ich morgens an dein Bettchen gekommen bin und du hast mich angelächelt, dann war es gut." Ich bin in meine Aufgabe hineingewachsen, meine Mutter bei guter Laune zu halten, Freude zu vermitteln, sie am Leben zu erhalten. Wenn meine Mutter sagte: „Du bist mein Sonnenschein", erfüllte es mich mit großem Stolz und Freude. Dieses Modell führte dazu, dass ich es nicht ertrug, wenn jemand in meiner Nähe traurig auf mich wirkte. Sofort schaltete ich mein Erheiterungsprogramm an. Mein Wunsch war: „Komm, sei fröhlich, lebendig, komm aus deiner Erstarrung heraus, steh auf und tanz mit mir." Immer wieder registrierte ich, wie schwer es mir fiel, in sich gekehrte Menschen, die erstarrt auf mich wirkten, zu ertragen. Erst viele Jahre später begriff ich, wie mich meine eigene, mir nicht bewusste Trauer und die große Trauer meiner Mutter, ihre Depressionen und meine Verzweiflung, sie am Leben erhalten zu wollen, im Griff hatten. Verlustängste lösten bei mir Stress-Reaktionen aus: Flucht, Lichtschalter an-aus-anklicken, und über sehr traurige oder schwere Ereignisse berichtete ich stets mit einem Lächeln. Eine Therapeutin versuchte mir zu vermitteln, welch große und schwere Aufgabe ich mit meiner Mutter zu bewältigen hatte. „Wieso?", dachte ich. „Das war doch eine tolle Aufgabe! Ich war der Sonnenschein!" Aber ich verstand auch, wie dringend ich als Sonnenschein gebraucht wurde. Als mir die Verstrickung meiner Gefühle immer klarer wurde und ich erkannte, dass ich meine eigene Trauer zum Schutze meiner Mutter gar nicht zeigen durfte, überkam mich heftigste Übelkeit. Mit aller Macht wollten nun meine unterdrückte Trauer, Wut und Verzweiflung aus der tiefsten Tiefe aufsteigen. In einer angeleiteten Meditation wurde gefragt, welche Farben wir sehen. Ich erwartete Rot, Orange, Gelb. Doch es erschienen Grau und Schwarz. „Ich – grau und schwarz? Das kann doch gar nicht sein." Überraschenderweise malte ich anschließend mit einem unglaublichen Drang Bild um Bild in diesen düsteren Farben. In unterschiedlichsten Kombinationen, Formen, zum Teil ganz akribisch. Das tat mir unglaublich gut. Die Leiterin war sehr berührt von meinen Werken. Sie erfasste meine große, getragene Trauer. Mit den Bildern als Gegenüber konnte auch ich es nicht mehr übersehen.

Die ganze Tragweite bestätigte sich Jahre später bei einer Familienaufstellung. Durch die Aufstellung einzelner Familienmitglieder wurde deutlich, dass ich wahrhaftig die Aufgabe hatte, meine Mutter am Leben zu erhalten. Mittlerweile habe ich verstanden, dass ich nicht nur meine Mutter gerettet habe. Ich habe auch mich aus der sich dramatisch entwickelnden Familiensituation gerettet. Dank dem Sonnenschein. So kann ich mich heute über die Bezeichnung „Sonnenschein", die eine lange Zeit für mich negativ behaftet war, wieder freuen. Ich fühle mich beschenkt und empfinde es als wunderbare Gabe, trotz allem oder gerade deshalb zu lächeln und zu strahlen. Deutlich signalisieren mir mein Körper, mein Geist und meine Seele, dass Lachen und Lächeln mein Motor ist, meine Kraftquelle. Das Lachen prägt mein Wesen. Das bin ich. Nicht, weil ich es sein musste, sondern weil ich es bin. Es ist in all den Jahren nur sehr strapaziert worden, mit unglaublichem Druck besetzt, mit der unglaublichen Bürde über Leben und Tod. Mit den neuen Erkenntnissen konnte ich mein Lachen zu meinem eigenen machen und kann es nach meinem Ermessen leben.

„Das Lachen ins Leben streuen,
wie den Zucker in den Kuchen."
Silvia Rößler

Verlorenes und wiedergefundenes Lachen

Vor dreizehn Jahren wurde bei meiner besten Freundin die Diagnose Darmkrebs gestellt. Ihre Familie und ich begleiteten sie bis zum Schluss zu Hause. Lange konnten wir noch gemeinsam lachen. Dann wurde es weniger, verhaltener. Mit ihrem Mann und ihren Kindern lachte ich aber weiterhin, denn es wurde deutlich, dass wir die ganze Situation damit besser bewältigen konnten. Bei ihrem Tod vor elf Jahren erlebte ich dann, wie mir die Trauer mein Lachen wegnahm. Mein Lachen war komplett verschwunden. Es herrschte Leere. Angst beschlich mich: „Ist mein Lachen für immer weg?" Es fühlte sich für mich schrecklich an. Etwas ganz Wesentliches meiner Persönlichkeit stand mir nicht mehr zur Verfügung. Verlust. Mir fiel die Geschichte von Tim Taler ein, der sein Lachen verkauft hat. Wie schrecklich erging es ihm ohne dieses wunderbare Ausdrucksmittel. Nach fast einem Jahr hörte ich mich wieder lachen. Aber es klang hölzern, hohl, leer, kraftlos. Mein eigenes Lachen war mir fremd geworden. Mir fehlte die Anbindung an mich selbst. Ich versuchte es immer wieder, lachte, um zu lachen, wollte Leichtigkeit und Freude fühlen. Nach und nach regenerierte es sich zum Glück und eine gute Freundin schenkte mir ein Foto von meinem ersten strahlenden Lachen mit dem Titel: **Lebenskraft Lachen.** Doch die völlige Verbundenheit an mein Innerstes war noch nicht zu spüren.

„Auch im Land des Lächelns gibt es Tränen."
Silvia Rößler

Auf der Suche nach meinem ursprünglichen Lachen und dem Wunsch, Trauer und Freude in guten Einklang zu bringen, begegneten mir Patch Adams, Dr. Eckhard von Hirschhausen mit den Clinic Clowns und Dr. Madan Kataria mit dem von ihm entwickelten Lachyoga. Ich entdeckte, dass in meinem Wohnort Lachyoga angeboten wurde, und es war mir klar: Da gehe ich hin. In der heiteren Gemeinschaft wurde mein Lachen wieder entfacht. Ein Lacher nach dem anderen purzelte mir aus vollstem Herzen. Ich habe begriffen, dass man keinen Grund zum Lachen braucht und nicht glücklich sein muss, um zu lachen, sondern durch Lachen glücklich wird. Es tut gut, sich mit der positiven Energie zu verbinden, die in der Gemeinschaft der Lachyogis besteht oder entsteht. Lachyoga unterstützt, mit den Gegebenheiten und Unwägbarkeiten des Lebens auf heitere, leichte Art und Weise umzugehen.

> „Wir lachen nicht, weil wir glücklich sind,
> sondern wir sind glücklich, weil wir lachen".
> Madan Kataria

Vor fünf Jahren begleitete ich wieder eine gute Freundin auf ihrem letzten Weg. Zum Glück konnten wir auch Leid zu Freude wandeln. Es gelang der Familie, Freundinnen und mir, diese Freundin mit Gesang, offenen Gesprächen, Lachen, Humor, Clowns-Nase, später mit bemaltem Sarg, zu begleiten. Für alle Beteiligten war es eine Erleichterung des schweren Weges. Als ich meine Freundin im Krankenhaus besuchte, war gerade Karnevalszeit. Ich dachte mir: „Sie hat noch nichts vom Karneval mitbekommen. Nimm mal die rote Nase und den Alm-Jodler-Teddy mit und schau, ob du diese spaßigen Sachen eventuell einsetzen kannst." Sie freute sich sehr darüber. Eine Krankenschwester kam herein, stellte sich an das Bett meiner Freundin und jammerte, wie schlecht es ihr gehen würde. Wie konnte diese Krankenschwester meiner todkranken Freundin etwas vorjammern? Sie müsste doch eher die Patientin aufheitern oder ihr eigenes Jammern zumindest sein lassen. Meine Freundin und ich schauten uns ungläubig an. Ich sagte zu der Schwester: „Wir hätten da was zum Aufheitern für Sie!", setzte meine rote Nase auf, aktivierte den Alm-Jodler-Teddy und bot ihr noch von den mitgebrachten Glücksbonbons an. Sie musste schmunzeln. Na – geht doch. Wir lachten dann alle drei. Nach dem Tod dieser Freundin hatten wir Gedenktreffen, Gedenken mit Tränen, aber auch mit Lachen und Freude. Weinen und Lachen hat befreiende Wirkung. Es ist deutlich zu spüren, dass durch regelmäßiges Lachen immer öfter das Lachen aus dem Bauch heraus kommt und damit an Kraft gewinnt. Vor drei Jahren betrauerte ich schon wieder eine mir sehr liebe Freundin. Ich spüre tiefe Trauer in mir, wenn ich an sie denke, aber ich weiß um die Kraft des Lächelns und Lachens. Ich bin sehr froh, dass mein Lachen sich verankern konnte und in herausfordernden Zeiten mir eine gute Stütze ist.

> „Tränen, die man gelacht hat, muss man
> nicht mehr weinen."
> Jüdisches Sprichwort

Der Lachvirus hat mich ab dem 1. Deutschen Lachyoga-Kongress 2010 in Horn-Bad Meinberg dann vollständig infiziert. Lachen und Freude in allen Seminarräumen, fröhliche Begegnungen, interessantes Futter für Körper, Geist und Seele und deutliche Wirkung der Glückshormone. *„Nichts in der Welt wirkt so ansteckend wie Lachen und gute Laune."*, sagte schon der englischer Schriftsteller Charles Dickens. Beschwingt und inspiriert kehrte ich mit der Vorstellung nach Hause zurück: „Eine heitere Epidemie des Lachens wird nun das ganze Land und darüber hinaus ergreifen."

„Lachen ist Leben und umgekehrt."
Oscar Wilde

Lachen, um mich des Lebens zu erfreuen.
Lachen, um das eigene Leben und das Leben
meiner Mitmenschen zu bereichern.
Ich nehme den Spaß ernst und der Ernst darf Spaß werden.
In diesem Sinne möchte ich Sie einladen:
„Lebe dein Lachen!"

Gelotologie

> „Lachen hat einen ganz eigenen Charakter
> – es ist gesund und ansteckend."
> Silvia Rößler

Gelotologie ist die Wissenschaft vom Lachen. Wissenschaftler wurden auf die heiteren Selbstversuche des amerikanischen Wissenschaftsjournalisten und Autors Norman Cousins aufmerksam. Sie wollten mehr über seinen Genesungsprozess wissen und begannen, das Lachen und seine Wirkungen zu erforschen. Norman Cousins hatte berichtet, wie er 1964 nach einer schweren Erkrankung seine Selbstheilungskräfte aktivierte. Die Ärzte diagnostizierten ihm die Autoimmunerkrankung Spondylitis Rheumatica Ankylosans. Im Verlauf dieser Erkrankung kommt es zum Auflösen von Zellen und zu großen Bewegungseinschränkungen. Die Erkrankung galt als unheilbar. Er hätte allen Grund gehabt, sich in Depressionen zu flüchten und aufzugeben. Aber sein Lebenswille war sehr stark. Durch seine Erfahrungen als Wissenschaftsjournalist war er mit den negativen Auswirkungen von Stress vertraut. So überlegte er sich: Wenn ich mich genau umgekehrt zu dem verhalte, was Stress auslöst, dann müsste es sich doch positiv auf meinen Organismus auswirken. Er setzte auf Hoffnung, Liebe, Glaube, Vertrauen, dem Willen zum Leben und Lachen.

Norman Cousins verließ das Krankenhaus und wohnte in einem Hotel, um in einer angenehmeren Atmosphäre genesen zu können. Ein befreundeter Arzt begleitete ihn therapeutisch. Sie starteten den Versuch, Vitamin C hochdosiert und intravenös zu geben, denn Vitamin C galt als hilfreich bei Erkrankungen, die mit Entzündungen einhergehen. Außerdem wollte er durch und durch voller Heiterkeit sein. Norman Cousins ließ sich lustige Filme vorführen, Witze und heitere Geschichten erzählen. Er unterzog sich einer regelrechten Lachkur. Lachen als Therapeutikum. Um die Wirkung zu kontrollieren, ließ er sich vor, während und nach den Lachepisoden Blut abnehmen. Die Blutsenkungen wurden deutlich besser und die Schmerzen weniger. Nach zehn Minuten Lachen waren zwei Stunden schmerzfreies Schlafen möglich. Die Medikamente konnten reduziert und schließlich abgesetzt werden. Nach einigen Monaten war es ihm möglich, sich fast wieder vollständig bewegen zu können, und er lebte 26 Jahre länger als diagnostiziert. „Lachen ist gesund!" war ab jetzt nicht nur eine alte Lebensweisheit, sondern eine durch Laborwerte belegte Behauptung.

Dr. William F. Fry, amerikanischer Neurologe, interessierte dieser Heilungsverlauf und er führte an sich Selbstversuche durch. Er wurde Begründer und Wortschöpfer der Gelotologie, der Lachforschung. Ihm folgten weitere Mediziner, die die Wirkung des Lachens und das Lachen als solches erforschten. Forschungsergebnisse bestätigen mittlerweile, dass Lachen sich positiv auf das Herz-Kreislauf-System und damit auf den Blutdruck auswirkt, das Immunsystem stärkt und die Produktion von Killerzellen, die Krebszellen „auffressen", erhöht. Das körpereigene Drogenlabor wird positiv aktiviert, was zum Ausschütten von Endorphinen, den sogenannten Glückshormonen, führt. Der Mensch ist in guter Stimmung und die Schmerzen werden gelindert.

Lachen ist verstärktes Ausatmen. Damit vertieft es die gesamte Atmung, und durch die intensivere Zwerchfellarbeit werden die im Bauch befindlichen Organe massiert. Das Gehirn und der Körper von lachenden und lächelnden Menschen ist viel besser mit Sauerstoff versorgt, als das von ernsten und traurigen Menschen. Klares Denken, die Konzentration und Entschlusskraft werden gefördert. Das hatte schon der deutsche Freiherr Heinrich Friedrich Karl vom Stein im Sinn, als er sagte: *„Hüte dich vor dem Entschluss, zu dem du nicht lächeln kannst."*

Ebenfalls entwickelte sich die Psychoneuroimmunologie, ein interdisziplinäres Forschungsgebiet, das sich mit der Wechselwirkung der Psyche, des Nervensystems und des Immunsystems beschäftigt. Ein Nachbargebiet ist die Psychoneuroendokrinologie, das außerdem die Wechselwirkungen des Hormonsystems mit einbezieht. Forscher dieser Fachrichtungen interessierten sich sehr für Cousins Erfahrungsberichte. Sie erforschten, wie unsere gedankliche Hirnfunktion mit den hormonalen Vorgängen und dem Immunsystem zusammenwirken. Es gab Überlegungen, dass es

Verbindung zwischen einem robusten Lebenswillen und dem chemischen Gleichgewicht im Gehirn gibt und Kreativität – ein Aspekt des Lebenswillens – die entscheidenden Gehirnimpulse erzeugt, welche die Hypophyse stimulieren und auf das ganze endokrine System einwirken. Bereits die Vorstellung von etwas Schönem oder Lustigem bewirkt, dass sich die Anzahl von Endorphinen und weiteren Substanzen, die den Körper entspannen, erhöht, sagt Lee S. Berk, Neuro-Immunologe aus Kalifornien. Das erklärt die positive Wirkung der Vorfreude auf unser Wohlbefinden. Dieser Mechanismus funktioniert mit Hilfe unserer Spiegelneuronen.

„Lache das Leben an,
wenn es allzu ernst daherkommt –
vielleicht kannst du es aufheitern!"
Unbekannt

Giacomo Rizzolatti, italienischer Professor für Physiologie, entdeckte 1995 beim Erforschen der Motoneuronen die Spiegelneuronen. Im Tierversuch griff ein Affe nach Erdnüssen, die in einer Schüssel lagen. Dabei konnten bestimmte Hirnströme gemessen werden. Während ein Mitarbeiter des Forschungsteams Erdnüsse aus der Schale nahm, konnten bei dem Test-Affen dieselben Hirnströme gemessen werden wie bei der eigenen Aktivität. Rizzolatti bezeichnete das Spiegelneuron als eine Nervenzelle, die im Gehirn von Primaten beim Betrachten eines Vorgangs das gleiche Aktivitätsmuster aufweist, wie es entstünde, wenn dieser Vorgang nicht bloß betrachtet (passiv), sondern selbst durchgeführt (aktiv) würde. Außerdem führen die Spiegelneuronen zu affektiver Nachahmung. Das bezieht sich auf optische wie auf akustische Signale. Optisch funktioniert es mit direktem Blickkontakt.

Auf dieser Basis wirkt auch der weltbekannte Smiley. Ein indisches Sprichwort schildert diesen Vorgang so: *„Das Lächeln, das du aussendest, kehrt zu dir zurück."* Diese Spiegelfunktion erklärt auch das ansteckende Gähnen und Lachen. Sobald man jemanden gähnen oder lachen sieht oder hört, hat es unmittelbar ansteckende Wirkung, selbst durchs Telefon. Weiterhin können schon allein die Vorstellung heiterer Aktionen und der wunderbare Zustand der Vorfreude zu demselben Aktivitätsmuster führen. Wenn uns ein Film zu Tränen rührt oder wir bei Szenen großer Ungerechtigkeit spüren, wie unsere Wut wächst, reden Wissenschaftler von dem „vollkommen automatisierten Prozess der Emotionalen Ansteckung". All das bewirken unsere Spiegelneuronen. Ebenso machen sie Empathie möglich, was die Fähigkeit und Bereitschaft bedeutet, Gedanken, Emotionen, Motive und Persönlichkeitsmerkmale einer anderen Person zu erkennen und zu verstehen und auf die Gefühle anderer zu reagieren.

Neurophysiologen berichten vom Limbischen System, einem Bereich unseres Gehirns, welcher unterhalb der Großhirnrinde angesiedelt ist. Werner Tiki Küstenmacher, deutscher Moderator und Karikaturist, hat diesen Bereich personifiziert und ihn „Limbi" getauft. Innerhalb dieser Zone befinden sich unser Belohnungssystem und unser motivationales Emotionssystem. Diesen Teil unseres Gehirns erreichen wir mit nonverbalen Impulsen. Durch einen positiven Stimulus werden Botenstoffe aktiviert, die uns glücklich und zufrieden stimmen. Diesen angenehmen Zustand möchten wir nun immer wieder erreichen. Der amerikanische Psychologe B.F. Skinner entwickelte eine Apparatur, mit deren Hilfe das Verhalten von Testtieren erfasst wird. In der nach ihm benannten Skinner-Box lernen Mäuse im Testverfahren, dass eine bestimmte Aktion zur Futterausgabe führt. Einmal erkannt, wird die Aktion von den Testtieren fleißig wiederholt, denn das aufkommende Wohlbefinden hat motivierende Wirkung.

Ein positiver Stimulus bei Menschen ist das Lachen. Forscher und Lachinteressierte wissen inzwischen, dass sobald wir die Mundwinkel mit Hilfe des großen Lachmuskels, Musculus zygomaticus major, hochziehen und sich durch die Augenringmuskulatur, Musculus orbicularis oculi, die Sonnenstrahlen an den Augen bilden, unser Gehirn das Signal bekommt: „Ich bin gut drauf!". Das körpereigene Chemielabor wird durch diese Muskelaktivitäten angeregt und Endorphine werden ausgeschüttet. „Motion makes Emotion." Die Bezeichnung Endorphin ist eine Wortkreuzung aus „endogenes Morphin", was aussagt, dass es ein körpereigenes Morphium ist. Als solches senkt es den Spiegel der Stresshormone Adrenalin und Cortisol und mindert somit den Nährboden aller stressbegründeten Erkrankungen. Entspannung, gute Stimmung und Schmerzreduktion sind die Folge. *„Glück und Gesundheit hängen irgendwie zusammen, aber banal ist es nicht"*, meint der deutsche Mediziner Dr. Eckhart von Hirschhausen. *„Nicht jeder, der gesund ist, ist glücklich. Nicht jeder, der krank ist, ist unglücklich. Aber wer öfter glücklich ist, ist seltener krank."*

Der Gehirnforscher und Spezialist für Epilepsie Prof. Dr. Fried Itzhak aus Los Angeles fand zufällig heraus, dass es im Gehirn ein Lachzentrum gibt. Zu dieser Entdeckung kam es während Forschungsarbeiten, die klären sollten, ob Epilepsie durch operative Eingriffe behoben werden kann. Er stellte fest, dass, wenn bestimmte Areale des Gehirns über Elektroden mit Schwachstrom gereizt werden, die Testperson zu lachen beginnt. Diese Areale befinden sich in der frontalen Hirnrinde, im Großhirn am linken vorderen Stirnlappen, nahe dem Sprachzentrum. Die Testperson, ein sechzehnjähriges Mädchen, las eine nicht lustige Geschichte vor. Währenddessen reizte Prof. Dr. Fried Itzhak nach und nach verschiedene Hirnzellen. Das Mädchen bekam wider Erwarten keinen schmerzhaften Anfall, sondern grinste bis über beide Ohren und brach in schallendes Gelächter aus. Der Reiz zum Lachen wurde je nach Stromstärke intensiver. „Ihr seid echt witzige Typen", sagte das Mädchen prustend zu den Ärzten. Die Forscher waren sehr erstaunt und meinten: „Vielleicht sollten wir den Strom doch etwas runterregeln."

Durch regelmäßiges Lachen kann man die neuronale Plastizität beeinflussen, das heißt, Synapsen, Nervenzellen und das Lachareal im Gehirn werden durch die heitere Aktivierung positiv verändert. Es wachsen weitere Gehirnzellen und zwischen diesen kommt es zu neuen Verbindungen, den Synapsen. Unsere gesamte Lebenszeit lachend neue Hirnzellen produzieren zu können – das sind tolle Aussichten.

Bei Lachyoga ist hauptsächlich die rechte Gehirnhälfte aktiv, die für Kreativität, Intuition und Vorstellungskraft zuständig ist. Wenn der Auslöser für Lachen ein Witz oder eine humorvolle Bemerkung ist, kommt vermehrt die rational, analytisch und kritisch ausgerichtete linke Hirnhälfte in Aktion. Da Lachyoga die Absicht hat, spielerische Qualitäten zu locken,

wird weitestgehend auf Sprache verzichtet, um nicht wieder ins Denken zu gelangen. Ausnahme bildet die Nonsens-Sprache Dschibberisch. Mit dieser universellen Sprache kann man gedankenfrei reden und das Gedankenkarussell im Kopf kommt zur Ruhe. Ilona Papousek und Günther Schulter, Professoren für Neuropsychologie aus Graz, erforschten, dass sich während des Lachens die Aktivität im sogenannten frontopolaren Bereich des Gehirns – direkt hinter der Stirn – von links nach rechts verlagert. Diese Verschiebung findet statt, wenn sich die Stimmung eines Menschen in eine heitere Stimmung wandelt. Bei regelmäßigem Praktizieren von Lachyoga kann diese Verschiebung von Dauer sein. Beim Meditieren findet eine ähnliche Verschiebung statt. Vielleicht kann man damit das immerwährende Lächeln des Buddha und des Dalai Lama erklären.

Ergebnisse der Gelotologie zeigen, dass unser Gehirn glücklicherweise nicht unterscheidet, ob wir echt lachen oder das Lachen spielen. Damit haben wir den positiven Nutzen des Lachens schon ab dem Moment, wo wir das Lachen spielen, bis es ganz echt aus vollem Herzen kommt. Wir können uns nach und nach in ein angenehmes Wohlbefinden hineinschaukeln. So wie sich das zuständige Hirnareal für Bewegungsmuskulatur bei dessen Training vergrößert, so breitet sich das Lachareal mehr aus, wenn wir unser Zwerchfell hüpfen lassen und den „Muskel der Freude", der unsere Mundwinkel hochzieht, immer häufiger aktivieren. Damit ist das Gehirn viel schneller bereit, uns unser Lachen und unsere humorige Seite leben zu lassen. Ein weiterer Vorteil ist, dass sich das Areal des Jammerlappens zurückziehen darf, wenn sich das Freudeareal ausbreitet.

„Lachyoga ist ein Training, bestimmte Systeme im Gehirn zu aktivieren, die einen heiterer, zufriedener und glücklicher machen."
Ilona Papousek

Wie verhält es sich, wenn unser Gehirn jammert? Dr. Eckart von Hirschhausen schreibt in seinem Buch „Glück kommt selten allein" so herzerfrischend über den deutschen Jammerlappen. Der humoristische Mediziner ergänzt unser Gehirnlappen-Sortiment um einen spannenden weiteren: „Nicht nur den Stirnlappen, der plant, und den Seitenlappen, der vernetzt, wir Deutschen haben auch noch den Jammerlappen, der verhindert." Er beschreibt den Jammerlappen sehr anschaulich: „Er hat keinen Draht zum Sehnerv, hat aber trotzdem immer alles kommen sehen. Er hat auch keine Verbindung zum Gedächtnis, ist sich aber sicher, dass früher alles besser war." Jammern ist beliebt, denn „Wer jammert, ist nie allein! Es bilden sich sogar in Kindergrippen kleine Selbsthilfegruppen. Wenn einer plärrt, plärren alle mit." Der medizinische Hinweis lautet: „Der Jammerlappen ist wie ein Dauerstörfeuer, aber keiner zwingt uns, seine Frequenz einzustellen." Dieser Lappen hat schon ein sehr starkes Eigenleben. Wer kennt ihn und sein Temperament nicht? Rolf Degen, deutscher Wissenschaftsjournalist und Autor, machte die Entdeckung, dass es den Jammerlappen sogar wirklich gibt. Forscher konnten ihn anatomisch nachweisen. Er heißt: „Habenula lateralis" und bremst den Dopaminausstoß. Er springt an, wenn wir innerlich sagen: „Bringt nichts", und ist bei Depressionen überaktiv. Denken wir an die Plastizität des Gehirns, ist die Folge von viel Jammern klar. Der Jammerlappen wird immer größer und verdrängt andere Hirnareale, wie zum Beispiel das Lachzentrum.

Gegenüber dem Jammern in Endlosschleife, welches die trübe Stimmung nährt, wirkt **gespieltes Jammern** erhellend. Es hat als Ventil befreiende Wirkung und macht Spaß. Das *„Jammer-Lachen"* mit seinem Wechsel von Jammern und Lachen ist sehr heilsam. Es entlastet und hilft beim Perspektivenwechsel. Beim echten Jammern gilt es aufzupassen, sich nicht darin zu verstricken, wieder Abstand zu gewinnen und konstruktiv mit der Problematik umzugehen. Mich haben all diese Erkenntnisse inspiriert, die Lachyoga-Übung *„Jammerlappen-Lachen"* zu entwickeln. Beim „Jammerlappen-Lachen" wird mit viel Fantasie der Jammerlappen aus dem Gehirn herausoperiert, dann genussvoll, wie ein Lasso geschwungen und lachend weit fortgeworfen. Nach dem erfolgreichen Entfernen des Störenfrieds bringt unser Zeigefinger, der Lachfinger, wie ein Zapfhahn beim Tanken Licht und Heiterkeit an die freigewordene Stelle.

Na, dann los – jammern wir genussvoll eine Runde und dann lachen wir wieder.

Jammer-Lachen

Wirkung	reguliert Spannung löst aus Verhaftungen erleichtert den Stimmungswechsel
Ausführung	etwas nach vorne beugen genussvoll jammern laut und klagend wie ein Klageweib die Arme dabei entsprechend einsetzen dann schwungvoll aufrichten und die Arme lachend zum Himmel strecken Jammern und Lachen mehrmals im Wechsel ausführen

Jammerlappen-Lachen

Wirkung	fördert den Perspektivenwechsel wandelt die Stimmung „Heureka!" als Zauberformel für „Ich bin heiter!"
Ausführung	mit dem Lachfinger/Zeigefinger auf die Stelle am Kopf zeigen, wo sich Ihrer Meinung nach Ihr Jammerlappen befindet, lachend darauf tippen: „Hahahahaha!" den Jammerlappen pantomimisch greifen und herausziehen, dabei theatralisch mit der Länge des Lappens spielen, den Jammerlappen lachend auswringen, mit der inneren Haltung: „Du alter Jammerlappen, du störst mich nicht länger" wie ein Lasso dreimal, mit jeweils einem „Ha!", über dem Kopf schleudern, beim vierten Mal lachend „Hahaha!" weit wegwerfen, den Lach- und Lichtfinger auf den leer gewordenen Platz setzen und ihn mit Licht und Gelächter füllen, den Kopf mit heilsamer Lachcreme versiegeln
Variante	eine Hand auf den Jammerlappen legen und die Zauberformel sprechen: „Heu-reka!" (griechisch= „Ich habe es gefunden!") In dem Moment löst sich der Jammerlappen auf.

Jeder kann frei wählen, ob er den Jammerlappen oder das Lachzentrum aktiviert und damit die Qualität seiner Emotionen bestimmt. Man bedenke den Hinweis von Albert Schweitzer, deutsch-französischer Arzt, evangelischer Theologe und Pazifist:

„In jeder Minute, die du mit Ärger verbringst, versäumst du 60 glückliche Sekunden deines Lebens."

Jeder kann immer wieder neu entscheiden, auf welchen Sender er sich einloggt. *„Meckern Sie noch? Oder lachen Sie schon?"*

Willibald Ruch, Professor für Persönlichkeitspsychologie und Humor-Forscher aus Zürich, spricht von einem Lach- und Heiterkeits-Netzwerk. Bei diesem Netzwerk seien immer drei Komponenten beteiligt: eine emotionale, eine kognitive und eine motorische. Diese drei Komponenten sind im Gehirn so eng miteinander verknüpft, dass von einem neuronalen Netzwerk gesprochen werden kann. Wird eine dieser Komponenten aktiviert, treten in der Regel auch die anderen zwei Komponenten in Aktion. Das bedeutet: Wenn wir lachen, haben wir zur gleichen Zeit positive Gedanken und angenehme Gefühle. Oder wir haben positive Gedanken – lachen – und haben angenehme Gefühle.

Die bekanntesten Auslöser dieses Netzwerkes sind die **emotionale Komponente**, wie Freude, gute Laune, Glücksgefühle, oder die **kognitive Komponente** mit Witzen, heiteren Geschichten oder einem lustigen Film. Dass auch die **motorische Komponente** der Auslöser sein kann, macht Lachyoga deutlich. Also Mundwinkel hochziehen, Augenringmuskulatur anspannen, rhythmisch in die Hände klatschen und auf „Ho-ho-ha-ha-ha" das Zwerchfell hüpfen lassen.

An dieser Stelle kognitives Witz-Futter für das Lach-und Heiterkeitsnetz:

„Mailand oder Madrid – Hauptsache Italien!"

Andreas Möller

Lachyoga

Der indische Arzt Dr. Madan Kataria entwickelte zusammen mit seiner Frau Madhuri Kataria, einer Yogalehrerin, das Hasya-Yoga, bekannt als Lachyoga. Er schrieb für seine medizinische Zeitschrift einen Artikel zu der Volksweisheit „Lachen ist gesund" und griff zahlreiche Erkenntnisse der Gelotologie, der Lachforschung, auf. Beim Schreiben kam ihm der Gedanke, dass es sinnvoll wäre, Lachen gleich praktisch umzusetzen. In Indien gehen viele Menschen vor der Arbeit zum Joggen in Parks. Dr. Madan Kataria sah darin die Chance, gesundheitsbewusste Menschen zu treffen, die eine Bereitschaft haben, sich auf neue gesundheitsfördernde Maßnahmen einzulassen.

So ging er frühmorgens am 13. Mai 1995 in einen Park in Mumbai, bis 1996 offiziell Bombay, Hauptstadt des Bundesstaates Maharashtra in Indien. Mit fünf Teilnehmern startete er Witze erzählend seinen ersten Lachclub. Nach wenigen Wochen stellte sich heraus, dass es so nicht dauerhaft weitergehen konnte. Die Witze gingen aus, es konnten auch nicht alle über den gleichen Witz lachen, und so war es nicht möglich, über längere Zeit zu lachen. Auf Grund der Erkenntnisse der Gelotologie ist bekannt, dass eine Minute Lachen den Stoffwechsel so anregt wie zehn Minuten Joggen. Um länger anhaltende Veränderungen in unserem Körper zu bewirken, wie zum Beispiel Schmerzlinderung, Blutdruckregulation und die Stärkung des Immunsystems, ist eine Lachzeit von mindesten zehn Minuten notwendig. Dr. Madan Kataria kam zu dem Schluss: *„Lachen ist viel zu wichtig, als es von Witzen abhängig zu machen."* So lachen wir beim Lachyoga ohne Grund. Würden wir uns auf Witze oder Komik als Auslöser für das Lachen beschränken, würde unser Lachen enden, wenn der von außen kommende Lachreiz vorbei ist.

Lachen ohne Grund gibt uns die Möglichkeit, an unsere Quelle des Lachens zu kommen und unser Lachen aus ihr heraussprudeln zu lassen.

Das zu Beginn gespielte Lachen führt dank der daraufhin ausgeschütteten Glückshormone zu echter Freude. Die wiederum löst mehr Lächeln und Lachen aus, weitere Botenstoffe werden aktiviert und führen zu echter Heiterkeit. Nach anfänglicher Irritation, die das gespielte Lachen auslöst, wird das Experimentieren mit gespieltem Lachen immer selbstverständlicher. Es folgt der fließende, spielerische Wechsel von künstlichem Lachen und echtem Lachen, der es möglich macht, so lange zu lachen, wie wir wollen.

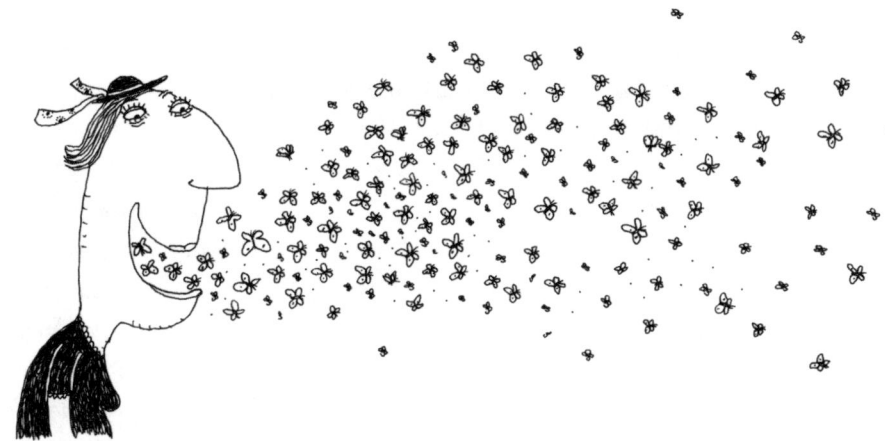

Bill Gee, Gründer und Präsident des International Happiness Institute in Kapstadt Südafrika, schildert es so: *„Lachyoga ist die einzige Technik, die es Erwachsenen erlaubt, sich in ausgedehnten, herzlichen Lachen zu ergehen, ohne hierbei denken zu müssen. Es ist quasi ein Bypass, eine Überbrückung, hin zum natürlichen Lachen, welches durch unseren Intellekt blockiert wird."*

Einfach loslachen und das Lachen willkommen heißen. Ich vergleiche es mit dem Tanzenlernen. Zuerst schauen die Tanzschüler permanent auf ihre Füße, bald tanzen die Füße von ganz allein. „Fake it till you make it", was bedeutet: „Tu so als ob, bis es von alleine geht."

Das Konzept Lachyoga wird inzwischen weltweit in unterschiedlichen Einrichtungen wie Kliniken, Altersheimen, Hospizen, Schulen, Kindergärten, sozialen Einrichtungen und Firmen eingesetzt. Dr. Madan Kataria lacht auch mit Straßenkindern, mit Gefängnisinsassen und mit blinden Heimkindern. Lachclubs gibt es über 7300 in 100 Ländern.

„Die Sonne fragt nicht nach dem Grund ihres Scheinens.
Wasser fragt nicht nach dem Grund seines Fließens.
Ein Kind fragt nicht nach dem Grund seines Glücks.
Warum brauchen wir einen Grund zum Lachen?"
Dr. Madan Kataria

Lachen ist Sofort-Meditation. Das Gedankenkarussell kann kurz still stehen. Beim Lachen ist vor allem die rechte Gehirnhälfte aktiv und die logische, analytische linke Hirnhälfte hat Denkpause.

Wie schön
Wer hätte gedacht,
wie schön das ist,
wenn die Gedanken
nichts mehr zu denken haben,
weil die Gefühle sich so gutfühlen.
Unbekannt

Denkpause und optimale Sauerstoffversorgung unseres Gehirns durch Lachen kann helfen, neue Bahnen in unserem Hirn zu schalten, alte Muster aufzulösen, den Blick für Neues freizugeben und Perspektivenwechsel zu ermöglichen. Um diesen positiven Nutzen, wann immer wir wollen, zu genießen, ist Lachen ohne Grund der beste Stimulus. Unabhängig von äußeren Anlässen können wir lachen, wann und solange wir wollen. Also einfach die Mundwinkel hochziehen und so tun als ob. Der Körper kann nicht unterscheiden, ob wir echt oder künstlich fröhlich sind. Die Mimik sendet in beiden Fällen an unser Hormonsystem: „Ich bin fröhlich!" Und unser Körper reagiert, indem er direkt einen „Glückscocktail" ausschüttet. Damit kann der Wandel erfolgen und wir sind plötzlich wirklich fröhlich. Was für ein GlückGlückGlück!

Lachyoga zeigt uns, wie es möglich ist zu lachen, weil wir lachen wollen.

Die Gesichter anzuschauen und Augenkontakt aufzunehmen sind wesentliche Lach-Yoga-Elemente so, wie das Kichern und Prusten der anderen zu hören. Der Blick in fröhliche Gesichter, das Hören von Gelächter so wie die kindliche Verspieltheit, die zum Nachahmen lockt – all das ist dank der erwähnten Spiegelneuronen hochgradig ansteckend und lässt rasch den Lachvirus verbreiten. Deshalb nutzen wir beim Lachyoga die visuelle, akustische und spielerische Verbindung. Sehe ich ein lächelndes Gesicht, lächele ich in der Regel zurück. Höre ich Lachen, lache ich mit, selbst wenn ich den lachenden Menschen nicht sehe. Die Funktion der Spiegelneuronen bewirkt sogar bei Lach-Yoga-Teilnehmern, die noch nicht lachen können, durch die fröhliche Aktivität der anderen, dass ihr positives „Körperlabor" angeregt wird. Steht also ein weniger fröhlicher Mensch einem heiteren Menschen gegenüber, steckt dieser ihn zunächst unsichtbar an und nach geringer Inkubationszeit tut der Lachvirus seine Wirkung.

Hasya-Yoga ist die Verbindung zwischen Lachen und Yogaübungen und bedient sich insbesondere der Atem- und Dehnübungen aus dem Hatha- und Prana-Yoga. Atemübungen und Lachen haben das tiefe Ausatmen gemeinsam und die damit verbundene intensivere Sauerstoffversorgung. Yogaübungen aus dem Hatha-Yoga werden im Sinne von Lachyoga umgewandelt. Weitere Elemente des Lachyogas sind spielerische, pantomimische Übungen, rhythmisches Händeklatschen und sich selbst und andere zu loben. Das zu Beginn gespielte, künstliche Lachen ist eine Brücke, um rasch in echtes Lachen zu gelangen. Die Übungen sind eine Hilfe, jederzeit und solange wir wollen, unser Lachen zu aktivieren und seine Wirkungen zu nutzen. Yoga wie Lachyoga möchten Körper, Geist und Seele verbinden.

> „Let your smile change the world.
> Don't let the world change your smile."
> Unbekannt

Ist es möglich, auch ohne Humor seine Weltanschauung zu verändern und mit heiterer Gelassenheit die Hürden des Alltages zu bewältigen? Ja – aber mit Humor kann man leichter durchs Leben gehen. Humor und Lachyoga haben das große Anliegen, über uns selbst lachen zu können. Es ist eine äußerst gesunde Lebenshaltung, sich selbst nicht zu ernst zu nehmen. Distanz zu schaffen und andere Blickwinkel zuzulassen, bringt Heiterkeit ins Leben. *„Wer das Leben zu ernst nimmt, braucht eine Menge Humor, um es zu überstehen"*, meint der britische Komiker und Filmproduzent Charly Chaplin. Wer über sich selbst lachen kann, macht sich unangreifbarer und damit weniger verletzlich. Lachyoga greift diese Sichtweise mit der Übung *„Über sich selbst lachen"* (Seite 90) auf. Ein weiterer Vorteil ist: Wer über sich selbst lachen kann, hat immer etwas zu lachen. Diese Haltung beinhaltet eine spielerischer Sichtweise und heitere Gelassenheit. Schon Plato, antiker griechischer Philosoph, hat erkannt: *„In einer Stunde gemeinsamen Spielens kann man mehr über eine Person entdecken als in einem Jahr Konversation."* Lachen und Humor helfen auch in Zeiten, in denen einem das Lachen schon mal ganz und gar vergeht. Wichtig ist, die Bereitschaft zum Lachen zu haben. Dann kann man mit Hilfe der Lachyoga-Mentalität den „Lachmotor" aktivieren, „Sorgen von den Schultern lachen" und „Das innere Lächeln" pflegen.

Lachmotor

Wirkung	aktiviert Herz und Lunge startet Lachen
Ausführung	Oberkörper nach vorn beugen, Arme gekreuzt hängen lassen die Arme schwungvoll seitlich ausbreiten der Oberkörper richtet sich dabei etwas auf mit „Ha!" begleiten dreimal wiederholen beim vierten Mal ganz aufrichten die Arme schwungvoll über die Seite hochführen und vor dem Körper gekreuzt sinken lassen dieses Kreisen mehrmals wiederholen dabei herzhaft lachen: „Hahahahaha

Sorgen von den Schultern lachen

Wirkung	entspannt die Schulter- und Nackenmuskulatur fördert Leichtigkeit Perspektivenwechsel löst innere Spannung
Ausführung **Teil 1**	Schultern kreisen kichernd und lachend sich erlauben, die Sorgen von den Schultern herunterrieseln zu lassen Schultern schütteln auch die hartnäckigsten Sorgen purzeln herunter mit der Hand lächelnd und lachend die letzten Reste von den Schultern, dem Nacken und den Armen abstreichen
Teil 2	mit dem Zeigefinger auf den Sorgenhaufen zeigen die Sorgen mit dem Blick von außen klein lachen
Teil 3	den Rest lachend aus dem Fenster werfen

Lachyoga möchte uns an die Quelle des Lachens führen, die sich in der Tiefe unseres Hara befindet, in unserem Energiezentrum unterhalb des Bauchnabels. Ist das Zwerchfell gut in Schwingung, fließt der Strom des Lachens immer leichter aus der Quelle heraus, wie von selbst. Dabei kann sich auch Trauer lösen und Lachen kann in Weinen umkippen. Weinen und Lachen fördern das Fließen, mit dem sich Gehaltenes auflöst. Seit ich denken kann, begleiten mich in traurigen Zeiten sehr hilfreich folgende Worte:

> „Wenn ich meinen grünen Zweig im Herzen bewahre,
> wird ein Singvogel kommen."
> Unbekannt

Mein grüner Zweig ist das innere Lächeln und mein Lachen. Beides hält mir meinen Blick auf das Schöne im Leben offen. Das ist ein guter Motor.

Lächeln und Lachen

„Unser Gesicht sollte immer ein Landeplatz
für den Anflug eines Lächelns sein".
Thomas Romanus

Der britische Entwicklungsbiologe Charles Darwin schrieb schon vor 150 Jahren, dass Gefühle im Gehirn organisiert und im Gesicht ausgedrückt werden. Paul Ekmann, US-amerikanischer Anthropologe und Psychologe, meint, ein freudig lächelnder Gesichtsausdruck sei ein ermutigender „sozialer Verstärker", der ein entsprechendes Feedback hervorrufe. In seinen Untersuchungen stellte er fest, dass Schüler von einem Lehrer, dessen Gesicht während des Unterrichts positive und keine negativen Gefühle ausdrückt, mehr lernen. Lachen und Lächeln sind Fähigkeiten, mit deren Hilfe wir ein breites Spektrum von Empfindungen zum Ausdruck bringen und auf andere Menschen einwirken können.

Wir lächeln, um anderen freundlich zu begegnen, aus innerer Zufriedenheit, aus tiefer Liebe, vor lauter Glück, weil es zum Lachen noch nicht reicht, zum Ausdruck unserer Sympathie und Zustimmung, zur Kontaktaufnahme, zum Mutmachen und einfach so.

Wie vielfältig Lächeln sein kann, soll die folgende Aufzählung vermitteln: anmutig, heiter, unbefangen, breit, offen, liebenswürdig, zauberhaft, froh, zufrieden, still, hold, versonnen, glücklich, selig, freundlich, bescheiden, gütig, liebevoll, zärtlich, sanft, unverfänglich, amüsiert, verschmitzt, schalkhaft, spitzbübisch, vertraulich, verständnisvoll, wissend, versöhnlich, mitleidig, nachsichtig, gewinnend, verführerisch, aufmunternd, herausfordernd, scheu, verlegen, unsicher, zögernd, wehmütig, nervös, gezwungen, zweideutig, ironisch, hochmütig, spöttisch, giftig, schüchtern, rätselhaft.

„Wem das Lächeln fehlt,
dem fehlt ein Flügel."
Truman Capote

Wir lachen, wenn wir fröhlich sind, aus lauter Freude, wenn wir glücklich sind und uns über etwas amüsieren, über einen Witz, Cartoons, lustige Literatur, witzige Filme und Comedy, wenn uns etwas überrascht, weil uns andere mit ihrem Lachen anstecken oder aus plötzlicher Einsicht. Ebenso lachen wir aus Verlegenheit und Scham, bei Unsicherheit, wenn man innerlich oder äußerlich gekitzelt wird, um jemanden Mut zuzusprechen, um anderen die Schwere zu nehmen oder der Schwere die Schwere zu nehmen. Wir lachen auch, weil es innere Spannung ausgleicht oder einfach nur so – grundlos.

„Lachen ist das wichtigste Ventil unseres Lebens.
So, wie wir schwitzen, wenn es uns zu heiß ist,
lachen wir, wenn sich unser Emotions-Apparat überhitzt."
Heinz Marecek

Wie vielfältig Lachen sein kann, soll die folgende Aufzählung vermitteln: fröhlich, unwiderstehlich, in der Kehle festgehalten, schallend, lautlos, prustend, mit hüpfendem Bauch/Zwerchfell, wir kugeln uns vor Lachen, hysterisch, schrill, charmant, offen, zurückhaltend, verschämt, ausgelassen, losgelassen, entspannt, spontan, herausplatzend, überrascht, strahlend, breit, auffordernd, freundlich zugewandt, natürlich, herzlich, heiter, unbefangen, breit, unbeschwert, befreit, lustig, glücklich, zufrieden, selig, gutmütig, überrascht, humorvoll, pfiffig, keck, erleichtert, unbekümmert, belustigt, künstlich, kontrolliert, eiskalt, schmerzlich, hemmungslos, gespielt, anerkennend, verständnisvoll, höflich, schüchtern, verlegen, gezwungen, bitter, dreckig, vulgär, albern, töricht, irre, überlegen, verächtlich, boshaft, gehässig, schadenfroh, auslachen, spöttisch, hochmütig.

Diese Vielfalt zeigt deutlich: Lachen will gelebt werden. Wir lachen hauptsächlich in Gesellschaft, aber durchaus auch allein:

„Wer allein lacht, meint es wirklich ernst."
Unbekannt

Lächeln und Lachen – eine Art nonverbales Esperanto, ein universell verständliches Zeichen. Einige Forscher vermuten, dass unsere Vorfahren vor gut sechs Millionen Jahren angefangen haben zu lachen. In der Evolution hat das Lächeln und Lachen die lebensnotwendig Botschaft: „Ich bin dein Freund." „Ich mag dich!" „Hab keine Angst!" Schon aus einer Entfernung von neunzig Metern ist zu erkennen, ob unser Gegenüber lacht und uns somit freundlich gesonnen ist. Diese Entfernung war viel weiter als der weiteste Speerwurf und so konnte rechtzeitig der Fluchtweg eingeschlagen werden.

Auch heute dient Lächeln und Lachen als Bezeugung der freundlichen Begegnung und festigt zwischenmenschliche Bindung. Der 14. Dalai Lama Tenzin Gyatso sagt: *„Für mich ist die Fähigkeit zu lächeln eine unserer wunderbarsten Eigenschaften. Wenn ich jemanden anlächle und derjenige ernst bleibt und nicht reagiert, bin ich immer ein wenig befremdet. Wird hingegen mein Lächeln erwidert, erfreut es mein Herz. Selbst wenn mich jemand anlächelt, mit dem ich nichts zu tun habe, fühle ich mich berührt. Woran liegt das? Sicher daran, dass ein echtes Lächeln etwas Grundlegendes in uns berührt: unsere natürliche Wertschätzung von Freundlichkeit."*

Lächeln und Lachen gehörten zur täglichen Kommunikation, bevor wir sprechen konnten. Diese Reihenfolge lässt sich immer noch beobachten. Zuerst lächeln wir uns an, zum Teil aus einiger Entfernung. Willy Meurer, deutsch-kanadischer Aphoristiker und Member of the Human Race, sagt charmant: „Ohne ein Lächeln ist man selten gut gekleidet."

Wir nehmen Kontakt auf, lachen, dann reden wir miteinander. Schnell wird darüber geklärt, mit wem man lachen kann und damit auf einer Wellenlänge schwingt.

> „Ich rate dir, zeig, wie du bist,
> indem du Menschen, die du triffst,
> ein Lächeln schenkst auf ihren Wegen,
> es kehrt zurück und schenkt dir Segen."
> Unbekannt

In jedem Land, in jeder Kultur finden wir Lächeln und Lachen. Es ist uns überall vertraut und wir wissen: Wer lacht, kann nicht aggressiv sein, und wer lacht, geht mit freundlicher Gesinnung aufeinander zu. Dieses archaische Signal gilt heute wie vor Millionen von Jahren. Bereits die erste Kommunikation zwischen Baby und Erwachsenem ist das Lächeln und Lachen. Die Magie des Lächelns – man kann sich ihr kaum entziehen. Und Lachen? Lachen drückt Verspieltsein aus. Dieser Ausdruck ist ein Signal dafür, dass man sich amüsieren möchte und zum Spaßmachen aufgelegt ist. Lachen fördert soziale Bindung und friedlichen Kontakt. Die Erfahrung zeigt, dass „die Lacher" lockerer sitzen, je mehr man lacht. Immer mehr Situationen lösen Erheiterung aus, was dazu führen kann, dass vieles leichter wird und wir die Welt weniger ernst nehmen.

> Lachen ist eine Weltsprache.
> Lebensfreude ihr Ausdruck.

Vor ein paar Tagen saß ich im Garten und hatte das große Vergnügen, meinen Nachbarn und seinen kleinen Sohn beim Schaukeln zu erleben. Ich hörte hinter mir dieses unbeschreiblich schöne, gluckernde, äußerst vergnügte Lachen, welches ganz selbstverständlich und scheinbar endlos aus den kleinen Kindern herauspurzelt, und ich drehte mich neugierig um. Da sah ich den Blick von Vater und Sohn und spürte den intensiven Kontakt. Ich hätte die Linie zwischen ihren Augen nachmalen können. Beide zusammen wirkten wie eine vollkommene Einheit. „**Ein Lächeln ist die kürzeste Verbindung zwischen zwei Menschen**", beschreibt Victor Borge, amerikanischer Pianist und Komödiant, diesen Moment so schön. Ich freute mich sehr, Zuschauerin und Zuhörerin sein zu dürfen, und ließ mich von der fröhlichen Stimmung mitnehmen. Ein Lächeln berührt und sagt oft mehr als viele Worte. Es schenkt Zuversicht und Fröhlichkeit und weckt neue Lebensgeister.

Die Energie des Lächelns stellt eine wunderbare Verbindung zwischen Menschen her, die nicht unbedingt reden möchten, wie zum Beispiel Verliebte, oder nicht mehr miteinander reden können, wie bei der Sterbebegleitung oder im Verlauf von Demenzerkrankungen. Meine Mutter war die letzten sechs Jahre ihres Lebens dement, in ausgeprägter Form. Ein Zustand, an den man sich als Angehöriger erst einmal gewöhnen muss. Abschied auf Raten, Verlust der vertrauten Persönlichkeit und des Lebendigseins, Rückzug in das eigene innere unbekannte Land. Als Begleiter ist es erschreckend, sich dabei zu ertappen, dass man in Ermangelung von neuen gemeinsamen Erlebnissen immer häufiger in Vergangenheitsform spricht: „*Sie hat immer so gerne im Garten gearbeitet.*" Außenstehende, die das hören, bekommen den Eindruck, der Betroffene sei bereits verstorben. Dabei kann allen Beteiligten das Lachen schon mal vergehen.

Immer wieder registriere ich aber, wie gerade das Lächeln und Lachen uns halfen. Manche Situationen waren einfach komisch und ich erlaubte mir, sie komisch finden zu dürfen, denn dann konnte ich sie besser ertragen. Zu Beginn der Demenz erzählte mir meine Mutter bei einem meiner Besuche begeistert, dass sie gerade vorhin mit einem roten Traktor gefahren sei und sie habe viel Spaß gehabt. Sie strahlte über das ganze Gesicht. Okay. Ich spielte mit. Wir freuten uns gemeinsam über den Ausflug mit dem Traktor und ich spürte, wie sich auch ein Strahlen auf meinem Gesicht ausbreitete. Es gab weniger fröhliche Geschichten, wo sie mich mit den Worten begrüßte: „Gut, dass du endlich da bist. Nebenan stehen heute Särge und wir können uns einen aussuchen. Wir müssen uns beeilen. Wir sind auch zu einer Beerdigung eingeladen. Wo ist der Pfarrer? Der weiß, wo wir hin müssen." Okay. Tief durchatmen. Ernst nehmen und das innere Lächeln nicht vergessen. Als ich sie dann bei strahlendem Sonnenschein mit dem Rollstuhl spazieren fuhr, fragte sie jeden, der vorbeikam, nach dem Pfarrer und der Beerdigung. Das innere Lächeln, welches die Mundwinkel umspielen kann, ist immer wieder ein guter Anker, sich in schwere oder negative Geschichten nicht hineinziehen zu lassen.

Bei einem meiner letzten Besuche entdeckte ich in ihrem Zimmer eine Schwimmnudel, eine lange, bunte Röhre aus Styropor. Diese Röhre kannten meine Mutter und ich sowohl vom Schwimmen als auch von der Gymnastik. Ich fragte sie – mit der hoffnungsvollen Erwartung, sie würde danach greifen und zusammen mit mir eine Übung machen: „Was machst du denn mit der Nudel?" Sie sah mich völlig entgeistert mit großen Augen an und sagte energisch: „Na – essen natürlich!" Mir platzte ein Lachen heraus und meine Tochter und mein Freund lachten herzhaft mit mir. Es tat uns so gut, dieses freudige Gefühl zu spüren. In der gesamten angespannten Situation war es ein erlösendes Lachen.

Mit dem Fortschreiten der Demenzerkrankung waren selbst Begegnungen über diese skurrilen Geschichten nicht mehr möglich. Abschied folgte auf Abschied. Großes Glück empfand ich, wenn sie mich anlächelte, denn daraus schloss ich, dass sie mich erkannte. In unserem Anschauen und Anlächeln erlebte ich Verbindung. Ich begriff, dass es unsere letzte Kontaktmöglichkeit geworden war, und nutze diese Form der Begegnung ganz bewusst. Einmal mehr war ich tief berührt, wie ein Lächeln von Seele zu Seele eine Brücke schlägt. *„Die Augen sind das Tor zur Seele"* und das Lächeln schafft die Verbindung.

> „Lachen und Lächeln sind Tor und Pforte, durch die viel Gutes in den Menschen hineinhuschen kann."
> Christian Morgenstern

Selbst in schweren Stunden, in Lebensphasen, die nicht einfach sind, kann Lächeln und Lachen Flügel verleihen. In den letzten zwanzig Jahren haben sich tausende von Lachclubs gegründet und Klinikclowns sind im Einsatz

– überall auf der ganzen Welt. Große Schritte auf dem Weg, der Menschheit mehr Lachen, Frohsinn und Frieden zu bringen. Die Sehnsucht nach Heiterkeit, sich freundlich und lächelnd zu begegnen sowie friedvoll miteinander zu lachen, findet mehr und mehr Erfüllung.

Von der Tat zum Gelächter

Der Meister war in mitteilsamer Stimmung. Also versuchten seine Schüler von ihm zu erfahren, welche Entwicklungsstufen er auf der Suche nach dem Göttlichen durchgemacht hatte.

„Zuerst nahm mich Gott an der Hand und führte mich durch **das Land der Tat.** Dort blieb ich mehrere Jahre.

Dann kehrte er zu mir zurück und führte mich in **das Land des Leidens.** Dort lebte ich, bis mein Herz von jeder übermäßigen Bindung befreit war.

Darauf fand ich mich wieder im **Land der Liebe**, dessen brennende Flammen alles verzehren, was von meinem Selbst übrig geblieben war.

Das brachte mich in **das Land der Stille**, wo die Geheimnisse von Leben und Tod vor meinen staunenden Augen enthüllt wurden."

„War das die letzte Stufe eurer Suche?"

„Nein", sagte der Meister, „eines Tages sagte Gott, „ heute werde ich dich in das innerste Heiligtum des Tempels mitnehmen, in das Herz von Gott selbst. Und ich wurde in **das Land des Lachens** geführt."

Echtes Lachen

„**Lachen ist die wesentliche Eigenschaft, die uns Menschen vom Tier unterscheidet**", war die Überzeugung des griechischen Philosophen Aristoteles. Die Forschung hat inzwischen entdeckt, dass auch Ratten und Affen lachen können. Das Lachen der Ratten ist für unsere Ohren nicht zu hören und das Lachen der Affen ist dem der Menschen durchaus ähnlich. Aber jeder Mensch hat ein ganz individuelles Lachen, so wie jeder einen eigenen Fingerabdruck hat. So kann man jeden Menschen an seinem ureigenen Lachen erkennen. Hören wir Gelächter von uns vertrauten Menschen, erkennen wir schon von weitem, wer da lacht. Meist lächeln wir oder lachen mit und fühlen uns auf herzliche Art und Weise verbunden, von Seele zu Seele.

„Richtig" zu lachen beginnen wir bereits als Säugling, gewöhnlich ab dem vierten Lebensmonat. Ausgelöst wird dieses frühe Lachen durch die Kombination akustischer und taktiler Reize, wie gurrende Töne und Kitzeln. Ab dem achten Monat gewinnen visuelle und soziale Formen der Stimulation an Bedeutung, zum Beispiel Versteckspiele, bei denen entweder das Gesicht der Mutter oder des Kindes selbst zeitweilig verhüllt ist. Bekannt ist das vergnügliche „Kuckuck-Spiel", bei dem das Kind daran glaubt, „unsichtbar" zu sein. Mit einem Jahr regen das Kind viele Inkongruenz-Erlebnisse zum Lachen an, zum Beispiel, wenn die Mutter an der Babyflasche saugt oder komische Bewegungen macht. Wenn ein Kind Verständnis für die „normale" Ordnung der Dinge erworben hat, wird ihm die Wahrnehmung von Ereignissen, die davon abweichen, zu einer besonderen Quelle belustigenden Vergnügens. Die Ereignisse, die von der Norm abweichen, also inkongruent sind, werden als unsinnig oder komisch empfunden. Phantasiespiele sind dadurch möglich, ein Holzstück wird vergnüglich als Handy benutzt und ein Stein ist ein schnelles Auto. Solche funktionalen Regelabweichungen lösen bei Kindern Freude aus.

Bei Erwachsenen sind es dieselben Auslöser, die das echte Lachen herauslocken. Unter echtem Lachen verstehen wir das Lachen, das spontan aus uns herauskommt. Es entspringt häufig einer plötzlich erkannten Inkongruenz.

Geht ein Cowboy in den Frisiersalon –
kommt wieder raus – ist sein Pony weg.

Treffen sich zwei Jäger – beide tot.

Das, was zum Lachen reizt, ist auch hier das Missverhältnis zwischen Erwartung und Wirklichkeit, herausgelockt durch Situationskomik, Witze, lustige Filme, Lach-Yoga, Clownerie, Wortspielerei. Das echte Lachen kann auch grundlos entstehen oder durch Kitzeln und kommt von innen heraus. Es ist ein Lachen aus vollem Herzen und tief aus dem Bauch heraus. Bei der Lachmeditation bedeutet das: Es fließt wie aus einer Quelle. Diese Quelle ist ein Energiezentrum.

„Das Lachen in sich selbst finden.
Ausprobieren, wo das Lachen in uns ist,
wie es herauskommt, wie es sich anhört, sich anfühlt."
Osho

Kontakt bekommen zu unserem ureigenen Lachen. Hören, ob wir es als unser eigenes erkennen. Lauschen, ob wir es als gebremst oder frei erleben, und spüren, ob das Zwerchfell mithüpft. Besteht Verbindung zu diesem Energiezentrum, stellt sich Wohlbefinden ein. Man kann lachen, wann und wie viel man möchte, und aktiviert die positive Körperchemie. Echtes Lachen bereitet große Freude, lässt Energie fließen, entspannt und beruhigt den aufgewühlten Geist. Der Schweizer Schriftsteller und Aktionskünstler Rene Schweitzer schreibt zum Lachen:

„Weiß denn kaum noch jemand, dass Lachen Raum schafft, so viel Raum, dass für ein Gedankengedränge kein Platz ist? Die wunderschöne Leere des Lachens. Nirgendwo Probleme, keine schlechten Gefühle. Nur Wohlbefinden und das Empfinden von Freude."

Künstliches Lachen

Das künstliche Lachen ist das „So-tun-als-ob-Lachen", wie es zum Beispiel Schauspieler tun. Lachyoga nutzt dieses künstliche Lachen auf spielerische Art und Weise als Einstiegshilfe, um den „Geist des Lachens" zu erwecken. Dieses Lachen wird willkürlich herbeigeführt und dient dazu, das

Zwerchfell zu trainieren, die Atmung zu vertiefen und das echte Lachen herauszukitzeln. Es ist das „warming up" für das Lachen aus vollem Herzen, die Brücke, die gebaut wird, um nach und nach immer mehr aus tiefstem Bauch heraus zu lachen, das Streichholz für das „Lachfeuer".

Von Lach-Club-Besuchern, die das erste Mal teilnehmen, wird die Kritik geäußert: „Das Lachen wirkt so aufgesetzt" oder „Das ist so künstlich." Es ist ähnlich wie in der Tanzstunde, wo man zu Beginn angestrengt auf seine Füße schaut und nach und nach geht es mit mehr Leichtigkeit von der Sohle, mit Genuss, ohne nachdenken zu müssen.

Wie wir die Muskeln trainieren, um gut klettern zu können, trainieren wir die Lachmuskeln, um ausdauernder und spontaner lachen zu können. Trainieren an Kraftgeräten hat auch etwas Künstliches und ist letztlich das Vehikel, um genügend Kraft und Ausdauer für das eigentliche Ziel, zum Beispiel das Klettern, zu gewinnen. Aus dem künstlichen Lachen entsteht recht schnell das echte Lachen. *„Fake it, until you make it!"* ist die Parole von Dr. Madan Kataria, dem Entwickler des Lachyogas.

Unser Körper kann nicht unterscheiden, ob wir künstlich oder echt lachen. Sobald der „Muskel der Freude" unsere Mundwinkel hochzieht, glaubt unser Körper, dass wir glücklich sind, und schüttet Glücksbotenstoffe aus. Bereits das gespielte Lachen aktiviert die gesundheitsfördernde, heiter stimmende Körperchemie mit all ihren positiven Wirkungen. Was für ein Glück! Gute Wirkung von Anfang an und der Weg zum echten Lachen ist bereitet.

> „Zum Lachen braucht man keine spezielle Begabung.
> Lerne, wie ein kleines Kind zu lachen, lache total und bewusst,
> und nicht über andere, sondern über dich selbst.
> Man sollte niemals eine Gelegenheit verpassen zu lachen."
>
> Osho

Ein paar Reservelacher aus dem Ärmel schütteln und in der Hosentasche aufbewahren ist eine gute Vorsorge für Zeiten, wo die Gelegenheiten zum Lachen knapp sind. So kann man jederzeit zur Erheiterung einen Lacher aus der Tasche ziehen.

Lachen aus dem Ärmel schütteln

Wirkung	entspannt die Arm- und Nackenmuskulatur fördert den Stimmungswechsel gute Lachvorsoge
Ausführung	den rechten Arm schütteln und damit viele verschiedene Lacher aus dem Ärmel schütteln dasselbe mit dem linken Arm die heruntergepurzelten Lacher aufsammeln als Reservelacher für Situationen, in denen man Erheiterung braucht, in die Hosentaschen stecken holen Sie einen Lacher aus der Tasche und lachen Sie mit ihm

Im Spiel mit Kindern, ebenso beim Theaterspielen, durch Clownerie und Lachyoga können die eigene Fantasie und damit das Lachen aktiviert werden. Der amerikanischer Pionier der Humorforschung und Entwicklungspsychologe Paul E. McGhee sagt: *„Dieses Lachen bringt jenes Vergnügen zum Ausdruck, das entsteht, wenn im phantasievollen Spiel Bedingungen geschaffen werden, die im Widerspruch zur Realität stehen."* Das pantomimische Spiel des Lachyogas erfreut die kindliche Seele der Erwachsenen. Unsere Arme sind plötzlich Pfeil und Bogen und wir schießen **Wunschpfeile** ab oder wir trinken aus imaginären Bechern einen **Energie-Drink**.

Wunschpfeile

Wirkung	stärkt die Lungenenergie weitet den Brustkorb fördert die Formulierung positiver Gedanken
Ausführung	Schrittstellung einnehmen, linker Fuß vorne auf dem Rücken befindet sich ein imaginärer Köcher mit drei Wunschpfeilen den linken Arm nach vorne strecken mit der anderen Hand einen Pfeil aus dem Köcher holen den Bogen auf „1-2" spannen und mit „Ha-ha" begleiten den Pfeil, verbunden mit einem Wunsch, auf „Ha-ha-ha!" fliegen lassen zweimal wiederholen die Wünsche können für sich selbst oder für jemand anderen sein einer sollte auf jeden Fall für sich selbst sein

Energie-Drink

Wirkung	stärkt das Immunsystem gute Starthilfe zum Lachen fördert den Focus auf das Heitere
Ausführung	jede Hand hält einen imaginären Becher in einem der Becher befindet sich ein Vitamin-Drink, der andere Becher ist leer das Getränk zweimal von einem Becher in den anderen schütten und dann lachend trinken je nach Vitamin dabei sagen: trinken mit: Vitamin A „A-a!" – „Hahahahaha!" Vitamin E „E-e!" – „Hehehehehe!" O-Saft oder Obstler „O-o!" – „Hohohohoho!" Underberg oder Ouzo „U-u!" – „Huhuhuhuhu!" Ingwerwasser „I-i!" – „Hihihihihi!" Hexentrunk „Ä-ä!" – „Hähähähähä!" das, was man nicht trinken mag, lachend über die Schulter nach hinten wegschütten

Variante	Folgendes zu sich nehmen und den Vokal entsprechend auswählen:		
	Lebenslust	„E-e!" –	„Eehehehehe!"
	Humor	„U-u!" –	„Uhuhuhuhu!"
	Frieden	„Iie-ie!" –	„Iihihihihie!"
	Gesundheit	„He-he!" –	„Hehehehehe!"
	Sonnenschein	„Ho-ho!" –	„Hohohohoho!"
	Freude	„He-he!" –	„Hehehehehe!"
	Harmonie	„Ha-ha!" –	„Hahahahaha!"

Lachverbot

Studien haben ergeben, dass Kinder in Deutschland im Durchschnitt vierhundertmal am Tag lachen, Erwachsene nur noch fünfzehnmal. Offenbar verlernen wir im Laufe unseres Lebens das Lachen. Das ist nicht verwunderlich, denn es geht schon früh los mit Lachverboten und Lachvermiesungen, die Kraft rauben, wie:

„Lach nicht so laut!"
„Dir wird das Lachen schon noch vergehen!"
„Freu dich nicht zu früh!"
„Wer zuletzt lacht, lacht am besten."
„Was sollen die Leute denken?"
„Sei nicht so albern!"
„Erst die Arbeit, dann das Vergnügen."
„Man soll den Tag nicht vor dem Abend loben."

Diese Maßregelungen gelten für viele Menschen ihr Leben lang in der Öffentlichkeit, in der Kirche, bei der Arbeit, in Lokalen und bei gesellschaftlichen Anlässen. Durch ständige Wiederholung dieser Aufforderungen wurde entsprechendes Verhalten konditioniert, also festgelegt. Es gilt, diese Verhaltensmuster mehr und mehr zu hinterfragen und zu verändern, um eine authentische Haltung zu finden. Mehr Authentizität führt zu Ausgeglichenheit und Wohlbefinden.

> „Wir hören nicht auf, zu spielen und zu lachen, weil wir alt werden.
> Wir werden alt, weil wir zu spielen und lachen aufhören."
>
> Michael Pritchard, erweitert mit Lachen von Ellen Müller

Lachen in der Psychotherapie / Psychiatrie

Sigmund Freud und Viktor Frankl, österreichische Psychotherapeuten, beschäftigten sich mit Lachen, Witz und Galgenhumor und integrierten diese Formen der Kommunikation und Problembewältigung in ihre Therapien. Jakob Levy Moreno, österreichisch-amerikanischer Psychiater, Soziologe und Begründer des Psychodramas sowie der Gruppenpsychotherapie, sah den Menschen als Bestandteil eines sozialen Netzwerkes. Ihn interessierte besonders die emotionale Beziehung der Menschen zueinander. Im Krankenhaus, im Jugendgefängnis und in der Arbeit mit alten Menschen erprobte er seine kreativen gruppentherapeutischen Ansätze. Im psychodramatischen Spiel wie im Leben begrüßte er den Einfluss von Heiterkeit und Freude. Seine Arbeit orientierte sich an der natürlichen Ausdrucksweise der Kinder, nämlich deren spielerische Ausrichtung, Lebendigkeit, Spontanität und Fantasie. Ressourcen- und lösungsorientiert kann die eigene Identität gefunden werden. Auf seinem Grabstein in Beacon / USA steht: „Der Mann, der Freude und Lachen in die Psychiatrie brachte."

Aber es gab auch Lachverbote, wie die Ärztin und Humorforscherin Barbara Wild berichtet: „Früher war es eher so, dass einige Psychotherapeuten die Haltung vertraten, dass in einer Therapie überhaupt nicht gelacht werden darf. Denn das Lachen könnte ja auch ein Ausweichen, ein Abwehrmechanismus sein, ein sogenanntes Verdeckungslachen, bei dem das Problem weiter in der Tiefe ruhen kann." Um auf Dauer heil zu werden, gilt es, dieses Ausweichen auf gesunde Art und Weise aufzulösen. Mir ist dieses Lachen durchaus bekannt. Es gab eine Zeit, in der ich traurige Familienerlebnisse stets mit einem Lächeln und Lachen erzählte und damit meine Zuhörer irritierte. Letztlich tarnte ich damit meine Trauer und hielt meine Tränen zurück. Ich bin froh, dass ich mittlerweile meine Trauer und meine

Freude identischer leben kann. Das Lachen, das tief aus uns heraus lacht, was uns durchlässig und lebendig macht, dürfen wir als Geschenk begrüßen und als solches pflegen. Es hilft uns, mit den Ecken und Kanten des Lebens besser zurechtzukommen.

In den letzten Jahren haben sich therapeutischer Humor und Lachtherapie vermehrt in die Psychotherapie integriert. Gezielt werden Humor und Lachen im Rahmen der Therapie eingesetzt, um Ängste zu mindern, Perspektivenwechsel zu ermöglichen und die Persönlichkeit zu stärken.

Lachen in der Kirche

Bei mittelalterlichen Figuren kann man das selige Lächeln der Engel (Der lächelnde Engel von Reims), der Jungfrau Maria und des Jesuskindes finden. Das Lachen wurde den teuflischen Figuren zugeordnet, häufig dargestellt mit weit geöffnetem Mund und rausgestreckter Zunge. Die Zunge als Symbol des Bösen und die Zähne als Zaun vor der Zunge, um das Böse zu begrenzen. Lachende Frauen galten als dümmlich oder unsittlich. Das offene, lustvolle Lachen war so den höllischen Figuren vorbehalten.

Die Kirche zeigt Furcht vor dem Lachen. Es gibt die Aussage: „Wer lacht, hat weniger Angst, und wer wenig Angst hat, für den ist die Religion nicht so notwendig." Das Lachverbot in der Kirche kenne ich bereits aus meiner Kindheit und wollte mir schon damals nicht in den Sinn. Gott will sicherlich, dass wir glücklich leben, und deshalb gehört Lachen in die Kirche. In dem Buch „Hallo, Mister Gott, hier spricht Anna" wird Skipper, eine Freundin von Anna, beerdigt. Der Pfarrer zeichnet feierlich und ehrfürchtig ein wundervolles Bild von Skipper auf. Die Kinder kämpfen mit ihrem aufkommenden Gelächter, denn Skipper galt als lebenslustig und eher etwas verrückt. Sie fantasieren, wo Skipper denn jetzt sei. Ist sie im Himmel oder schmort sie in der Hölle? Die Kinder träumen, wie schön es sein könnte, Witze über den Teufel zu erzählen, zu lachen und sich an Skipper zu erinnern, wie sie wirklich war. Ein Kind sagte: „Wenn ich Gott wäre, würde ich die Leute zum Lachen bringen." Daraufhin sind sich alle Kinder einig: „Wir wünschen uns eine Lachkirche. Das wäre prima. Eine Lachkirche."

Dass wünsche ich mir auch, eine Kirche, in der herzhaftes Lachen zu Hause ist.

> „Lieber Gott mach mich heiter,
> den Rest mache ich dann alleine weiter."
> Unbekannt

Das Osterlachen, ein Brauch der Kirche zu Ostern, der vom Mittelalter bis ins 19. Jahrhundert gepflegt wurde, sei hier erwähnt. Dabei ging es ziemlich derb zu. Pfarrer, die während der Predigt gackern wie Hennen, Grimassen schneiden oder Witze erzählen, waren keine Seltenheit. Alles war erlaubt, was die Gläubigen zum Jubeln brachte. Christus ist auferstanden, der Teufel hat nichts mehr zu lachen, die Erlösten umso mehr. Das Kirchenvolk brüllte auf, klopfte sich auf die Schenkel und rief nach Zugabe, wenn Pfarrer Grimassen schnitten, Haare rauften, mit Händen und Füßen gestikulierten und den Sieg Christi über den Tod als Bauernschwank zum Besten gaben.

Lachyoga 49

Dieses Ostergelächter war ein Trotzdem-Lachen: Der eigene Tod wird kommen, aber er ist nicht das Ende. Die Reformation, aber auch katholische Obrigkeiten schritten gegen das Osterlachen ein. Nur das Vernünftige und Ernste sollte in der Liturgie Platz finden. Im 20. Jahrhundert wurde den Gottesdienstbesuchern das Lachen ganz abgewöhnt.

Heute entdecken manche Gemeinden das Osterlachen wieder. Pfarrer Frank Richter aus der Gegend von Hamburg denkt: „An Ostern sollte man aus der Kirche fröhlicher rauskommen, als man reingeht." Er erzählt Witze im Gottesdienst wie diesen:

Frau Meier verrät dem Pfarrer ihren letzten Wunsch: „Nun möchte ich doch katholisch werden." Der Pfarrer redet ihr gut zu: „Ihr ganzes Leben lang waren Sie evangelisch, und nun, am Ende, werden Sie unsere Kirche doch nicht verlassen." Frau Meier: „Ja, aber es geht doch ans Sterben, und besser stirbt einer von denen als einer von uns."

In Hagen lud Pfarrer Siegfried Gras zum Osterlachen in die Evangelisch-Lutherische Kirche ein und erzählt den Witz von Fritzchen:

Aschermittwoch bekommt Fritzchen ein Aschekreuz auf die Stirn. Der Priester erklärt ihm, dass es daran erinnern soll, dass Menschen nach dem Tod zu Staub zerfallen. Als Fritzchen wieder zu Hause ist, sagt er ganz aufgeregt zu seiner Mutter: „Mama, Mama, unter meinem Bett liegen Tote".

Auch der Pfarrer meiner Gemeinde belebte das Osterlachen neu und erheiterte seine überraschte Gemeinde mit vergnüglichen Witzen. Er erntete lächelnde Gesichter und einiger Lacher.

Warum diese Heiterkeit nur zu Ostern? Getreu nach dem Schweizer Theologen Karl Barth stünde uns mehr Freude gut zu Gesicht: „Ein Christ treibt dann gute Theologie, wenn er im Grunde immer fröhlich, ja mit Humor bei seiner Sache ist". Die Erlösung vom Tod betrifft den ganzen Menschen, mit Leib und Seele. Lachen befreit, Lachen verinnerlicht Freude. Wäre es nicht schön, die Kirche öfter mit einem Lächeln zu verlassen? Es wäre möglich, damit die Kritik des deutschen Philosophen Friedrich Nietzsche zu widerlegen: *„Erlöster müssten mir die Christen aussehen, wenn ich an ihren Erlöser glauben sollte."*

Gilbert Keith Chesterton, britischer Dichter und Erfinder der Krimifigur Pater Brown, empfand es als „Test jeder guten Religion, ob man über sie Witze machen kann." Es gibt grenzwertige Witze über religiöse Inhalte. „Die Reaktionen auf solche Respektlosigkeiten", so Werner Tiki Küstenmacher, Theologe und Autor, „aber sind ein wichtiger Test für die Freiheit, die Liebe und die innere Kraft einer Religion."

Bei meinen Versuchen, Kirche und Lachen in Kontakt zu bringen, stellte ich fest, dass immer noch Sorge besteht, dass die Ernsthaftigkeit der Einrichtung Kirche in Gefahr gerät. Dabei denke ich wie der deutscher Schriftsteller Wilhelm Raabe: **„Ich halte das Lachen für eine der ernsthaftesten Angelegenheiten."**

Erfreulicherweise öffneten in jüngster Zeit einige Kirchen ihre Türen für das Lachen. Am Kirchentag in Hamburg hat Lachyoga den Weg in die Kirche gefunden. Ein Lachyogi hat in Schaffhausen mit der Veranstaltung „Ha-ha-hallelujah" ebenfalls viele Menschen mit herzlichem Lachen beseelt. Den „lachenden Kirchturm", eine Kunstaktion von Carolyn Krüger und Brigitte Kottwitz, gibt es sogar schon seit 2007. Die beiden Frankfurter Künstlerinnen haben mit ihrem Projekt „Lachen erlaubt" und der damit verbundenen Klang-Lach-Installation einige Kirchtürme und Rathäuser zum Lachen gebracht. Mich begeistert die Idee des „lachenden Kirchturms". Statt dem Läuten der Glocken erklingt über den Zweitraum von zwei Wochen unterschiedliches Lachen. Jede Viertelstunde ein bisschen mehr Lachzeit. Passanten werden wachgelacht, um sich zu besinnen, wie sie durch die Welt gehen. **„Habe ich heute schon gelächelt oder gelacht? Habe ich heute schon jemandem ein Lachen geschenkt?"** Lachen ermöglicht friedvolle, herzlich zugewandte Begegnung.
Lachen ist Friedensarbeit.

Lachen in der Schule.

Immer wieder erfahre ich, dass Kinder aus dem Unterricht geschickt werden oder Klassenbucheinträge erhalten, weil sie gelacht haben. Bestraft werden für fröhliches Gelächter? Und später geht man zur Therapie, um sein Lebensgefühl wieder zu aktivieren? Mir fehlt das Verständnis für diese Art und Weise, mit der heiteren Seite des Lebens umzugehen. „Wir haben ein etwas gestörtes Verhältnis zum unbeschwerten Lachen", sagte der deutsche Schauspieler Georg Thomalla, „weil man unsinnigerweise glaubt, wo gelacht wird, fehle das kulturelle Niveau."

Es braucht gar nicht immer einen niveauvollen Grund zum Lachen. Lachen ist herzerfrischend, versorgt Körper und Gehirn mit viel Sauerstoff, baut Stress ab, schafft ein gutes Gruppengefühl, tut keinem weh und fördert die Konzentrationsfähigkeit. Viele Gründe also, die dafür sprechen, dass herzhaftes Lachen zum Schulalltag gehören sollte. Zwei oder drei Lachübungen morgens zum Schulbeginn, um die Lebensgeister zu aktivieren, zwischendurch, um die Konzentrationsfähigkeit anzukurbeln, und vor Klassenarbeiten zum Stressabbau. Charmaine Liebertz, deutsche Expertin für ganzheitliches Lernen, spricht vom „Traumpaar Lachen & Lernen". Sie vertritt die Haltung: „Der Mensch lernt am effektivsten mit Herz, Hirn, Hand und Humor."

Beispiele wie folgende dürfen mehr werden: Eine Kunstlehrerin berichtete mir, dass sie inzwischen ihren Unterricht mit Lachübungen beginnt. Sie beobachtet seitdem deutlich mehr Kreativität bei den Schülern. Von Schülern weiß ich, dass sie sich während einer Klassenarbeit, als sich ein Blackout anbahnte, mit mehrfach gedachtem „Hahaha" wieder einschalten konnten. Eine Mutter berichtete mir von einem Lacherlebnis auf dem Weg zur Schule. Im Auto herrschte sehr angespannte Stimmung. Die Tochter hatte Stress wegen eines Referats, der Sohn stand unter Spannung wegen einer Klassenarbeit. Sie erinnerte sich an die Wirkung von Lachen, nahm Abstand von ihrer inzwischen auch sehr angespannten Haltung und machte heitere Bemerkungen. Sie mussten kichern und brachen in herzhaftes gemeinsames Gelächter aus, welches bis zur Schule anhielt. Welche Befreiung. Am Nachmittag berichteten beide Kinder, wie gut alles gelaufen sei, und der Sohn sagte: „Mama, Lachen ist cool."

„Dann lachen wir doch einfach eine Runde,
denn kann man denn nicht auch lachend sehr ernsthaftig sein?"
Gotthold Ephraim Lessing

Das Gähnen wird ebenfalls im Klassenraum nicht gerne gesehen. Dabei weiß die Forschung inzwischen, dass Gähnen nicht unbedingt ein Ausdruck von Desinteresse ist, sondern im Gegenteil die Aufmerksamkeit steigert. Außerdem reguliert es Spannung, besonders in den Kiefergelenken, im Nacken und im Zwerchfell und regt den Flüssigkeitsfluss in den Augen an. Durch die Befeuchtung und Reinigung ist besseres Sehen möglich. Nun erst einmal herzhaft und ausdauernd *gääääähnen*.

Gääähnen

Wirkung	erhöht die Konzentrationsfähigkeit entspannt die Kiefergelenke, den Nacken und das Zwerchfell vermehrt den Fluss der Augenflüssigkeit
Ausführung	das Gähnen nach und nach entstehen lassen schön langgezogen – genussvoll gähnen das Gähnen durch Handbewegungen unterstützen, so als würde man ein Kaugummi lang aus dem Mund ziehen theatralisch ausbauen dazu tönen und lachen, so wie es kommt am besten ein paar Minuten
Anregung	um das Gähnen anzuregen, Laute nutzen wie: „Ruah.", „Wuah.", „Jah."

Lachen bei der Arbeit

Meinen ersten Job in Bielefeld hatte ich in einer Physiotherapie-Praxis. Mein damaliger Chef gab mir zu verstehen: „Du lachst und redest zu viel mit den Patienten. Da kann man nicht gut arbeiten!" Er wollte mir das Lachen verbieten. Ein Arbeitsplatz ohne Lachen entsprach jedoch schon damals nicht meiner Lebensphilosophie. Deutlich spürte ich, dass mich diese Einschränkung krank machte, und ich kündigte.

An vielen Arbeitsplätzen kostet es Mut, zu lachen. In stark hierarchisch strukturierten Arbeitsverhältnissen überlegen Mitarbeiter gut, wann Lachen möglich ist und wann man besser nicht lacht.

Der Direktor geht durch die Firma und gibt sich sehr jovial.
In der Abteilung von Herrn Kohlmeier hört er herzhaftes Gelächter.
Er ist pikiert und verbietet sofort diese Heiterkeit.
Sofort schweigen alle, nur Herr Kohlmeier lacht weiter und sagt heiter:
„Herr Direktor, ich habe gekündigt".

Lachen ist herzerfrischend, versorgt Körper und Gehirn mit viel Sauerstoff und fördert damit die Konzentrationsfähigkeit. Lachen baut Stress ab, regt die Kreativität an und schafft ein gutes Gruppengefühl. Viele Gründe, die dafür sprechen, dass herzhaftes Lachen zum Arbeitsalltag gehören sollte. Mittlerweile haben Firmen begonnen, Lachyoga als Seminar zur Förderung der Teambildung, als Anregung der Kreativität und als Anti-Stress-Programm anzubieten.

Lachverbot umwandeln

Wie kann man in Situationen, in denen starke soziale Kontrolle herrscht, ein Lächeln oder gar Lachen wagen? Wo kann man aus vollster Seele ungebremst lachen? Es ist äußerst hilfreich, das Lachen regelmäßig zu trainieren, so wie man auch Muskeln, Vokabeln oder Bewegungsabläufe trainiert. Alles, was trainiert ist, steht uns rascher, unüberlegter und selbstverständlicher, selbst in heiklen Situationen, zur Verfügung. Hilfreich ist es, sich mit der Philosophie des Lachens zu beschäftigen, und entscheidend ist auch, ob ich mir selbst die Erlaubnis zum Lachen gebe.

Mir gefällt die Haltung des chinesischen Dichters Li Taibai:

„Wer dieses Leben recht versteht,
will heiter sein, so oft es geht."

Aus voller Seele ungebremst lachen kann jeder Lachfreudige im Lach-Club, wo er sich im geschützten Rahmen, dem Lachen hemmungslos hingeben kann. Auch allein lässt es sich herzhaft lachen. „Wer allein lacht, meint es wirklich ernst." Regelmäßiges Lachen schüttelt unser Lachen immer mehr nach oben, und wir pflegen die innere Haltung der Lachbereitschaft. So purzeln Kichern, Lachen, Blödeleien ungebremster, selbstverständlicher heraus – in der Öffentlichkeit, in der Kirche, am Arbeitsplatz, in Lokalitäten, auf Gesellschaften. Patch Adams sagt:

> „Es ist der revolutionärste Akt,
> in unserer Gesellschaft öffentlich glücklich zu sein."

Lach-Yoga macht es uns leichter, die Perspektive zu wechseln. Mit Hilfe neuer Blickwinkel habe ich den Lachverboten und Lachvermiesungen Lacheinladungen entgegengesetzt und stimme der Haltung des irischen Schriftstellers Oscar Wilde zu:

> „Das Leben ist viel zu wichtig,
> um ernst genommen zu werden".

Lacheinladungen

„Wer sich früh freut – freut sich länger."
„Vorfreude ist die längste Freude."
„Lass dir dein Lachen nicht verbieten!"
„Wenn dein Lachen kommt, dann lache!"
„Wer bis zuletzt lacht, lacht am besten."
„Wer als Erster lacht, lacht länger."
„Lass dich aus der Rolle fallen, damit du aus der Falle rollst."
„Alles ist Lebenszeit: hab Spaß auch beim Job."
„Den Tag schon am Morgen loben, vertreibt Kummer und Sorgen."
„Grundlos lachen – mache dich unabhängig von Ereignissen."
„Lache und lächle, wann immer du kannst."

Wir sind mit den Fähigkeiten, zu lächeln und zu lachen, auf die Welt gekommen. Beide Gaben können uns hilfreich unterstützen, die Klippen des Lebens zu umschiffen. Wir sollten sie uns gut bewahren und immer wieder aktivieren: Lachen ohne verletzenden Spott und Schadenfreude. Lachen als Kraftquelle.

„Dreimal täglich laut in der Öffentlichkeit lachen und davon einmal an einem Ort, von dem man denkt, dort geht es auf keinen Fall", das ist ein Rezept von dem amerikanischen Arzt, Clown und Sozialaktivisten Patch Adams.

„Wer sich heute freuen kann,
der soll nicht warten bis morgen".
Johann Heinrich Pestalozzi

Gelotophobie

Das Wort Gelotophobie kommt aus dem Griechischen und wird übersetzt mit: Gelos = Lachen und phobos = Angst. „Die da drüben – lachen die über mich?", abwehrende Aussagen wie: „Ich mache mich doch nicht lächerlich!" oder „Ich möchte morgen nicht der running gag sein!" zeigen, dass Lachen auch mit Verunsicherung und Furcht gepaart sein kann. Es kann zu unbeabsichtigten Konfrontationen führen und es gilt, einen Umgang damit zu finden. Die Gelotophobie kann als eine spezifische Variante der Scham-Angst betrachtet werden.

Gelotophobiker leben in der ständigen Angst, für die anderen ein Objekt spöttischen Lachens zu sein. Deshalb vermeiden sie sorgfältig Lebenssituationen, in denen sie von den anderen negativ beurteilt und bloßgestellt werden könnten. Jegliche Äußerungen von Heiterkeit werden generell negativ bewertet – unabhängig vom eigentlichen Motiv der betreffenden Person. Sie glauben bei jedem Lachen, dass man über sie lacht, und haben ständig Angst, sich zu blamieren. „Diese Angst lässt sich auf intensive und wiederholte Erlebnisse mit herabsetzenden Formen des Lachens zurückführen, die im Laufe der Sozialisation stattfanden", sagt Michael Titze, deutscher Psychotherapeut, Autor und Begründer von HumoreCare. „Hiervon sind häufig Menschen betroffen, die in ihrer Kindheit zu starken Loyalitätsanforderungen von Seiten ihrer Bezugspersonen ausgesetzt waren. Sie mussten starre Rollen übernehmen, die durch das normative Gebot definiert wurden, sich um die narzisstischen Bedürfnisse bestimmter Familienangehöriger, häufig der Eltern, in einer selbstlosen Weise zu kümmern.

Michael Titze spricht von dem *„Pinocchio-Komplex"*. Das Kind wird seiner natürlichen Spontaneität beraubt, in seiner Lebendigkeit gehemmt und kann für Außenstehende wie eine unlebendige Spielzeugpuppe wirken, dessen Verhalten sie „komisch" finden und worüber sie lachen. Auf längere Sicht kann das traumatisierende Folgen haben, denn „einerseits haben die betreffenden Menschen niemals gelernt, das Lachen in seiner affektiv positiven Bedeutung zu schätzen bzw. als Mit-Voraussetzung für eine Lebenshaltung zu nutzen, die von Freude, Heiterkeit und Ausgelassenheit geprägt ist. Andererseits wurde das Lachen der Mitmenschen, selbst wenn es durchaus nicht aggressiv gestimmt war, als eine tiefgreifende Bedrohung des eigenen Selbstwertgefühls erlebt. Dies führte insgesamt dazu, dass das Lachen im Leben dieser Menschen keine positive Bedeutung besitzt."

„Und dennoch", sagt Michael Titze, „ist der Schlüssel zum Verständnis und zur Behandlung einer manifesten Gelotophobie das Lachen."

„Lachen bedeutet
Stärke, Selbstvergessenheit
und Leichtigkeit".
Frida Kahlo

Lachen von Kopf bis Fuß

Lachen ist eine aktive Angelegenheit. Bei intensivem Lachen können bis zu dreihundert Muskeln im ganzen Körper angespannt und entspannt werden.

Gesichtsmuskeln
„Warum ich immer lache?" Auf diese Frage antwortet Bob Hope, amerikanischer Komiker und Schauspieler: *„Weil ich mich nicht überanstrengen will, denn zu einem lachenden Gesicht braucht man nur 13 Muskeln, während man für ein todernstes Gesicht 60 Muskeln benötigt."*

Zu den Lachmuskeln gehören im Besonderen die Augenringmuskulatur *(Musculus orbicularis oculi)* sowie die Jochbeinmuskulatur *(Musculus zygomaticus major)*. Der französische Arzt Guillaume-Benjamin Duchenne de Boulogne begann um 1875 damit, die Auswirkungen elektrischer Impulse auf die mimische Muskulatur zu erforschen. Sein erster Proband war ein alter Mann. Bei ihm testete er die Auswirkungen elektrischer Impulse auf die Gesichtsmuskulatur. Duchenne beschrieb als Erster das sogenannte „echte" Lächeln, an dem die Augenringmuskulatur und die Jochbeinmuskulatur beteiligt sind. Dieses „echte Lächeln" wurde später nach ihm benannt: „Duchenne-Lächeln".

Die Ringmuskulatur um die Augen herum lassen die Sonnenstrahlen, die sogenannten „Krähenfüßchen", entstehen, die zu einem lachenden Gesicht dazugehören. Die Muskelstränge, die unsere äußeren Mundwinkel zum Jochbein auf Smiley-Höhe hochziehen, nannte G.-B. Duchenne de Boulogne „Muskel der Freude". Diese Namensgebung passt gut zu den späteren Ergebnissen der Gelotologen, die behaupten, dass bei Aktion dieser Muskeln Glücksbotenstoffe ausgeschüttet werden.

Diese Ergebnisse machen klar: Jeder kann an dem Stimmungsrad drehen und beeinflussen, in welche Richtung sich seine Falten ausprägen. An Stelle des elektrischen Impulses kann ein Zaubertrick helfen. Der Muskel der Freude hat einen Namen, der wie eine Zauberformel anmutet. So kann man ihn beschwörend murmeln: „Musculus – zygomaticus – major – hex-hex" und schon sind die Mundwinkel oben. In der Tat kann durch die häufige Wiederholung der Muskel so trainiert werden, dass die Mundwinkel immer mehr nach oben wandern.

> „Na denn – Mundwinkel nach oben – lacht Leute!
> Schaden kann's auf keinen Fall."
> Barbara Rütting

Zauberhaftes Lächeln

Wirkung	fördert die Wahrnehmung der Mundwinkel und der Augen ein zauberhaftes Lächeln und Lachen
Ausführung	ein ernstes Gesicht machen beschwörend den Zauberspruch aussprechen: „Musculus – zygomaticus – major! – Hahaha!" der Zauberspruch wirkt und die Mundwinkel wandern nach oben zweiter Zauberspruch: „Musculus – orbicularis – oculi! – Hahaha!" diese Magie legt die Lachfältchen, wie Sonnenstrahlen, um die Augen
Anmerkung	Der Muskel Musculus zygomaticus major ist der Muskel der Freude und zieht die Mundwinkel nach oben. Der Muskel Musculus orbicularis oculi bildet die Lachfältchen um die Augen.

Atem-Muskeln

Das Zwerchfell (Diaphragma) ist der größte Muskel, der beim Lachen wie beim Atmen in Aktion ist. „Dirigent des Atemorchesters" nannte ihn die deutsche Bewegungspädagogin Dore Jacobs. Beim Einatmen (Inspiration) senkt es sich ab in den Bauchraum und beim Ausatmen (Expiration) steigt es hoch zwischen die Rippenbögen. So entsteht die Bauch- oder Zwerchfellatmung. Die Zwischenrippenmuskeln (Musculi intercostales) heben und senken den Brustkorb und führen zur Brustatmung. Atem-Hilfsmuskulatur, wie Hals-, Nacken- und Bauchmuskeln, unterstützt bei verstärkter Atmung oder bei Lungenerkrankungen sowohl die Einatmung wie auch die Ausatmung.

Intensives Lachen ist verstärkte Ausatmung und lässt damit das Zwerchfell hüpfen. Das kann man auch beim stoßartigen Ausatmen mit den Lachlauten „Hoho-Haha" fühlen. Legen Sie Ihre Hände sanft auf die Region des Zwerchfells, also zwischen Brustbeinspitze und Bauchnabel. Nun über den Mund ausatmen, indem Sie den Atem mit den Lachlauten „Hoho-Haha-Hoho-Haha-Hoho-Haha" ausstoßen. Es ist nicht viel zu spüren? Dann braucht das Zwerchfell noch etwas Training.

Bauchmuskeln und mehr

„Sich den Bauch halten vor Lachen!" Wer schon mal einen richtigen Lachanfall hatte, der gar nicht enden wollte, konnte sicherlich spüren, dass auch unsere Bauchmuskulatur (Musculus obliquus externus, internus und transversus abdominis) reichlich beteiligt ist. Den Bauch halten, dass tut man automatisch, weil die Bauchmuskeln langsam schlapp machen und man prustet: „Ich kann nicht mehr!"

Die Rückenmuskulatur (Musculus erector trunci) ist im Einsatz, wenn wir den Oberkörper beim Lachen aufrichten.

Arm-, Bein- und Fußmuskeln sind aktiv, wenn man sich vor Freude auf die Schenkel klatscht und mit den Füßen auf den Boden trampelt.

Muskel-Anspannung-Entspannung

Wer das erste Mal länger als zehn Minuten lacht, ist recht erstaunt, wie anstrengend es sein kann und welche Muskulatur sich deutlich meldet. Auch Lachmuskeln wollen trainiert werden, besonders die Wangenbäckchen. Entspannen lassen sich diese mit sanftem Ausstreichen und leisem Lachen auf „Hühühü".

Beim Lachen kann es zu Kontrollverlust der Blasenmuskulatur kommen. Training der Beckenbodenmuskulatur ist hilfreich, um der Blase etwas entgegenzusetzen. Lachyoga hat die Blasenproblematik mit der Übung „Inkontinenz-Lachen" aufgegriffen. Hierbei kreuzt man die Beine, beugt sich etwas vor und lacht.

> Eine alte Dame kniet vor dem Altar und betet:
> „Oben klar – und unten dicht.
> Lieber Gott – mehr will ich nicht!"

Entspannung der Atemmuskulatur erfolgt durch das Spiel von Atem und Lachen. Etliche Übungen bauen darauf auf, dass der Atem angehalten und gleichzeitig das Lachen zurückgehalten wird, um dann plötzlich den Atem gemeinsam mit dem Lachen herausplatzen zu lassen. Eine herrliche Entspannung und Erfrischung sind die Folge.

Lachen platzt heraus

Wirkung	intensives Aus-und Einatmen Spannungsausgleich
Ausführung	Arme waagerecht nach vorne ausstrecken
Teil 1 EA	Arme heranziehen und dabei genussvoll einatmen Hände zu lockeren Fäusten schließen
AA	Arme langsam nach vorne ausstrecken – Hände öffnen Atem ausströmen lassen
Teil 2	Teil 1 wiederholen
Teil 3 EA	Arme heranziehen und dabei genussvoll einatmen Atem halten, halten, halten
AA	Arme spontan nach vorne ausstrecken Atem und Lachen platzen dabei heraus
AA = Ausatmung EA = Einatmung	

Lachen und Weinen – Hand in Hand

Ich lache, wenn ich gut drauf bin, und weine, wenn es mir schlecht geht. Dazwischen gibt es viele Facetten. Lachen und Weinen liegen so dicht beieinander, dass das eine rasch in das andere kippen kann. Unter Tränen lachen. Ein halb weinendes Lachen aus Verzweiflung, wenn man nicht weiß, ob man lachen oder weinen soll. Etwas mit einem lachenden und einem weinenden Auge betrachten. Auch im Land des Lächelns gibt es Tränen. Diese Aussagen zeigen deutlich, wie dicht Weinen und Lachen miteinander verknüpft sind, unmittelbar hintereinander oder fast gleichzeitig. Wir sitzen auf der Schaukel des Lebens, wie es der deutsche Dichter und Schriftsteller Christian Morgenstern mit poetischen Worten beschreibt:

„Zwischen Weinen und Lachen schwingt die Schaukel des Lebens, zwischen Weinen und Lachen fliegt in ihr der Mensch."

Schaukeln ist anders als „himmelhoch jauchzend – zu Tode betrübt". Diese beiden Extreme stellen für mich Pole dar, in denen man länger verweilt und stecken bleiben kann. Beim Schaukeln jedoch gibt es die Flug-und Schwebe-Phase und das Fallen. Das Fallen, welches direkt wieder ins Steigen übergeht. Noch war man in der einen Stimmung und schwupp befindet man sich in der anderen. Man ist überrascht. Wie geschieht das?

Beim Lachen wie beim Weinen ist das Zwerchfell stark beteiligt. Die alten Griechen waren der Ansicht, dass das Zwerchfell der Sitz der Seele und der Gefühle ist. Deshalb nannten sie unseren größten Atemmuskel *„Seelenmuskel"*. Damit hängen die Redewendungen zusammen: *„Aus tiefster Seele lachen"* und *„Sich die Seele aus dem Leib heulen"*. Hält man Lachen und Weinen zurück, führt das zu verspannter Atemmuskulatur und die Atmung wird flacher.

Lachen lockert das Zwerchfell und vertieft die Atmung. Kommt das Zwerchfell dadurch in Schwingung, ist es möglich, immer tiefer aus dem

Bauch heraus zu lachen. Vielleicht wird deshalb der chinesische Glücksbuddha außer seinem strahlenden Lachen mit einem kugelrunden Bauch dargestellt. Wenn wir aus vollstem Herzen, aber eben auch aus vollstem Bauch lachen, sind wir mit unserer Seele verbunden und erfahren damit Klarheit, Kraft und Stärke.

„Lachen ist Seele putzen."
Silvia Rößler

Beim Lachen kann man nicht gleichzeitig denken. Kontrollinstanzen werden ausgeschaltet. Damit stellt sich eine leichte, fröhliche Befindlichkeit ein. Dem freischwingenden Zwerchfell ist es möglich, die gehaltene Trauer loszulassen, und das Lachen kann in Weinen umkippen. Das ist eine Antwort auf die Frage: „Ich bin doch eigentlich gut drauf. Warum weine ich jetzt?" Es ist gut, die Tränen laufen zu lassen, denn sie reinigen den Körper von Stresshormonen wie Adrenalin und Prolaktin.

Diese emotionale Kläranlage fördert die Entspannung und macht den Wechsel ins Fröhliche möglich. Manchmal muss ein Mensch so viel weinen, damit in seinem Herzen wieder Platz für ein Lächeln ist. Ein plötzlicher Wechsel von traurig zu fröhlich kann ebenso erfolgen, wenn spontan irgendetwas ein Lachen herauslockt, wie zum Beispiel Situationskomik, ein Kinderlachen oder ein Witz. Oder man lacht grundlos. Ein Glückscocktail aus Endorphinen wird ausgeschüttet, das Lachen wird mehr, das Zwerchfell kommt weiter in Schwingung und der Wechsel ins Lachen und ins Glücksgefühl hat stattgefunden.

„Wer lachen kann dort, wo er hätte heulen können,
bekommt wieder Lust zum Leben."
Werner Finck

Weinen und Lachen sind wichtige Ausdruckmöglichkeiten unserer Empfindungen. Jorgos Canakakis, griechischer Autor und Psychotherapeut mit Schwerpunkt Trauertherapie, sagt: *„Nur wer beide Seiten der Medaille, nämlich Trauer und Freude, lebt, kann sich vor Depressionen schützen"*.

Die Fähigkeit, sich in der Form ausdrücken zu können, geht einher mit der Liebe zu sich selbst und der Liebe zu seinen Mitmenschen. Um unsere Emotionen authentisch zu leben, bedarf es der eigenen Akzeptanz und der Selbstliebe. Sich lachend und weinend anderen zu zeigen, bedarf auch des Mutes. *„Wir sind doch törichte Menschen! Wie oft durchkreuzt die Furcht vor dem Lächerlichwerden unsere innigsten, zartesten Gefühle! Man schämt sich der Träne und spottet; man schämt sich des fröhlichen Lachens und schneidet ein langweiliges Gesicht"*, sagte der deutsche gesellschaftskritische Schriftsteller Wilhelm Raabe.

Der Ausdruck unseres Weinens ist sehr vielfältig. Man kann leise weinen, in sich hinein, laut aufjaulend, hysterisch, schreiend, verhalten, verschämt, vorwurfsvoll, wütend, gerührt, klagend, anklagend, zurückhaltend, bis zur Übelkeit und zum Erbrechen, Kuller-Tränen, allein, vor anderen oder mit anderen. Wir weinen, wenn wir gerührt oder traurig sind. Auch Lach-Tränen fließen aus dem Tränenkanal. Wir weinen vor Freude und heulen aus lauter Wut. Bei Verlusten jeglicher Art weinen wir. Bei Schmerzen, Angst und Überlastung kommen uns die Tränen, auch bei Fremdkörpern im Auge und beim Zwiebelschneiden.

Im Laufe eines Lebens weint ein Mensch durchschnittlich 70 Liter Tränenflüssigkeit. Das sind 4,2 Millionen Tränen. Tränen haben reinigende Wirkung, emotional wie rein mechanisch. Mit den Tränen werden Stresshormone, wie Adrenalin, Prolaktin und Cortisol aus dem Körper geschwemmt, ebenso eine Wimper oder eine kleine Fliege.

Manche Menschen können nicht mehr weinen und sind froh darüber. Besonders Männern wollen kein „Weichei" sein und es herrscht der Anspruch: „Ein Indianer kennt keinen Schmerz." Wiederum können manche Menschen nicht weinen und wären froh, wenn es ihnen möglich wäre, denn Tränen sind ein gutes Ventil und regulieren Spannung. Der griechische Psychotherapeut und Trauerumwandler Jorgos Canakakis sagt: „Trauer ist niemals eine Krankheit. Sie ist das, was unsere Lebendigkeit stärkt, so dass wir Gefühle gewinnen und unsere Sinne gesund erhalten."
In seinem Buch „Deine Tränen haben die Farbe des Regenbogens" erzählt er von dem See der ungeweinten Tränen, der sich tief im Unterbauch befindet. Alle Tränen, die im Laufe des Lebens nicht geweint wurden, obwohl

den Betroffenen zum Weinen zumute war, haben sich dort gesammelt und nach und nach einen See gebildet. Diese Tränen möchten raus, nach oben, geweint werden, damit wieder Helligkeit einziehen und Raum für Neues entstehen kann.

Viele Menschen vermeiden das Weinen vor anderen und weinen allein. Früher bin ich zum Weinen auf die Toilette geeilt, da ich nicht wollte, dass meine Mitmenschen meine Trauer bemerkten. Ich wollte als fröhlicher Mensch gesehen werden, da ich Angst hatte, dass man mich sonst nicht mehr mag. Außerdem verband ich Tränen mit Schwäche und das bedeutete, dass, wenn ich anderen meine Traurigkeit zeige, ich mich verletzbar mache. Das wollte ich auf gar keinen Fall. Nach und nach wurde mir klar: „Wenn ich keinem zeige, dass ich traurig bin, begreift keiner, was wirklich mit mir los ist und dass ich Unterstützung brauche. Dann trauere ich allein und keiner meiner Freunde wird mich trösten und mich in den Arm nehmen. Ich wollte aber unbedingt getröstet und in den Arm genommen werden. So veränderte ich mit der Zeit meine Verhaltensweise und ich verstecke mich nicht mehr. Mittlerweile weiß ich, dass dieses Modell „allein heulen auf der Toilette" nicht nur von mir gewählt wurde. Die Toilette bietet einen geschützten Rahmen. Hier ist das Loslassen der Tränen gut möglich. Tränen und Pippi haben mehr Verbindung, als es auf dem ersten Blick scheinen mag. Eine Redewendung besagt: „Dem steht das Pippi in den Augen." Und bei Kindern, die eigentlich längst ihre Ausscheidungen unter Kontrolle haben und dann wieder ins Bett machen, gibt es die Theorie der ungeweinten Tränen. Beides hat mit innerer Spannung und entspannendem Loslassen zu tun.

Der gesunde Weg ist, authentisch zu leben, den Tränen Platz zu geben. Dann kann auch das Lächeln und Lachen wieder hervorkommen. Lebendige Begegnung mit all ihren bunten Facetten wird möglich.

„Traurig sein ist wohl etwas Natürliches.
Es ist wohl ein Atemholen zur Freude,
ein Vorbereiten der Seele dazu."
Paula Modersohn-Becker

Wie bei der Freude gibt es auch bei der Trauer unterschiedliche Auslöser. Es stimmt uns traurig, wenn wir Abschied nehmen müssen von dem, was uns lieb und teuer geworden ist – unwiderruflich – egal, ob man sich von nahestehenden Menschen, Haus und Hof, dem Arbeitsplatz oder Tieren verabschiedet. Es stimmt uns traurig, wenn wir Verlust befürchten, Verlust verarbeiten müssen und wenn etwas nicht so läuft, wie wir es uns vorgestellt haben. Mangelnde Verbundenheit mit der Welt kann uns traurig stimmen. Mangel an Lebenskraft und Vitalität kann uns in eine traurige Verfassung bringen. Es stimmt uns traurig, wenn wir eine Chance verpasst haben. Auch den Verlust der Jugend zu bewältigen, ist eine große Herausforderung. Die Trauer kann einhergehen mit Frustration und Resignation.

Für jede Form suchen wir einen Umgang. Wichtig ist es, zunächst in der Trauer, mit all ihren Facetten aufzugehen, sich dann aber wieder mit dem Leben zu verbinden. Ein Hin- und Herbewegen zwischen diesen beiden Polen hilft, mit den gegebenen Umständen einen Weg zu finden. Das Einpendeln von Yin und Yang, bis es wieder leichter wird und es möglich ist, ein humorvolles Auge zu riskieren, wie die beiden älteren Herren, die sich auf der Parkbank unterhalten:

„Ich habe furchtbare Probleme mit meinen Zähnen",
beklagt sich der alte Herr auf der Parkbank bei seinem älteren Nachbarn.
„Immer diese Schmerzen in der Nacht. Ich kann kaum durchschlafen!"
„Ich habe keine Schwierigkeiten mit meinen Zähnen",
sagt der noch ältere Herr. „Und schon gar nicht in der Nacht."
„Wie ist das möglich?", fragt der alte Herr.
„Ach, wissen Sie", sagt der noch ältere Herr,
„seitdem meine Zähne und ich getrennt schlafen, ist das gar kein Problem."

Neben der eigenen Betroffenheit spielt das Mitbetroffensein, das Mittrauern, das Mitgefühl für andere eine große Rolle, die Konfrontation mit Trauernden, wenn man zum Beispiel trauernde Freunde, Patienten oder Nachbarn begleitet. Das Begleiten von Trauernden erfordert große Achtsamkeit gegenüber dem Trauernden und sich selbst. Manche dieser Lebensgeschichten machen die Türen und Tore der eigenen Biographie

Lachen und Weinen – Hand in Hand

weit auf und durch diese Schleusen können die Tränen fließen. Eigene Erinnerungen vermischen sich mit dem aktuell Erlebten. Darin besteht einerseits eine Chance, die eigene Trauer noch mehr auflösen zu können, andererseits gilt es, eine gesunde Distanz zu bewahren, um nicht zu tief in die eigene Geschichte abzutauchen und Trauernde weiterhin begleiten zu können.

Es gibt auch in der Konfrontation mit Trauernden den eigenen Zwiespalt, wenn man selbst guter Dinge ist und in dieser Stimmung bleiben und nicht in die Trauer seines Gegenübers mit hineingezogen werden möchte. Darf ich das? Ja, ich darf, denn es geht um mitfühlen, nicht mitleiden. Im Kontakt sein und bei sich selbst bleiben. Die eigene gute Stimmung bewahren und deren Kraft nutzen. Sein Gegenüber anlächeln, einfühlsam sein, vielleicht singen oder einfach schweigen und da sein. Wichtig ist, die innere Haltung zu bewahren, sein Gegenüber ernst zu nehmen, achtsam mit ihm umzugehen, zugewandt sein. Selbst wenn ich still, ernst, traurig mit dem andern verbunden bin, immer den Kontakt zum eigenen inneren Lächeln, als Kraftquelle und Anker, bewahren. Nicht auslachen, sondern freundlich aufmunternd begegnen. Das ist keine Anmaßung, sondern eine große Unterstützung. Damit ist man nicht hilflos ausgeliefert, sondern durch die Erlaubnis, in guter Stimmung bleiben zu dürfen, ist es möglich, in der eigenen Kraft und im Kontakt mit sich und dem anderen zu bleiben.

Sich in der Starrheit zu verbinden bedeutet Stillstand. Begegne ich jemandem freundlich zugewandt, kann Wandel erfolgen. In Wandlungsphasen hilft Lachen und Humor.

„I have seen, what a laugh can do. It can transform almost
unbearable tears into something bearable, even hopeful."
„Ich habe gesehen, was ein Lachen tun kann. Es kann fast unerträgliche
Tränen in etwas Erträglicheres, sogar Hoffnungsvolles verwandeln".
Bob Hope

Als ich meine beste Freundin durch all ihre Phasen des Sterbens begleitete, saß ich oft mit den Familienangehörigen in der Küche und wir lachten zusammen. Zu Beginn sahen wir uns irritiert an: „Passt das denn überhaupt? Nebenan liegt die Todkranke, wir sind traurig und wir lachen?" Und ob das passte. Uns war klar: „Sonst ist es gar nicht auszuhalten". Lachen als Ventil. Lachen als Druckausgleich. Lachen als Energiespender, als Seelennahrung. Es ist keineswegs pietätlos – sondern lebensnotwendig.

Lachen löst das Fixieren auf Problematisches und entgiftet bedrückende Stimmungen. Ingrid Lewis, deutsche Krankenschwester auf einer Palliativstation, sagt: *„Je gravierender eine Erkrankung ist, desto mehr Humor wünscht sich ein Mensch im Alltag."* Sie weiß, dass ein humorvoller Umgang, taktvoll und passend eingesetzt, den Patienten ein wenig Normalität zurückgibt. Zudem erlebt sie, wie gemeinsames Lachen, etwa bei einer peinlichen Situation, eine vertrauensvolle Beziehung zwischen Patient und Pflegekraft fördert.

Lächeln am Lebensende. Die letzte Möglichkeit der Begegnung. Als ich meiner Freundin in ihrer Sterbephase stundenlang die Hand hielt und sie ab und zu die Augen öffnete, war es ein gutes Gefühl, sie liebevoll anzulächeln. Mit diesem Lächeln in ihre Augen einzutauchen, ein Hauch von Lächeln in ihren Augen wiederzufinden, eine kleine Berührung unserer Seelen, ein Stückchen Glück.

Sterbenden mit einem Lächeln zu begegnen, kann dem Sterbenden und seinem Begleiter die schwere Situation etwas leichter machen. Weinen darf warten. Sterbende verlassen in der Regel lieber Menschen, die vermitteln, dass sie nicht völlig verzweifelt zurückbleiben. Oft trösten die Sterbenden sogar diejenigen, die im Leben bleiben. Mit leichtem Lächeln kann man sie von dieser Aufgabe entlassen.

Lachen und Weinen – dazu sagt der Amerikaner Marshall Rosenberg, Begründer der gewaltfreien Kommunikation:

„Das Ziel im Leben ist es, all unser Lachen zu lachen und all unsere Tränen zu weinen. Was auch immer sich uns offenbart, es ist das Leben, das sich darin zeigt, und es ist immer ein Geschenk, sich damit zu verbinden."

Lachyoga und die Traditionelle Chinesische Medizin

Das Prinzip von Yin und Yang und das Modell der Fünf Elemente bilden die Basis der über 5000 Jahre alten Lehre der Traditionellen Chinesischen Medizin. Sie zeichnet sich vor allem dadurch aus, dass sie den menschlichen Körper als ein mit Geist und Seele verbundenes komplexes Ganzes betrachtet.

Ihre bekanntesten Bereiche sind die Akupunktur und die Bewegungsform Qi Gong. Die Lehre der Traditionellen Chinesischen Medizin zeigt, wie wichtig der Wandel und die Anpassung an Veränderung ist. Alles, was starr ist und sich keinem Wandel unterzieht, macht mit der Zeit krank. Ebenso tut uns ein Zuviel und ein Zuwenig von etwas nicht gut. Bei allen Dingen kommt es auf das Maß an.

Das gilt auch für die Trauerarbeit, eine Bezeichnung die von Sigmund Freud stammt. Sich jeden Schmerz und jede Trauer zu verbieten, ist ungesund. Trauerarbeit ist für die Seele heilsam. Jedoch verbraucht der Körper während der Trauer sehr viel von der Lebensenergie Qi. Deshalb ist es wichtig, diesen Zustand der Trauer auch wieder zu verlassen. Ebenso bei der Wut, die oft an Trauer gekoppelt ist, gilt es das gesunde Maß zu finden. Die Ventilwirkung, die mit dieser Energie einhergeht, ist hilfreich, um wieder in Balance zu kommen und die eigene Mitte zu stabilisieren. Geht man jedoch nur in Wut auf, würde sie eher zerstören. Selbst bei der Freude kann ein Übermaß entstehen und zu Schwindel führen. Dabei ist es wichtig, den Kontakt zum Boden zu behalten. Die Freude zuzulassen ist während der Trauer sehr wertvoll, denn sie bringt Licht und Leichtigkeit in die Schwere und ist Balsam für die Seele.

Yin und Yang

Dieses weltweit berühmte Paar steht für die Polaritäten aller Dinge wie zum Beispiel Nacht und Tag, Erde und Himmel, Innen und Außen sowie Ruhe und Power. Weinen entspricht Yin und Lachen entspricht Yang.

Das eine hat nicht – wie etwa im Gegensatz von Gut und Böse – den Sieg über das andere davonzutragen, sondern findet seine Bestimmung in der Anerkennung und Förderung des Anderen. So versteht man Dunkelheit nur, wenn man Helligkeit kennt und umgekehrt.

Dazu eine Geschichte von dem türkischen Narren und Meister Mullah Nasrudin.

Auf der Suche

Jemand beobachtete Nasrudin, wie dieser etwas auf dem Boden suchte. „Was hast du verloren, Nasrudin?", fragte er.

„Meinen Schlüssel", sagte der Mullah*.

Beide suchten nun gemeinsam. Nach einer Weile fragte der Helfer:

„Wo genau hast du ihn denn eigentlich verloren?"

„In meinem Haus."

„Aber warum suchst du ihn dann hier draußen?"

„Weil es hier heller ist."

*islamischer Lehrer

Nun könnte man sagen: „Ganz schön dumm, dieser Nasrudin!"
Man könnte aber auch sagen: „Ganz schön schlau, dieser Nasrudin."
Im **Dunklen** ist es schwierig, etwas zu erkennen und zu finden.
So geht er an einen Ort, wo **Licht** ist. Denn dort ist es eher möglich, eine Lösung, seinen Schlüssel, zu finden. Er ist eben Narr und Meister.

Die Yin-und-Yang-Fische symbolisieren die Einheit und den Wandel. Beide Fische zusammen bilden den Kreis der Unendlichkeit und in jedem Fisch zeigt sich durch den kleinen Punkt etwas von der Qualität des anderen Fisches, als Symbol des Übergangs. Das Yin-und-Yang-Prinzip zeigt auch, in welcher Relation etwas zueinander steht. Ist der eine Fisch größer, muss der andere zwangsläufig kleiner sein, denn es bleibt bei der gleichen gemeinsamen Größe. Wenn die Trauer vorherrscht, bleibt kaum Platz für die Freude. Gibt man der Freude mehr Raum, bleibt weniger Platz für die Trauer.

Lachyoga und Yin und Yang

Die spielerischen Lachyoga-Übungen haben aktivierende Wirkung. Sie stimulieren den Sympathicus, unser aktivierendes Nervensystem und entsprechen somit der Yang-Energie. Die Entspannungs- und Atemübungen haben beruhigende Wirkung. Sie stimulieren den Parasympathicus, unser beruhigendes Nervensystem, und entsprechen damit der Yin-Energie. Der Wechsel von beidem ist sehr wohltuend und macht es möglich, über einen längeren Zeitraum zu lachen. Das erklärt, warum es wichtig ist, dass bei Lachyoga jeder Übung eine Atemübung folgt.

Übung zur Verbindung von Yin und Yang
Diese Übung entstammt dem Qi Gong, eine Meditation-Konzentrations- und Bewegungsform aus China. Wie beim Yoga ist die Bewegung bewusst mit dem Atem verbunden.

Das Qi der Erde mit dem Qi des Himmels verbinden

Wirkung		ausgleichend vitalisierend stärkt die Mitte erdend Körperflüssigkeiten werden angeregt
Ausführung	AA	tief nach unten beugen, zum Boden
	EA	„Wir schöpfen die Yin-Energie der Erde": mit beiden Händen das Qi aus der Erde schöpfen „und verbinden es mit der Yang-Energie des Himmels": aufrichten, die Hände mit der geschöpften Energie gen Himmel strecken hier verbindet sich die Yin- und Yang-Energie
	AA	„Wir führen diese frische Energie unserem Körper zu und verbrauchtes Qi fließt in den Boden.": Hände dicht vor dem Körper, mit Handflächen nach unten führen – Richtung Boden
Variante		die frische Energie lachend über sich ausschütten, wie eine Lachdusche
AA = Ausatmung EA = Einatmung		

Die fünf Elemente

Die Lehre der Fünf Elemente ist eine Theorie zur Naturbeschreibung. Sie untersucht die Gesetzmäßigkeiten, nach denen dynamische Prozesse (Wandlungen) betont als Werden, Wandlung und Vergehen ablaufen. Die fünf Elemente **Holz, Feuer, Erde, Metall** und **Wasser** sind unmittelbar aus der Natur abgeleitet. Sie sind nicht statisch, sondern unterliegen der ständigen Änderung und Verwandlung.

Die fünf Elemente werden an Hand eines Kreismodells erklärt.
Betrachtet man sie im Verlauf des Uhrzeigersinns, spricht man von dem *„nährenden Kreislauf"*, Yin. Jedes Element nährt das ihm folgende. Das

bedeutet, dass jedes Element von der Stärke des ihm vorgelagerten Elementes abhängig ist. Es heißt: „Die Mutter nährt das Kind."

Betrachtet man von einem der fünf Elemente aus das ihm gegenüberliegende Element, spricht man von dem **„kontrollierenden Zyklus"**, Yang. Hier heißt es: „Der Vater kontrolliert das Kind." Das bedeutet, dass jedes Element von der Stärke des ihm gegenüberliegenden Elementes abhängig ist.

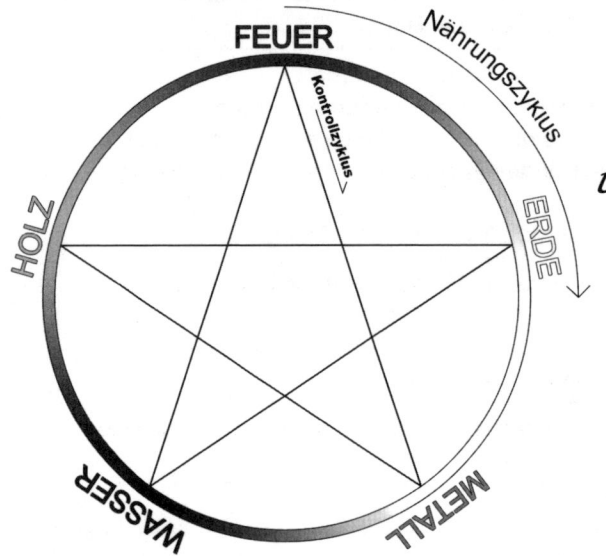

Der nährende Kreislauf / Yin

„Die Mutter nährt ihr Kind."
Das Holz nährt das Feuer –
das Feuer nährt die Erde –
die Erde nährt das Metall –
das Metall nährt das Wasser –
das Wasser nährt das Holz –
das Holz…

Beispiel:
Das Holz lässt das Feuer brennen – die Asche des Feuers nährt die Erde – in der Erde bilden sich Metalle – Metalle lösen sich im Wasser und bereichern es – das Wasser ermöglicht das Wachsen der Pflanzen – das Holz…

Beachte: Zu viel Nahrung kann verwüsten – zu wenig Nahrung verhindert Entwicklung.

Beispiel, wenn die Trauer sehr groß ist:
Die Trauer (Metall) erfüllt den Trauernden. Das Metall-Element wird stark beansprucht, sodass die Atmung flacher wird und die Krankheitsanfälligkeit steigt. Das nachfolgende Element Wasser kann nicht optimal versorgt werden

So zeigt sich das Wasser nicht in klarem Zustand, sondern als ein aufgewühltes, trübes Gewässer, welches den Blick nicht auf den Grund ermöglicht. Im Wasser gedeiht statt Klarheit Ängstlichkeit.

Das nachfolgende Element Holz wird vom trüben Wasser nur mangelhaft versorgt. Statt aufzustreben, wie es seinem Charakter entspräche, zieht es den Trauernden nach unten.

Die Freude, die zu dem nachfolgenden Element Feuer gehört, wird nicht ausreichend genährt und wird kleiner.

So bekommt das nachfolgende Erd-Element auch nicht genügend Nahrung. Die Stabilität der Mitte und das Gefühl, festen Boden unter den Füßen zu haben, schwindet. Sorgen und Grübeleien nehmen mehr Raum ein.

Das nachfolgende Element, Metall, wird damit nicht ausreichend gestärkt. Die Fähigkeit des Metalls, sich von etwas Altem zu trennen und Neues aufzunehmen, zu transformieren, kann so nicht ausreichend unterstützt werden.

Die Unterstützung, um große Trauer kleiner werden zu lassen, kann in jedem Element erfolgen. Ziele setzen (Holz) und damit die Energie lenken, die Freude (Feuer) vergrößern, das Sorgen-Karussell reduzieren und die Mitte stärken (Erde), die Atmung (Metall) vertiefen, die Klarheit (Wasser) stärken.

> Der Hundertjährige ist das Glanzstück der Verjüngungsklinik.
> Er wird einer Kommission von Sachverständigen vorgestellt.
> „Und was haben Sie getan, dass Sie so alt wurden", wird er gefragt.
> Er: „Immer geatmet, meine Herren. Nie aufgehört zu atmen."

Der kontrollierende Kreislauf/ Yang

„Der Vater kontrolliert sein Kind"

Das Holz kontrolliert die Erde – die Erde kontrolliert das Wasser – das Wasser kontrolliert das Feuer – das Feuer kontrolliert das Metall – das Metall kontrolliert das Holz – das Holz…

Beispiel:
Die Wurzeln des Baumes halten die Erde – das Flussbett sichert das Wasser – das Wasser löscht das Feuer – das Feuer schmilzt Metall – mit einer Axt kann ich Holz hacken – usw.

Beachte: Zu viel Kontrolle verhindert Wachstum – zu wenig Kontrolle ermöglicht Wildwuchs/Überwucherungen.

Beispiel, wenn die Trauer sehr groß ist:
Die Trauer (Metall) erfüllt den Menschen. Das Metall-Element kann das Holz-Element nicht ausreichend kontrollieren und die Wut, die zum Holz gehört, kann Überhand gewinnen.

Damit gelingt es dem Holz-Element nicht ausreichend, das Erd-Element zu kontrollieren, und es kommt zu vermehrtem Sorgen und Grübeln.

Das Erd-Element kann das Wasser nicht ausreichend kontrollieren und die Furcht (Wasser) kann sich ausbreiten.

Die mangelnde Kontrolle vom Wasser-Element auf das Feuer-Element kann zu Zynismus (Feuer) führen.

Das nicht ausreichend kontrollierte Feuer-Element wiederum kontrolliert das Metall-Element nicht ausreichend und die Trauer (Metall) kann sich weiter ausbreiten.

Zuordnung. Den fünf Elementen ist eine Vielzahl von Begriffen zugeordnet. Ich habe die ausgewählt, die an dieser Stelle von Bedeutung sind.

	Holz	Feuer	Erde	Metall	Wasser
Jahreszeit	Frühling	Sommer	Spätsommer	Herbst	Winter
Geschmack	sauer	bitter	süß	scharf	salzig
Farbe	grün	rot	gelb	weiß	blau, schwarz
Funktionskreislauf	Leber-Gallenblase	Herz-Dünndarm	Milz-Magen	Lunge-Dickdarm	Blase-Niere
Körpergewebe	Muskeln und Sehnen	Blutgefäße	Muskel und Bindegewebe	Nerven	Knochen
Ausdruck	Schreien	Lachen, Tanzen, Singen	überkritisches Handeln	Weinen	schreckhaft, in sich gekehrt
Emotion	Wut	Freude	Sorge, Grübeln	Trauer, Kummer	Angst

Lachyoga und die fünf Elemente

Beim Lachyoga dehnen und strecken wir uns, der Stoffwechsel und das Herz-Kreislaufsystem werden angeregt, die Muskelaktivität wird verbessert, die Atemfunktion intensiviert sich, die Aktivität der Bauchorgane wird angeregt und Lebensenergie Qi wird aufgebaut.

Diese Aktivitäten und Wirkungen ordne ich den fünf Elementen der Traditionellen Chinesischen Medizin zu.

Holz	Dehnen-Strecken der Muskeln/Sehnen Anregung des Stoffwechsels
Feuer	Aktivierung des Herz-Kreislaufsystems
Erde	Verbesserung der Muskelaktivität / Stärkung der Mitte
Metall	Aktivierung der Atmung und der Bauchorgane
Wasser	Bewahren von Qi

Auch aus der Sicht der Traditionellen Chinesischen Medizin fördern wir während einer Lachyoga-Einheit unseren gesamten Organismus. Mit Lachyoga können wir zudem unseren Emotions-Haushalt regulieren und positiv auf unser Gesamtbefinden einwirken. Das Zwerchfell, der Sitz der Emotionen, auch „Seelenmuskel" genannt, wird beim Lachen ausgiebig in Bewegung gesetzt. Je entspannter dieser große Muskel wird und je mehr er in Schwingung gerät, desto mehr löst sich emotionale Verhaftung und es folgt ein fließender Wechsel der Emotionen. Verweilen wir in einer ärgerlichen oder starren Haltung, ist das ein Hinweis, dass wir in alte Geschichten verwickelt sind. Lächeln und Lachen hilft, uns aus Verwicklungen zu entwickeln.

„Lass uns aus der Rolle fallen, bevor wir in die Falle rollen."
Unbekannt

Holz	**Wut** kann uns zum Handeln bringen oder, wenn sie sich in Zorn ausweitet, zerstören
Feuer	**Freude** beflügelt uns. Ist sie im Übermaß vorhanden, kann sie uns auch schwindelig machen.
Erde	**Sorge und Grübeln** kann uns auf neue Gedanken bringen oder auch nur unruhige Nächte bescheren.
Metall	**Trauer** will gelebt werden. Das ist wichtig für den Prozess der Transformation. Verhaften wir in der Trauer, wird viel von unserer Lebensenergie (Qi) verbraucht und es geht uns an die Substanz.
Wasser	**Angst** kann uns Respekt vor einer Situation lehren und uns damit schützen. Angst kann uns aber auch in unserer Entdeckerfreude und damit in unserem Wachstum bremsen.

Das Leben ist bunt. Wir brauchen die gesamte Vielfalt unserer Emotionen für unser Wohlbefinden. Es geht nicht darum, nur noch grinsend, lächelnd und lachend durch die Gegend zu laufen. Es geht vielmehr darum, die Maske abzulegen, die eigene Lebendigkeit zu spüren und unser echtes Selbst zu entdecken. Freudig zu leben, auch mal traurig oder wütend und auch grübelnd oder ängstlich zu sein. Nach und nach Aufgesetztes abzustreifen und die eigene Authentizität zu finden.

Lachyoga-Übungen helfen bei diesem Prozess.
Sie können den Elementen zugeordnet werden und entsprechend wirken.

Holz

Der Wut kann Ausdruck gegeben werden und das Holzelement kann sich beruhigen.

Löwe

Wirkung	entspannt die Kiefergelenke reguliert innere Spannung vertieft die Atmung gibt Unwillen Ausdruck
Ausführung	den Mund weit öffnen die Zunge lachend weit herausstrecken die Hände wie Pranken neben die Ohren halten herzhaft lachen

Gruben-Lachen

Wirkung	reguliert Spannung vertieft die Atmung befreit von Lasten
EA	beide Arme vorne hochführen
AA	Arme kraftvoll nach unten schwingen bei jedem Schwung nach unten auf einen Vokal ausatmen erst mehrmals auf „A" mehrmals wiederholen dann nacheinander auf „O-U-E-I!"
Varianten	auf „Bäh!" ausatmen oder Worte nutzen
Erweiterung	mit den Füßen Erde auf die Grube schieben und zustampfen
AA = Ausatmung EA = Einatmung	

Feuer

Die Herzenergie und das Selbstbewusstsein werden gestärkt.

Herzliches Lachen

Wirkung	fördert inneren und äußeren Frieden weitet den Brustkorb vertieft die Atmung
EA	die Hände übereinander auf die Herzregion legen
AA	die Arme seitlich weit ausbreiten dabei herzlich lachen, mit dem Gefühl, der ganze Welt Lachen und Liebe zu schenken
AA = Ausatmung EA = Einatmung	

Anerkennungslachen

Wirkung	stärkt das Selbstbewusstsein positiver Verstärker
Ausführung	rechten Arm nach oben strecken, zusätzlich linken Arm nach oben strecken rechte Hand auf die linke Schulter legen, die linke Hand auf die rechte Schulter legen beide Hände klopfen wertschätzend auf die Schultern dabei lächeln oder lachen
Variation	in der Haltung sich selbst in den Arm nehmen und liebevoll wiegen

Erde

Das Sorgen-Grübel-Karussell kommt zur Ruhe und das Erdelement stabilisiert sich.

Mentalseide

Wirkung	macht den Kopf frei reinigt das Gehirn von allen störenden Gedanken, alten Denkmustern und weiteren Plaquen eröffnet neue Blickwinkel
Ausführung	den imaginären Seidenfaden, ähnlich der Zahnseide, einfädeln: von Ohr zu Ohr oder durch die Nase oder wie Sie es sich am besten vorstellen können die Hände ziehen abwechselnd nach links – rechts, oben – unten, so dass das gesamte Gehirn gereinigt wird alles Herausgerieselte wird dann schwungvoll aus dem Fenster geworfen, von Lachen begleitet: „Haa-haa-haa-hahahahaha!"

Kalkutta-Lachen

Wirkung	erdet stabilisiert die Mitte stärkt das Zwerchfell entspannt den Bauch
Ausführung	beide Hände auf „1-2" vom Körper wegschieben dazu „Ho-ho" sagen die Arme nicht ganz strecken. beide Hände auf „3-4" Richtung Boden schieben dazu „Ha-ha" sagen die Arme sind leicht gebeugt ein paar Minuten wiederholen
Variante	dabei gehen

Metall

Ballast abgeben. Loslassen der Trauer, Wut, Frustration. Aufnehmen von stärkender Energie, wie Mut, Zuversicht und Freude.

Neues schöpfen – Altes hinter mir lassen

Wirkung		ausgleichend vertieft die Atmung energetisiert befreit von Altlast erleichtert Übergänge öffnet den Blick für Neues
Ausführung		Schrittstellung: rechtes Bein vor, linkes hinten beide Füße flach am Boden Gewicht hauptsächlich auf dem vorderen Fuß rechte Hand ruht auf der rechten Leiste Bewegung linker Arm macht über vorne einen großen Kreis nach hinten dabei den ganzen Weg des Kreises in die Handfläche schauen
	EA	Arm über vorne hochführen die Hand wie eine Schale denken: „Neues schöpfen."
	AA	Arm über hinten runterführen die Handinnenfläche zeigt nach unten denken: „Altes hinter mir lassen" dabei lachend den Arm und die Schulter leicht schütteln und Altes zusätzlich abschütteln „Hahahahaha!"
Variante	EA	„Freude schöpfen."
	AA	„Trauer hinter mir lassen."
AA = Ausatmung EA = Einatmung		

Klage-Tafel

Wirkung	löst Verhaftung auf reguliert Spannung erleichtert den Stimmungswechsel fördert Perspektivenwechsel
Ausführung	eine Hand hält eine imaginäre Klage-Tafel
Teil 1	die andere Hand schreibt alles auf die Tafel, was es zu beklagen gibt es ist Platz für alles da
Teil 2	lächelnd, kichernd, lachend nach und nach alles wegwischen, was auf der Tafel steht die leere Tafel genießen
Teil 3	die Tafel weglegen sich vorbeugen und a) aus der Quelle der Zuversicht schöpfen, sich aufrichten und Zuversicht über sich rieseln lassen b) aus der Quelle der Freude schöpfen, sich aufrichten und Zuversicht über sich rieseln lassen

Wasser

Das aufgewühlte Wasser lässt sich beruhigen und der Blick zum Grunde des Gewässers wird wieder frei. Die Folge sind Klarheit und Kraft.

Aus der Quelle des Lächelns und Lachens schöpfen

Wirkung	umhüllt und durchflutet mit heiterer Energie reinigt fördert Stimmungswandel
Ausführung	sich vorbeugen
EA	beide Hände schöpfen aus der Quelle des Lächelns ein zartes Lächeln aufrichten Arme weit nach oben führen
AA	das Lächeln über sich rieseln lassen
EA	bei jedem weiteren Schöpfen wird das Lächeln kecker und lauter dann ein Lachen schöpfen und ebenso steigern
EA = Einatmen AA = Ausatmen	

Pran-Mudra

Das Pran-Mudra wird auch als „Mudra des Lebens" bezeichnet.

Wirkung	aktiviert unser Wurzel-Chakra, den Sitz der Lebensenergie und der Lebensfreude
Ausführung	die Handinnenflächen zeigen nach oben die Kuppe von Daumen, Ring- und kleinem Finger aneinanderlegen Zeige- und Mittelfinger strecken
EA	tief durch die Nase

AA	mit einem hell gehauchten „Hh-hh-hh-hh-hh" begleiten die Übung mehrmals bis zu drei Minuten wiederholen sehr schnell kommt man dabei in ein locker-gelöstes Lachen
EA = Einatmen AA = Ausatmen	

Wichtig ist, dass wir nicht in einer der Emotionen hängen bleiben, uns nicht in ihr einrichten und uns irgendwann einbilden: „Ach, hier in meinem Land des Grübelns und Sorgens ist es sehr schön." Es gilt, sich zu trauen, Altes loszulassen und neue Wege zu beschreiten. Bei diesem Prozess sind Humor und Lachyoga sehr hilfreich.

Die Schulsekretärin fragt den Direktor:
„Kann ich die Akten ab 1911 entsorgen? Wir brauchen dringend Platz!"
Der Direktor zögert, dann antwortet er:
„Ja, in Ordnung. Aber machen Sie vorher von allem eine Kopie."

Gesund ist, dass wir uns erlauben, fließend von einem Zustand in den anderen zu wechseln. So wie die Kinder es tun. Sie weinen und schon kurz darauf lachen sie wieder. Sie ärgern sich heftig über etwas und schon wenig später hört man sie wieder fröhlich singen. Sie sitzen im Auto, genervt von der langen Fahrt, und kaum sind sie aus dem Wagen gesprungen, ist der Ärger verflogen und man hört sie lachend spielen. So ist alles im Fluss – Blockaden lösen sich oder entstehen erst gar nicht – das Wohlbefinden steigt und damit auch der gesamte Gesundheitszustand.

Hier treffen sich Aspekte von der Traditionellen Chinesischen Medizin und Lachyoga. Beide lösen Stagnationen auf und helfen, im Fluss zu sein. Beide ermöglichen neue Blickwinkel und helfen, Veränderungen zuzulassen.

Die emotionale Flexibilität bekommt Spielraum.

Resümee. Das Auflösen von kräftezehrender Stagnation hin zum fließenden Wandel der Emotionen fördert Lebendigkeit.

Die Traditionelle Chinesische Medizin zeigt, wie wichtig der Qi-Fluss und die Ausgewogenheit von Yin und Yang sind. Mit stabiler Mitte, Flexibilität und Anpassungsfähigkeit im Hinblick auf äußere Einflüsse können Starrheit aufgelöst und Lebendigkeit gefördert werden.

Lachyoga lenkt den Blick auf Perspektivenwechsel, auf fließenden Wandel der Emotionen und Stabilität. Über das Ausführen der Lachyoga-Übungen kommen wir immer mehr an unsere Spontanität und damit an schnellere Reaktionen. Direktes Handeln, ohne alles bis ins Letzte zu hinterfragen, wird möglich.

Das Lachen löst aus Erstarrung und bringt über die Ventilfunktion Entspannung und Erheiterung.

So können sich die Sichtweisen der Traditionellen Chinesischen Medizin und des Lachyoga für den Wandel der Trauer in Freude hilfreich verknüpfen.

Trotz-Macht Lachen und Humor

„Nehmen Sie es nicht so ernst, wie es ist".
Karl Valentin

In sonnigen und nicht so schweren Zeiten, Lachen und Humor zu trainieren, hilft, eine gute Basis zu schaffen, auf die man auch in Krisenzeiten bauen kann. So wie man Muskeln trainiert, um auf Berge zu steigen, so kann man auch den Blick für das Heitere und die Lachmuskeln trainieren. Humor stärkt unsere Resilienz, das heißt unsere Widerstandsfähigkeit und Toleranz gegenüber Störungen. Lachen als Überlebens-Elixier. Damit gelingt es, den Hindernissen des Lebens mit einem Lächeln zu begegnen. Das sieht auch der deutsche Journalist und Librettist Otto Julius Bierbaum so: **„Humor ist, wenn man trotzdem lacht".**

An dieser Stelle füge ich eine Geschichte ein, die Norman Cousins erzählt hat, als er im Krankenhaus lag. Er wurde von einer Schwester betreut, die er **„Wir**-Schwester" nannte, da sie immer sagte: „Wie geht es **uns** denn heute?" oder **„Wir** müssen ein Bad nehmen." Eines Tages brachte sie ihm ein Fläschchen und bat um seine Urinprobe. Da beschloss Cousins, sich einen Spaß mit ihr zu erlauben. Nachdem sie das Zimmer verlassen hatte, schüttete er seinen Apfelsaft in das Probenfläschchen. Als sie später die Urinprobe ansah, sagte sie zu ihm: **„Wir** haben aber heute einen trüben Urin." Daraufhin nahm Cousins das Fläschchen, öffnete es und antwortete: „Ja, stimmt, **wir** lassen es besser noch einmal durchlaufen!" und trank den ganzen Inhalt vor den Augen der überraschten Schwester aus. Ihr Gesichtsausdruck bereitete ihm große Freude. Norman Cousins gelang es, seinem gesundheitlich schwierigen Zustand und der Bevormundung durch die Krankenschwester mit Humor zu begegnen und damit der Situation ihre Ernsthaftigkeit zu nehmen. Doch wie lässt sich Humor definieren? Es existiert noch keine allgemeingültige Definition. Deshalb nähere ich mich der Bedeutung von Humor anhand von zahlreichen Beispielen.

Sprachlich ist Humor lateinischen Ursprungs und bedeutet: „Feuchtigkeit" oder „Flüssigkeit". Die Bedeutungsgeschichte von Humor geht zurück auf die Antike und mittelalterliche Lehre von den vier Körpersäften (humores), deren spezifische Mischung als ausschlaggebend für Temperament und Charakter galt. Die vier Körpersäfte, gelbe sowie schwarze Galle, Schleim und Blut, bringen das cholerische, melancholische, phlegmatische oder sanguinische Temperament hervor.

Franz Hohler, Schweizer Kabarettist und Autor, weiß zu berichten: *„Der Humor ist ein menschliches Organ, das irgendwo zwischen der Leber und der Tränendrüse sitzt, ganz in der Nähe seines Nachbarorgans, der Phantasie. Kürzlich hatte ich Gelegenheit, mich mit Gott über seine Schöpfung zu unterhalten, und da hat er mir gesagt, wie stolz er auf diese beiden Organe sei, die er den Menschen eingepflanzt habe, und wie enttäuscht er sei, dass wir nicht mehr Gebrauch davon machen, denn er hätte sie dem Menschen gegeben wie den Katzen die Krallen, nämlich um sich in der feindlichen Welt zu behaupten."*

Für Humor gibt es kein Rezept, aber jede Menge Zutaten, wie zum Beispiel Herzenswärme, Ideenreichtum, Spontanität, Verständnis, Einfühlungsvermögen. Die humoristische Einstellung ist eine köstliche Begabung. Wer kein Naturtalent ist, kann sich darin üben. Humor bedeutet, eine schwierige Situation mit lächelndem Herzen zu bewältigen und nicht umgekehrt: *„Let your smile change the world. Don't let the world change your smile."* Es ist möglich, den Blick und den Geist zu schärfen, um den Witz und das Heitere in verschiedenen Situationen erkennen zu können. Die Humorbrille hilft verfahrene Situationen mit Kreativität zu meistern; „Gibt dir das Leben eine Zitrone, mach Limonade draus", empfiehlt Virginia Euwer Wolff, US-amerikanische Schriftstellerin, in ihrem gleichnamigen Buch.

Ein wichtiger Schlüssel für ein fröhlicheres Leben ist, sich selbst nicht ganz so ernst zu nehmen und über sich selbst lachen zu können. Diese Fähigkeit gilt es zu üben und zu verinnerlichen. Werner Fink, deutscher Schriftsteller und Kabarettist, drückt es so aus: *„Die schwierigste Turnübung ist immer noch, sich selbst auf den Arm zu nehmen."*

Über sich selbst lachen

Wirkung	befreit von Ansprüchen und Moral weniger Angriffsfläche durch reduzierten Ego-Zustand nimmt Angst vor Ablehnung macht flexibler
Ausführung	mit dem Zeigefinger auf die Mitte des Brustbeins zeigen und über sich selbst lachen

Dazu eine humorige Geschichte: Der Schweizer Schriftsteller und Aktionskünstler René Schweizer hat einen Brief an das Fundbüro Basel geschrieben, mit folgender Mitteilung: „Ich habe den Verstand verloren und frage nach, ob er vielleicht bei ihnen abgegeben wurde." Er hat sogar Antwort bekommen. „Es sei leider nichts dergleichen vorbeigebracht worden, aber er solle sicherheitshalber die beiliegende Verlustanzeige ausfüllen und zurückschicken." Beschreibung des verlorenen Gegenstandes: „Verstand, rot mit gelben Tupfen, hört auf den Namen Erwin." Das Fundbüro meinte, wenn der „erwähnte Gegenstand" noch eintreffen würde, bekäme er Bescheid. Hauptsache, nicht den Humor verlieren, denn „verloren ist, wer den Humor verlor", meinte Otto Julius Bierbaum.

„Wir sollten endlich den Humor ernst nehmen.
Alles andere sollten wir mit Humor nehmen."

Häufiges Lachen fördert eine heitere Grundstimmung, die wiederum hilft, nicht bei jedem Stolperstein des Alltags auf die Nase zu fallen, und wenn doch, eher darüber schmunzeln zu können. *„Hinfallen, Krönchen zurechtrücken, aufstehen, weitergehen"*. Charlie Rivel, ein spanischer Clown, der sich als solcher mit Stolpersteinen auskannte, meinte: *„Der Optimist hat nicht weniger oft unrecht als der Pessimist, aber er lebt froher."* Es gibt große und kleine Stolpersteine. Je nach Lebenssituation verliert ein Mensch eher sein Lachen als der andere, bis zum Zustand der völligen Trauer. Dann hat das Lachen Pause. Wichtig ist, die Trauer zu leben und damit einen Weg aus der Krise zu finden. Kommt während tiefer Trauer plötzlich ein wärmendes Fünkchen von Lächeln, Lachen und Lebensfreude durch, sollte dieses mit Wohlwollen begrüßt und nicht sofort im Keim erstickt werden. Lebt man nach dem Motto „Ich bin in Trauer, das Lachen darf jetzt nicht sein, es muss ein Trauerjahr warten oder zwei oder drei", weiß man gar nicht mehr, wie das Lachen funktioniert.

Das Verbot der Heiterkeit in Trauerzeiten beruht auf der Haltung, dass gegenüber dem Verstorbenen Lachen und humorige Bemerkungen unmoralisch wären und sich wie Verrat anfühlen. Aber Verrat von was? Liebe ich den Verstorbenen nicht mehr? Bin ich weniger traurig über meinen Verlust? „Trauer ist Liebe", sagte der Bestatter Fritz Roth. Liebe beinhaltet loslassen und leben – Leben beinhaltet Weinen und Lachen. Eine humorvolle Sichtweise hilft beim gesunden Perspektivenwechsel. Das Aufblitzen eines Lachens ist ein lichtes Auftauchen aus der Dunkelheit, ein kurzes Auflösen der Erstarrung. Weinen und Lachen, beides sollte gelebt werden, der spontane Wechsel erlaubt sein: die Schaukel des Lebens – ein Gefühl von Lebendigsein. Da wir beim Lachen nicht gleichzeitig denken können, haben wir eine spontane Denkpause, mit der auch eine kleine Trauerpause einhergehen kann.

Lachen hat erlösende und heilende Wirkung und gibt Kraft in der Krise. Lachen ist ein Lichtschalter, der Licht in die Dunkelheit bringt.

> Sagt der Rabbi zu einem sehr ernsthaften Thora-Studenten:
> „Jankl, ich hab' für dich eine Kasche/Rätsel:
> Da ist ein Teich. Auf der einen Seite steht ein Dackel, der auf die andere Seite hinüber will. Er darf aber weder schwimmen noch um den Teich herumlaufen. Wie kommt er hinüber?"
> Jankl zerbricht sich den Kopf. Dann sagt er: „Ich finde keine Lösung."
> Da sagt der Rabbi: „Das ist ganz einfach. Er schwimmt."
> „Aber Rabbi, er darf doch nicht schwimmen!"
> „Nu, was soll er? Er schwimmt eben."

So wie es dem Dackel mit dem Schwimmen ergeht, so ergeht es manchem Menschen mit dem Lachen. „Aber er darf doch nicht lachen!" – „Nu, was soll er? Er lacht eben."

Fast täglich begegnen uns Situationen, in denen man plötzlich mit Krankheit, großer Sorge, Trauer und Leid konfrontiert wird. In den meisten Fällen breitet sich sofort Unsicherheit aus. Wie verhalte ich mich? Was wird von mir erwartet? Was darf auf gar keinen Fall gesagt oder getan werden? Was erlaube ich mir? Oft bleibt das Lachen im Hals stecken und das Lächeln erlischt. Trauernde Menschen werden häufig gemieden oder sie ziehen sich selbst zurück, da ihnen Kontakt zu viel ist oder sie niemandem zur Last fallen wollen.

Häufig besteht Verunsicherung auf beiden Seiten. In solchen Situationen ist es gut, den Betroffenen mit Offenheit zu begegnen. Gemeinsam schauen, was gewünscht ist und was möglich ist. Pat Parker, US-amerikanische Autorin, beginnt eines ihrer Gedichte mit folgenden Worten: „Für die Weiße, die wissen möchte, wie sie meine Freundin sein kann. Erstens: Vergiss, dass ich schwarz bin. Zweitens: Vergiss nie, dass ich schwarz bin." Diesen Gedichtanfang habe ich umgeschrieben: *„Für die, die wissen möchten, wie sie mit mir in meiner Trauer umgehen können. Erstens: Vergiss, dass ich in Trauer bin. Zweitens: Vergiss nie, dass ich in Trauer bin"*. Die Trauer vergessen können, damit Lebendigkeit entstehen kann. Und die Trauer nicht vergessen, damit die Achtsamkeit, die die Situation benötigt, bewahrt bleibt.

Morrie Schwartz, US-amerikanischer Soziologie-Professor und Autor, erfuhr mit 77 Jahren von seiner unheilbaren Nervenerkrankung ALS (Amyotrophe Lateralsklerose), die ihn nach und nach immer mehr lähmte. Er stellte sich in seinem Buch „Weisheit des Lebens" die Frage: „Gedenke ich zu sterben, oder gedenke ich zu leben? Das heißt, ich setzte mich mit der Frage auseinander, ob ich mich, wie wahrscheinlich viele Menschen in dieser Lage, aus dem Leben zurückziehen und aus der Welt abtreten wollte, weil sie nun so schrecklich zu mir war; oder will ich mein mir noch verbleibendes Leben leben? Ich entschied mich dafür, zu leben."

Morries Antworten auf dieses Todesurteil waren die Entwicklung und Gestaltung einer freudigen Gedenkfeier noch zu seinen Lebzeiten. Einer seiner Grundsätze lautete: „Wehklagen Sie und trauern Sie um sich selbst, nicht nur ein- oder zweimal, sondern immer und immer wieder. Das Trauern bewirkt eine Katharsis, verschafft Erleichterung und hilft, gefasst und gelassen zu bleiben. Fürchten Sie sich nicht, so oft dazu zurückzukehren, wie Sie es brauchen. Ich betrachte das Trauern als eine Möglichkeit, dem Leben Respekt zu zollen." Weiterhin vertrat er die Meinung, sich „trotz aller schmerzlichen Einschränkungen eine eigene Kultur des Humors schaffen" zu wollen. Humor erfordere Liebesfähigkeit und Schmerzen verlangen Leidensfähigkeit. Liebes- und Leidensfähigkeit seien eng aneinander gebunden und der Humor flüstere dem Schmerz zu: „Was schwer ist, muss nicht schwer genommen werden". Er forderte sein Umfeld auf: „Machen Sie sich um Ihrer selbst willen Ihr Leben nicht schwerer als nötig. Treten Sie, wann immer es möglich ist, einen Schritt zurück und lachen Sie über sich selbst."

Lachen, Witz und Humor in Situationen, wo es undenkbar erscheint? Nach dem Motto „Ich hänge mich erst auf, wenn alle Stricke reißen"? Auf jeden Fall. Lachen als Möglichkeit, dem Leben Respekt zu zollen. Der Witz macht es möglich, Probleme kurzfristig in befreiendes Gelächter aufzulösen.

> „Wie habe ich das gehasst: Als ich jung war und zu einer Hochzeit eingeladen wurde, piksten mich Tanten und großmütterliche Bekannte in die Seite und dann hieß es immer: „Du bist die Nächste!" Sie haben damit erst aufgehört, als ich anfing, auf Beerdigungen das Gleiche mit ihnen zu machen."

In der Hospiz-Bewegung gelingt es, die Schwere mit Lebendigkeit zu verbinden und „Ernstheiterkeit" entstehen zu lassen. Ein Hospizleitsatz lautet: ***Es geht nicht darum, dem Leben mehr Tage zu geben, sondern den Tagen mehr Leben.*** " Dazu passt folgende Geschichte: Eine Frau besucht ihre Freundin im Hospiz. Die Pflegerin begrüßt die Besucherin missbilligend: „Sie sind aber schwer erkältet." Die Besucherin ist verwirrt und die Sterbende reagiert heiter: „Sie hat Angst, ich könnte mich anstecken und mir womöglich den Tod holen." Alle drei brechen daraufhin in befreiendes Gelächter aus.

Tod und Sterben sind die stärksten Tabus in unserer Gesellschaft. Zum Glück wird daran gerüttelt. Ulli Olvedi, deutsche Roman- und Dokumentarfilmautorin, lässt in ihrem Buch „Über den Rand der Welt" die todkranke Nora mit lachenden Augen sagen: „Bei den Viktorianern durfte man nicht Unterhose sagen. Heute darf man nicht Tod sagen. Ist das nicht komisch?" Ihrer Freundin Marie liefen daraufhin Tränen über das Gesicht, aber ihre Mundwinkel zuckten nach oben. Flatternde Hände weben eine Verbindung zwischen Weinen und Lachen.

Diese Situation beschreibt wunderbar, dass der Betroffene selbst durchaus in der Lage sein kann, die heikle Situation mit Humor zu betrachten, aber die Begleiter damit ins Strudeln geraten. Marie kämpft zwischen Weinen und Lachen. Der Humor der Betroffenen kann uns doch dazu einladen, uns ebenfalls auf die heitere Sichtweise einzulassen. Bei Unsicherheit hilft es zur eigenen Orientierung, den Betroffenen zu fragen, was er braucht. Sein Wunsch nach Normalität und Heiterkeit, nach Unbeschwertheit und Leichtigkeit gilt und ebenso der Wunsch, dass dies von außen zu ihm hereingetragen wird. Der Sterbende erlebt die Verbindung nach außen nur noch über seine Besucher und möchte über sie am Leben teilhaben. Was hindert uns, diese Begegnungen lebendig zu gestalten?

Meine verstorbenen Freundinnen legten viel Wert darauf, nicht nur über ihre Krankheit zu reden. Sie wollten von mir erzählt bekommen, was ich in meinem Alltag erlebt habe. Sie erwarteten Berichte vom Leben, von draußen. Wir verhielten uns so, wie wir es miteinander kannten. Ein Stück Normalität. Einfach Freundin sein. In vertrauter Art und Weise mit

Tratsch und Witz. Ist das nicht zu banal? Nein. Das ist existentiell. Leben, solange es geht.

> „Wenn ich lebe, lebe ich.
> Wenn ich tot bin, bin ich tot.
> Warum soll ich jetzt Angst vor dem Tod haben?"
>
> Epikur

Ich möchte dazu ermuntern, die Heiterkeit ernst zu nehmen und Ernst heiter werden zu lassen. Dann gelingt uns folgendes Kunststück: „So ist das Leben", sagt der Clown und malt sich mit Tränen in den Augen ein strahlendes Lächeln ins Gesicht. Selbst in extremsten Situationen können Humor und Lächeln uns davor bewahren, uns in Trauer zu verschließen, und uns eine Brücke zum Leben bauen. Inge Patsch, österreichische Psychotherapeutin und Autorin, schreibt vom „Rettungshubschrauber Humor". Wir können entscheiden, ob er bei uns landet oder ob wir ihn vorüberfliegen lassen.

Hierzu füge ich zwei Beispiele aus dem Roman „Mein Leben ohne Gestern" von der amerikanischen Neurowissenschaftlerin Lisa Genova an. Alice, eine Frau Anfang fünfzig, erkrankt an der frühzeitigen Alzheimer-Krankheit. Sie kämpft beim Anziehen mit ihren Kleidungsstücken. „Ihr Kampf gegen das Stück Stoff, das ihren Kopf umhüllt, sah aus wie ein Martha-Graham-Tanz, ein physischer und poetischer Ausdruck von Angst. Sie stieß einen langen Schrei aus. „Was ist los?" John, ihr Mann, stürzt ins Zimmer. „Ich schaffe das nicht! Ich weiß nicht, wie ich mir diesen verdammten Sport-BH anziehen soll. Ich kann meinen eigenen BH nicht mehr anziehen!" Er ging zu ihr und musterte ihren Kopf. „Das ist kein BH, Ali, das ist ein Slip." Sie brach in Gelächter aus. „Das ist nicht witzig", sagte John. Sie lachte noch lauter. „Hör auf, das ist nicht witzig." Er verließ das Zimmer, außerstande, sie anzusehen, wie sie dastand, mit ihrem Slip auf dem Kopf, und über ihren eigenen absurden Wahnsinn lachte." Alice hieß den Rettungshubschrauber willkommen, und ihr Mann ließ ihn verzweifelt vorüberfliegen. Wusste doch schon Joachim Ringelnatz, deutscher Schriftsteller und Kabarettist: *„Humor ist der Knopf, der dafür sorgt, dass uns nicht der Kragen platzt."*

Die zweite Geschichte schildert eine verzwickte Situation. Alice war auf der Suche nach Betroffenen, die ebenfalls an der früh einsetzenden Alzheimer-Krankheit erkrankt sind, und sie hatte Erfolg. Es meldeten sich Mary, Cathy und Dan. Sie trafen sich bei Alice zum Kaffeetrinken. „Möchten Sie vielleicht etwas denken?", fragte Alice. Sie starrten erst sie an und dann einander, zögernd mit ihrer Antwort. War jeder von ihnen zu schüchtern oder zu höflich, um als Erster etwas zu sagen? „Alice, meinen Sie vielleicht trinken?", fragte Cathy. „Ja, was habe ich denn gesagt?" „Sie sagten denken." Alice wurde rot. Wortverwechslung war nicht der erste Eindruck, den sie machen wollte. „Ehrlich gesagt hätte ich sehr gern eine Tasse mit etwas Denken. Meine ist schon seit Tagen fast leer, ich glaube, ich sollte mir nachschenken lassen", sagte Dan. Sie lachten, und das verband sie alle augenblicklich. In dieser Situation ist der Rettungshubschrauber ein echter Katalysator, löst die gespannte Situation auf und schafft heitere Verbindung.

„Wer lachen kann, dort, wo er hätte heulen können,
bekommt wieder Lust zum Leben."
Werner Finck

„Echter Humor wird aus Schwierigkeiten geboren", sagt der österreichische Prof. Dr. Alfred Kirchmayer, unorthodoxer Psychoanalytiker und selbsternannter Witzlandschaftspfleger. Er setze das Spielerische im Menschen frei und sei damit ein „kreatives, heiteres und listiges Kind der Lebensfreude trotz aller Widrigkeiten, Enttäuschungen und Grausamkeiten. Humor fördert Bewusstsein*erweiterung* und Bewusstsein*erheiterung*." Hat jemand die Fähigkeit, schwierige, verfahrene, absurde, unerträglich erscheinende Situationen zumindest mit einem lächelnden Auge, aus einem anderen Blickwinkel zu betrachten, sagt der Volksmund: „Der hat Humor." Der deutsche Komiker Karl Valentin beschreibt es so: *„Ich freue mich, wenn es regnet, und wenn ich mich nicht freue, regnet es auch."*

Wir brauchen den Humor nicht zwingend zum Lachen. Aber er ist sehr förderlich und hilfreich. Betrachten wir das Leben durch die „Humorbrille", bringen wir Farbe ins Grau der Realitäten und erleben einen laut

Sigmund Freud „humoristischen Lustgewinn". Freud erklärt, dass wir mit Hilfe eines Scherzes unser Gegenüber überraschen können und damit die Möglichkeit erhalten, aus einem angespannten Dialog auszusteigen. Schwere kann sich in Heiterkeit und Leichtigkeit auflösen. Die Form des Galgenhumors ist gespielter Humor mit einer Art vorgetäuschter Heiterkeit, mit der jemand einer unangenehmen oder verzweifelten Lage, in der er sich befindet, zu begegnen sucht. Dazu der Lieblingswitz von Sigmund Freud:

> Der Henker führt den Verbrecher zur Hinrichtung.
> Der Verbrecher fragt: „Was ist denn heute für ein Tag?"
> Der Henker antwortet: „Montag."
> Der Verbrecher: „Na, die Woche fängt ja gut an!"

Freud bezeichnete bei seiner Analyse des Galgenhumors diese Haltung als „Seelengröße". Diese „Seelengröße" wird in dem italienischen Film „Das Leben ist schön" von Roberto Benigni wunderbar gezeigt. Vater Guido versucht im Konzentrationslager seinem Sohn Giosué mit viel Liebe und Phantasie die schreckliche Situation erträglich zu gestalten. Mit Spiel und Humor rettet er seinem Kind das Leben.

Auch in schwierigen Situationen und Lebenskrisen Humor als heitere seelische Grundhaltung zu pflegen, ist eine große persönliche Herausforderung. Sich auf diesen Weg zu begeben, ist eine wertvolle Unterstützung, geradezu ein Anker. „Wo es Lachen gibt, existiert Hoffnung.", sagt Jim Savory. Hoffnung beinhaltet den Glauben an Transformation. Dieser Glaube an den Wandel macht es möglich, Neues zuzulassen. Das hoffnungsnährende Lachen hilft bei der Bewältigung von Krisen und Trauer. Der britische Komiker Charly Chaplin drückt es so aus: *„Lachen sorgt dafür, dass die Bösartigkeit des Lebens uns nicht ganz und gar überwältigt."*

Viktor Frankl, österreichischer Neurologe, Psychiater und Begründer der Logotherapie, ist Überlebender von vier Konzentrationslagern. Alles hat man ihm genommen, aber nicht seinen Humor. Er bezeichnet den Humor als Trotzmacht des Geistes und als eine Waffe der Seele im Kampf um Selbsterhaltung. *„Warum willst du so vernünftig und so gerecht sein?*

Willst du denn verrückt werden?", zitiert er den Prediger Koholet aus dem Alten Testament. Humor ist eine Möglichkeit der Distanzierung – manchmal nur von Sekunden – von Lebenssituationen, die unerträglich sind. Dies gelingt nur, „wenn wir uns entscheiden, gerade in Krisensituationen wieder so zu denken, wie wir als Kinder gedacht und gehandelt haben."

„*Der Unsinn hat auch Sinn*", sagte Frankl, „*denn der Unsinn ist psychohygienisch von unerhörter Bedeutung.* Den Sinn, das Leben aufzulockern. Zu sehen, dass immer wieder was Positives aufleuchtet. In between – mitten drin." In der Fokussierung auf das Unmittelbare des Lebens, entfaltet sich der Humor, der in seiner eigenen, einfachen Logik dieses Leben bedenkenlos gutheißt. Darin offenbart sich eine scheinbare irrationale Trotzmacht, die gerade im Angesicht des Todes zu ihrer besonderen Wirkung kommen kann.

Frankl beschreibt in seinem Buch „…trotzdem Ja zum Leben sagen" den Transport vom Konzentrationslager Auschwitz zum nächsten unbekannten Konzentrationslager. Die Angst ist groß, wohin es gehen mag. Als sie in Dachau ankommen, sind alle erleichtert, denn dort gibt es keinen „Kamin" und damit keine Gaskammern. „Diese freudige Überraschung machte uns froh gelaunt. Ja, diese frohe Laune ließ uns lachen und Späße machen, trotz allem, was wir in den nächsten Stunden noch mitmachen mussten. Es hielt sich eine freudig erregte Stimmung." Den Häftlingen war sehr wohl der Ernst der Lage bewusst, aber es gelang ihnen, sich der freudigen Überraschung voll hinzugeben. Erleichterung spüren, sich miteinander verbunden fühlen, Lebenshoffnung nähren und gestärkt aus dem Moment herausgehen.

„Wenn das Leben sich auf seinen Ernst beruft,
berufe dich auf deine Heiterkeit."
Unbekannt

Der Titel seines Buches entspricht einer Zeile aus dem Refrain der Lagerhymne **Das Buchenwaldlied** von dem österreichischen Librettist und Schriftsteller Fritz Löhner-Beda. „*Wir jammern nicht und klagen, und was auch unser Schicksal sei, wir wollen trotzdem ja zum Leben sagen,* *denn einmal kommt der Tag, dann sind wir frei!"* Diese Worte und seine Haltung, dass es „eigentlich nie und nimmer darauf ankommt, was wir vom Leben noch zu erwarten haben, vielmehr lediglich darauf: was das Leben von uns erwartet!", haben ihn in seinem Tun gestärkt.

Viktor Frankl beschrieb, wie er im Lager bei einem Arztkollegen versuchte, dessen Humor zu aktivieren und sich gegenseitig zum Lächeln zu bringen. „Ich schlug ihm vor, uns gegenseitig zu verpflichten, täglich mindestens eine lustige Geschichte zu erfinden, und zwar etwas, das sich dereinst, nach der Befreiung und Rückkehr ereignen könnte."

Diese Überlebensstrategie bezeichnete Viktor Frankl als Lagerhumor. Scholem Alejchem, ein jüdischer Volksdichter, sagte: *„Wenn ein Tier einen tiefen Schmerz fühlt, dann schreit es. Der Mensch – als einziges Lebewesen dieser Erde – hat noch eine zweite Möglichkeit: Er kann lachen."*

Witze aus Konzentrationslagern zeugen von makaberem Humor mit Entlastungseffekt. Der Humor der Häftlinge vermochte sie von einer furchtbaren Existenzangst, zumindest teilweise, zu befreien. Humor kann helfen, Sprachlosigkeit zu durchbrechen und damit dem zunächst Unaussprechlichen Ausdruck zu verleihen. Als Viktor Frankl wieder in Freiheit war, sagte er, dass diese Haltung auf jeden übertragbar sei, denn: „Jeder hat sein Auschwitz."

Wie bereits am Anfang des Kapitels erwähnt, gibt es für Humor kein Rezept, sondern jede Menge Zutaten, wie beispielsweise die Herzenswärme. Wie man Grenzerfahrungen mit viel Herzenswärme begegnen kann, verdeutlicht der Bericht von Edith Enger, Schülerin Viktor Frankls, ebenfalls Überlebende eines Konzentrationslagers. Sie schreibt, dass Humor der Rettungsanker persönlichen Überlebens sei, und schildert eine sehr anrührende Situation mit ihrer Schwester. „Nach der Ankunft in Auschwitz wurden meine Schwester Magda und ich entkleidet und unser langes Haar wurde uns vollkommen abgeschnitten. Magda hatte lange, blonde Locken, die sie stets stundenlang aufzudrehen pflegte. Nun standen wir also in einem Zustand äußerster Erniedrigung. Als sie mich fragte, wie sie jetzt aussehen würde, gab ich ihr die Antwort: „Du hast wunderschöne blaue Augen!"

„Der Humor trägt die Seele über Abgründe
hinweg und lehrt sie,
mit ihrem eigenen Leid zu spielen."
Anselm Feuerbach

Die Kunst des Darüberstehens, aus einem anderen Blickwinkel schauen zu können, wird genährt durch Lachen und Humor. Konstruktiver Humor hilft, den eigenen Standpunkt zu relativieren, und lässt uns erkennen, dass wir nicht der Nabel der Welt sind. Schmunzelnd können wir Stolpersteine und Fallen, auch die selbstkonstruierten, mit einer gesunden Distanz betrachten. Humor funktioniert wie ein umgedrehtes Fernglas. Jedes Problem sieht viel kleiner aus. Mit diesem Perspektivenwechsel ist die Situation zwar noch so, wie sie ist, aber der Wechsel verändert die eigene innere Haltung dazu, schafft Distanz und bringt Erleichterung.

Ein Mann geht zum Arzt, da er seit Tagen Durchfall hat. Der Doktor verschreibt ihm ein Medikament und der Patient ward nicht mehr gesehen. Wochen später treffen sich die beiden zufällig auf der Straße. Der Arzt fragt: „Na, wie geht's Ihnen denn?" Der Mann antwortet ganz gemächlich: „Ach, Durchfall habe ich immer noch. Aber es regt mich gar nicht mehr so auf!"

Seit Dezember 2001 gibt es HumorCare Deutschland (HCD). Dr. Michael Titze, deutscher Psychologischer Psychotherapeut, Autor und Pionier des Therapeutischen Humors, hat diesen gemeinnützigen Verein gegründet und ihn zusätzlich seit 2012 mit Mitgliedern aus Österreich erweitert. Seitdem heißt er HumorCare e.V. Deutschland-Österreich (HCDA).

Dem Verein liegt es am Herzen, die wissenschaftlich fundierte Anwendung von Humor in klinischen, psychosozialen, pädagogischen und beratenden Berufen zu fördern. Neue Bereiche wie Pädagogik, Kunst, Religionsphilosophie und Spiritualität erweitern das Spektrum. Inzwischen ist es möglich, sich zum Humorberater und zum Humor-Coach ausbilden zu lassen.

Humor-Belebungskiste

Es gibt Tage, an denen man sich am liebsten die Decke über den Kopf ziehen oder sich in eine gemütliche Höhle verkriechen möchte. Aufgepasst: Wenn dir das Wasser bis zum Hals steht, dann solltest du den Kopf nicht hängen lassen. Wie kann man sich bei Laune halten? Zunächst sich wirklich in die gemütliche Höhle zurückziehen. Wärme und Ruhe tanken, ausruhen und Kraft sammeln.

Als Stimmungsaufheller empfehle ich eine *„Humor-Belebungskiste"*. Nehmen Sie dafür ein Behältnis Ihrer Wahl: schöner Karton, Koffer, Schatulle oder was Ihnen sonst noch einfällt und machen Sie daraus Ihre eigene Schatzkiste. In die Humor-Belebungskiste gehören schöne Karten mit heiteren Sprüchen und Abbildungen, die einem guttun. Smileys und Fotos sollten nicht fehlen. Weiterhin alles, von dem Sie wissen, dass es sie erheitern kann, zum Beispiel Bücher, die das Gemüt erhellen und der Seele guttun. Wie wäre es mit „Hühnersuppe für die Seele?" Oder Bücher mit Witzen, Gedichten oder doch ein Krimi? Die deutsche Autorin Nina George empfiehlt die Einnahme literarischer Medizin folgendermaßen: „Wenn nicht anders verordnet, über mehrere Tage verteilt in bekömmlichen Dosen circa 5-50 Seiten zu sich nehmen. Wenn möglich mit warmen Füßen und einer Katze auf dem Schoß." Somit auch an dicke Socken oder eine Wärmflasche denken. Ihnen fallen sicherlich noch mehr Möglichkeiten ein, wie Sie am besten auftanken und wieder auftauchen können. Musik sollte dabei sein. Musik von Mozart hat harmonisierende Wirkung. Aber auch hier kennen Sie sich und Ihren Musikgeschmack am besten. Musik ist Schwingung. Ihre Stimmung auch. So können Sie sich mit Ihrer Musik gut „einschwingen".

Leckereien dürfen nicht fehlen. Schokolade gilt unter den Lebensmitteln als Stimmungsaufheller Nummer eins. Allein schon die Vorstellung ihrer cremigen Konsistenz und des herrlich süßen Geschmacks hebt die Stimmung. Schon immer waren zum Überleben Lebensmittel mit hohem Energiegehalt notwendig. Schokolade mit ihrer hohen Energiedichte aktiviert das Belohnungssystem im Gehirn und damit fühlen wir uns gut. Kalorien, die kleinen Tierchen, die nachts die Kleider enger nähen, lassen grüßen, aber ein bisschen Schlemmen muss erlaubt sein.

Nüsse gelten als Nervennahrung. Das bestätigen ihre Inhaltsstoffe, wie Vitamin E, welches unsere Nerven- und Gehirnzellen schützt, B-Vitamine, die für die Funktion der Nerven und des Gehirns von großer Bedeutung sind, und wichtige Mineralstoffe wie Magnesium, Kalium und Zink.

Ein Gutschein für ihr Lieblingsrestaurant kann Lebensgeister und Sie wieder vor die Tür locken.

Malstifte in allen Farben sind hilfreich, um Farbe in das Grau zu bekommen und mehr Licht in das Trübe. Wenn Sie das Regenwetter betrübt, malen Sie sich eine Sonne und einen Regenbogen ans Fenster. Sie können sich auch **eine Papier-Wunschblume** (Seite 179) vorbereiten. Diese Blume wird aus Papier gefaltet und in ihre Mitte können gute Wünsche oder stärkende Symbole für dunkle Zeiten geschrieben bzw. gemalt werden. Legt man die gefaltete Blume auf Wasser, geht sie auf.

Für Weisheiten ist in der „Humor-Belebungskiste" auch noch ein Plätzchen frei. Zum Beispiel: *„Mögen alle meine Fehler sich auf ihre Plätze begeben und möglichst wenig Lärm dabei machen."* (unbekannt) und *„It's perfect to be unperfect!"* (Dr. Madan Kataria)

Die Anleitung zu der Lachyoga-Übung „Erwachet meine Körperzellen, seit glücklich und froh" ist in der Kiste auch gut aufgehoben. Ich habe eine Kombination mit Aufmunterungscharakter zusammengestellt. Sie aktiviert die Lebensgeister.

Erwachet meine Körperzellen

Teil 1	Meridiane klopfen
Wirkung	fördert den Qi-Fluss aktiviert die Lebensgeister wärmt
Ausführung	leicht mit den Fingerkuppen und locker aus den Handgelenken klopfen dazu sagen: „Erwachet meine Körperzellen, seit glücklich und froh."
Ablauf	Füße: bei der großen Zehe beginnen, Richtung Innenknöchel Beine, Po: an der Innenseite der Beine bis zu den Leisten – weiter zu den Hüften und außen an den Beinen hinab bis zu den kleinen Zehen wieder an den Großzehen starten bis zu den Leisten, über die Hüften zum Po und nun auf der Rückseite der Beine hinab, bis zu den Fersen bei den Leisten wieder angekommen geht es weiter zum Bauch Bauch: im Uhrzeigersinn um den Bauchnabel herum klopfen, spiralförmig ausbreitend den gesamten Bauchraum bis in die Seiten Oberkörper: vom Bauch kommend am Brustbein hinauf bis zum Hals, um die linke Brust herum, wieder vom Brustbein bis zum Hals und um die rechte Brust herum Arme: von der Kehlkopfgrube, entlang des Schlüsselbeins, über die Innenseite des Armes bis in die Handfläche – den Arm drehen und auf der Rückseite, vom Handrücken bis zum Hals zurück, ab Kehlkopfgrube wiederholen Rücken/Nacken: So weit beklopfen, wie die Hände kommen
Teil 2	Thymusdrüse klopfen (Vier Fingerbreit unter der Halsgrube, auf dem Brustbein)
Wirkung	aktiviert die Thymusdrüse stärkt das Immunsystem

Ausführung	die Fingerkuppen von Daumen, Zeige- und Mittelfinger zusammennehmen, klopfen und sagen: „Grüß – grüß – die Thymusdrüs'!"
Teil 3	Kopf klopfen
Wirkung	verknüpft beide Hemisphären erfrischt den Geist
Ausführung	mit allen Fingerkuppen sachte klopfen: vom linken zum rechten Ohr, über den höchsten Punkt des Kopfes und zurück hin und her – von einer Hirnhälfte zur anderen dazu sagen: „Erwache mein Hirn, sei stark und weise!" Variante: „Mein Kopf ist frei und klar. Ich fühl mich wunderbar."
Teil 4	Drittes Auge klopfen
Wirkung	stärkt die Wahrnehmung vitalisiert
Ausführung	die Fingerkuppen von Daumen, Zeige- und Mittelfinger zusammennehmen und damit zwischen den Augenbrauen das Drittes Auge klopfen Variante: nur mit dem Zeigefinger dazu sagen: „Ich bin voller Licht und bereit für komische Einfälle!"
Teil 5	Nacken massieren
Wirkung	entspannt die Nackenmuskulatur erfrischt den Geist
Ausführung	mit einer Hand die Muskulatur des Halses greifen und massieren dabei leicht kichern und „Den Schalk im Nacken wecken"
Teil 6	Los geht's!
Wirkung	weckt den Unternehmungsgeist
Ausführung	losmarschieren und sagen: „Ich bin wach und bereit! Ich bin wach und bereit!"

Und noch ein aufmunternder Vers:
„Sonne und Regen, die wechseln sich ab.
Mal geht's im Schritt und mal geht's im Trab.
Fröhlichkeit, Traurigkeit, beides kommt vor.
Eins nur ist wichtig: Trag's mit Humor!"
Unbekannt

Humor und Tod

„**Man kann alles überleben, außer den Tod**", stellte der irische Schriftsteller Oscar Wilde fest. Der Tod ist nicht lustig und doch lacht man sich manchmal halb tot. Was ist, wenn man sich zweimal halb totgelacht hat? Klaus Klages, deutscher Gebrauchsphilosoph, meint: **„Lachen macht uns lebendiger, sogar das Totlachen."** Die Verbindung von tot und lachen beinhaltet das komplette Sichauflösen. Die Gedanken stehen still, der Lachende nimmt sein Umfeld nicht mehr wahr, die Kontrolle schwindet und er ist ein einziges großes vergnügliches Gelächter. Die Bauchmuskeln beginnen zu schmerzen, die Luft wird knapp. All das vermittelt das Gefühl von Totlachen. Nach der anschließenden Erschöpfung stellt sich ein erfrischendes Gefühl von neugeboren ein. Sich im Lachen verlieren und neu wiederfinden. Wie der Phönix aus der Asche.

Darf man dem Tod mit Humor und Witz begegnen? Ich sage: „Ja". Sicherlich nicht immer und überall, aber grundsätzlich gilt die Frage: „Warum nicht?"

„Ein feiner Freund ist mir der Schnitter.
Wenn er mein Weib packt, bin ich Witwer.
Nimmt er mein Mutterl, bin ich Waise.
Holt er mich selber, schrei ich Scheiße."
Albrecht Dürer

Manches Ereignis kann man mit Humor besser verdauen, wie die Geschichte mit dem Handy im Sarg, die sich in Belgien ereignet hat. Die Zeitung schrieb: „Wenn die Leiche zweimal klingelt". Ein Mann hatte einen schweren Motorrad-Unfall und der Bestatter legte den Verstorbenen mit seiner Unfall-Bekleidung in den Sarg. Seine Witwe kam und erschrak zutiefst, als plötzlich das Handy ihres Mannes aus dem Sarg ertönte. Der Bestatter hatte es versäumt, das Handy aus der Jackentasche ihres Mannes herauszunehmen. Einen Anruf bekam der Verstorbene nicht. Das Handy hatte sich lediglich aus dem Sarg gemeldet, weil der Akku leer war.

Diese Geschichte erinnert an das Signal der Leichenglocke. Im 18. und vor allem im 19.Jahrhundert herrschte große Angst vor dem Scheintod. So befestigte man Fäden an den Fingern und Zehen der Leiche, leitete sie durch eine Röhre nach oben und dort war ein Glöckchen. Bei geringster Bewegung fing das Glöckchen an zu klingeln und der Scheintote konnte gerettet werden. Jetzt im 21.Jahrhundert, wo der Mensch sein Handy bei sich trägt, egal, wo er sich befindet, wäre es nicht überraschend, wenn sein liebstes Spielzeug ihn auch auf dem letzten Weg begleiten würde.

Der deutsche Kabarettist Werner Finck sagte: „Wo der Spaß aufhört, beginnt der Humor". Tod und Sterben machen uns in der Regel Angst. Mit Witz und Humor können wir Abstand gewinnen und Angst und Schrecken reduzieren. Beim Umgang mit Leid und Verlust kann tiefschwarzer Humor hilfreich sein. So hat sich ein krebskranker Patient als Handy-Ton „Spiel mir das Lied vom Tod" eingestellt. Immer, wenn er angerufen wurde, sah er sich heiter um und beobachtete amüsiert, wie die Anwesenden auf diese Melodie reagierten. Es heißt, je makabrer man den Tod schildert, desto erträglicher wird er. Die neue Sichtweise macht es möglich, dass sich andere Bilder hilfreich in unseren Köpfen und andere Gefühlsmuster in unserem Körper manifestieren.

> Eine Witwe kommt zum Juwelier und fragt:
> „Mein Mann hat mir 3000 Euro für einen Gedenkstein hinterlassen.
> Können Sie mir etwas in der Preisklasse zeigen?"

Gar nicht so abwegig, wenn man bedenkt, dass es inzwischen das Angebot gibt, sich aus einem Teil der Asche eines verstorbenen Menschen einen Erinnerungsdiamanten herstellen zu lassen. Diesen „Diamanten der Liebe" kann dann der Hinterbliebene als Anhänger um den Hals tragen.

Wenn wir wollen, können wir den Tod durch die Humorbrille betrachten und ihm damit anders begegnen. Das Buch „Wer bis zuletzt lacht, lacht am besten" nimmt das Sterben und den Tod gekonnt auf die Schippe. Der deutsche Autor und Dipl.-Theologe Heinz Hirse, der den christlichen Glauben mehr als Froh-Botschaft denn als Droh-Botschaft sieht, ist in der Hospizbewegung aktiv. Zusammen mit dem deutschen Journalisten und Karikaturisten Karl-Horst Möhl betrachtet er kurz und heiter Situationen vom Sterben und dem Tod. Karl-Horst Möhl hat im Angesicht seines eigenen Todes seinen Sarg selber gestaltet und zusammen mit Heinz Hirse interessante Blickwinkel aufgetan. Zum Beispiel steht der Tod wie ein Vertreter vor der Tür und die Frau des Hauses sagt: **„Nein danke, wir sterben nicht!"** Und statt des Hochzeitsautos hat hier der Wagen des Bestatters Blechdosen an der Stoßstange mit der Aufschrift **„Just died!"**

Stephan Franke, Krefelder Kabarettist, hat sich dem fröhlichen Trauerkabarett verschrieben. Er sagt: „Ich habe mit diesen Thematiken eine Nische im Kabarett besetzt und auch ein letztes Tabu gebrochen." Sein Programm umfasst: „Nur über deine Leiche – Lebensberatung für Scheintote" und „Schöner Sterben – Kabarett zum Totlachen". Thema ist immer der Umgang mit dem Tod, dem Sterben, dem Leben im Jenseits und Fragen nach Erbschaftsangelegenheiten. Sein Anliegen ist es, seinem Publikum den Umgang mit dem Tod aus einem anderen Blickwinkel zu zeigen. Er meint: „Bei den Menschen besteht ein großes Bedürfnis, sich auf humorvoll-spielerische Weise mit diesen Tabuthemen auseinanderzusetzen." In einem Bielefelder Abschiedshaus brachte der Trauerkabarettist die Besucher zum Lachen. Heiter wurde eine seiner Aussagen zum Thema „Ruhe sanft" diskutiert: „Wussten Sie schon, dass die Bestatter die Särge so weich auspolstern, damit man das Klopfen nicht hört, wenn die Leiche nur scheintot ist?" Der Kabarettist trifft bei seinem Publikum sprichwörtlich den Sargnagel auf den Kopf. Sigmund Freud, einerseits Begründer der

Trauerarbeit und andererseits Witz- und Humorforscher, wäre sicherlich hoch erfreut über diese wunderbare Kombination.

In schwarzer Kutte und ähnlich farbigem Humor wendet sich der Erfinder von **Der Tod – Death Comedy** an sein Publikum. Er ist als „Ein Sensenmann zum Totlachen!" mit seiner Bühnenshow „Mein Leben als Tod" unterwegs. Mit Witz und Charme begegnet **Der Tod** dem Tabuthema der modernen Gesellschaft. Er möchte ein Lachen hinzaubern, wo bisher Angst und Schweigen herrschten. **Endlich. Wie alles auf dieser Welt.** Provokant fragt er mit unschuldiger Stimme seine Zuschauer: „Eine Volksweisheit behauptet: Die Besten sterben immer zu früh. Ganz ehrlich, fühlt man sich da nicht gekränkt, wenn man noch am Leben ist?" Bei allen Auftritten ist der Spendenschädel dabei, um für Projekte zu sammeln, die in engem Zusammenhang mit seiner Arbeit stehen. Jeden Monat unterstützt er eine andere Einrichtung, wie den ambulanten Kinder- und Jugendhospizdienst, Altenpflege-Einrichtungen, die Berliner Kältehilfe oder die Erforschung von Krankheiten wie Alzheimer. Am Ende des Monats legt er noch 500 Euro drauf und spendet die Gesamtsumme.

Morries Schwartz, US-amerikanischer Soziologe und Autor, schaut mit humorigen Augen seinem eigenen Tod entgegen. „Lernen Sie, wie man lebt", schrieb er, „dann wissen Sie, wie man stirbt; lernen Sie, wie man stirbt, dann wissen Sie, wie man lebt." Seine Botschaft richtet sich nicht nur an Kranke und die ihnen nahestehenden Personen, sondern auch an die Gesunden. Denn bei allen ist gewiss: „Dieses Leben überlebt keiner von uns."

Woody Allan, US-amerikanischer Regisseur, Autor und Komiker, meint: *„Ich habe nichts gegen das Sterben – ich möchte nur nicht dabei sein!"* Ähnlich sieht es der deutsche Maler Carl Spitzweg: *„Oft denke ich an den Tod, den herben, und wie am End` ich`s ausmach`?! Ganz sanft im Schlafe möchte ich sterben und tot sein, wenn ich aufwach`!"* Beide zeigen auf humorige Art und Weise ihre damit verbundenen Ängste.

Weniger Berührungsängste mit dem Tod haben Bestatter. Einer wirbt mit der folgenden Anzeige: „Bei uns liegen Sie richtig." Ein anderer inseriert: „Sie wollten schon immer mal gefahrlos mit Haien schwimmen? Sorgen Sie vor – mit einer See-Bestattung." Interessant finde ich, dass es bei Bestattern durchaus keine Seltenheit ist, im Karneval aktiv zu sein. Christoph Kuckelkorn, Bestatter aus Köln, ist ehrenamtlicher Vizepräsident des Festkomitees Kölner Karneval 1823 e.V. und Leiter des Rosenmontagszuges. Er lässt sich lässig im Sarg liegend von Till Quitmann in der Lokalzeit Köln interviewen. Till Quitmann liegt dabei bequem in einem zweiten Sarg direkt daneben, zur Probe, denn schließlich liegt man darin etwas länger.

Fritz Roth, Bestatter aus Bergisch-Gladbach, Trauerbegleiter und Gründer der ersten privaten Trauerakademie in Deutschland, ist im Dezember 2012 verstorben. Er hat viel Neues auf den Weg und frischen Wind in die verstaubte Trauerkultur gebracht. Seine Kinder folgen seinem Vorbild und pfeifen auf die Regeln. Rebellen seien sie. Im Visier: das Bestattungsgesetz. Die Trauernden würden zu sehr bevormundet. Fritz Roth schrieb neue Trauergeschichte. Für seine eigene Beerdigung hatte er sich einen knallroten Sarg mit ein paar extra Kanten und Ecken ausgesucht. Seine Familie legte in den Tagen des Abschiedes nach und nach verschiedenste Gaben zu ihm in den Sarg. Sogar eine Flasche **Kölsch** begleitete ihn auf der letzten Reise. Die Trauerfeier, die auch Lebensfeier sein sollte, beinhaltete fröhliche Musik und einige Lacher. Sein Sarg wurde von Karnevalsgesellschaften begleitet. Der Bonner Kabarettist Rainer Pause hielt eine sehr persönliche Rede für einen, der ihm gezeigt habe, wie man dem Tod einiges an Schrecken nehmen kann. „Das Leben ist mit dem Tod zu Ende, aber nur im

Prinzip, nicht im Rheinland. Der Rheinländer akzeptiert ihn nicht". Damit erinnerte Rainer Pause an das Kabarett-Programm „Tod im Rheinland", zu dem er und der Kölner Publizist Martin Stankowski von Roth animiert worden waren.

An die Verschiedenen
„Bestimmt habt ihr jetzt Spaß dort oben,
könnt herrlich mit den Engeln toben,
vielleicht macht auch Maria mit,
mit einem Tanzmariechenschritt!"

Der Start der Karnevalszeit, am 11.11. um 11.11 Uhr, liegt in der Zeit der Trauerfeste Allerheiligen und Totensonntag. Die Narrenzeit erlaubt es, mit Kostüm und kessen Liedern den Tod durchaus zu verlachen. Karnevalslieder sprühen vor Lebensfreude: „So ein Tag, so wunderschön wie heute", und beinhalten dennoch durchaus den „Freund Hein" und das Versprechen von dem Kölner Schlager- und Krätzchensänger* Jupp Schmitz: „Wir kommen alle in den Himmel". Der Himmel – die gefragte Jenseitsadresse. Bedenkt man, dass Fastnacht, Fasching, Karneval ein Wendefest ist, welches an den „Aschermittwoch des Lebens erinnert" und deshalb vorher zu Heiterkeit und Freude aufruft, dann ist die Kombination Bestatter und Karnevalist gar nicht mehr verwunderlich, sondern geradezu ein logischer Schluss. (*Ein Krätzche bezeichnet im Kölner Raum mundartlich Lieder, die lustige Begebenheiten oder Streiche erzählen.)

„Jeder Tag, an dem du lachst, verlängert dein Leben." Bei Jupp Schmitz hat das wohl gewirkt, denn er wurde 90 Jahre alt. Auf seinen Grabstein auf dem Melaten-Friedhof in Köln hat er sich den Titel eines seiner bekanntesten Lieder eingravieren lassen: „ Am Aschermittwoch ist alles vorbei." Und dann gibt es wieder den Schlager, der zu den meist gespielten auf rheinischen Beerdigungen gehört: „Niemals geht man so ganz".

Axel Diekmann aus Bielefeld lebt die Dualität Tod und Leben auf besondere Art und Weise. Er ist Bestatter und Tanzlehrer und verbindet beide Professionen. Wer möchte, kann seinen letzten Tanz mit ihm tanzen.

Genau genommen den vorletzten Tanz, denn, wie singt in dem Drama-Musical „Elisabeth", von dem deutschen Librettisten Michael Kunze und dem ungarischen Komponisten Sylvester Levay, der Tod voller Kraft: „Den letzten Tanz tanzt du mit mir".

„Wenn dem Menschen am Ende seines Lebens ein Lächeln übrig bleibt, so ist das ein sehr anständiger Reingewinn."
Horst Wolfram Geißler

Friedhof

Der Friedhof ist in der Regel eine Zone des Schweigens und der Ruhe. Die Zeit scheint dort anders zu laufen. Statt Hektik sind hier Langsamkeit und Bedächtigkeit zu Hause. Weinen, reden, lachen, alles, was etwas lauter ist, scheint dort keinen Platz zu haben. Dabei muss Frieden nicht zwangsweise leise sein. Zum Weinen habe ich mir dort schon manches Mal einen Paravent gewünscht. Ungestört für mich, in Verbindung mit den Verstorbenen, weinen oder einfach nur dasitzen können, ohne beobachtet zu werden. Der Friedhof ist ein öffentlicher Platz. Da weint es sich zu Hause besser. Meine Mutter hatte auf dem Grab meines Vaters eine kleine Sitzbank installiert. Darauf habe ich sie nie sitzen sehen. Eigentlich eine schöne Idee. Man hätte sich hinsetzen können, um über meinen Vater zu plaudern oder Kaffee zu trinken und einfach bei ihm zu sein. Wir haben aber nur gearbeitet und das Grab schön gemacht. Lachen auf dem Friedhof? Nicht die Spur. Da kommen mir Überlegungen, wie ich es gerne hätte, wenn ich selbst in der Erde liege. Ich möchte durchaus betrauert und beweint werden. Aber dann wünsche ich mir, dass meine Freunde und Familie mit einem Lächeln zu mir kommen und mir den neuesten Witz erzählen. So, wie ich es mir auch in meinem Leben wünsche. Mir ist es wichtig, meinen Mitmenschen mit einem Lächeln oder Lachen zu begegnen, und tue meins dazu, dass meine Mitmenschen mit einem Lächeln durch die Welt gehen können. So wünsche ich es mir auch, wenn ich in meiner letzten Ruhestätte liege. Warum sollte es da plötzlich anders sein?

„Und wenn du dich getröstet hast, wirst du froh sein, mich gekannt zu haben. Ich wünsche mir sehr, dass du dich oft daran erinnerst, wie gerne du mit mir gelacht hast."

Antoine de Saint-Exupéry

Die Beerdigungskultur verändert sich. Auf den Friedhöfen werden immer mehr Möglichkeiten der unterschiedlichsten Platzwahl angeboten: Erdbestattung, Urnenbestattung mit Grabpflege, ohne Grabpflege, mit oder ohne zeitliche Verlängerung der Grabstätte, die Urne in das Grab eines Verwandten beisetzen und die anonyme Bestattung. Außerhalb des Friedhofes gibt es die Seebestattung und die neue Bestattungsordnung erlaubt sogar die Beerdigung im eigenen Garten. Baumbestattungen und Friedwälder erweisen sich als zunehmend beliebt. Seit 2004 ist das Bestattungsgesetz in Kraft, das die Übertragung von Friedhöfen an Private erlaubt. Fritz Roth, seit 1983 innovativer Bestatter in Bergisch-Gladbach (verstorben 2012), hat daraufhin bundesweit den ersten privaten Friedhof gegründet. Dort herrscht viel Gestaltungsfreiheit.

„Hast du von dem Kreuzworträtselfanatiker gehört, der vor zwei Tagen gestorben ist?"
„Nein? Was ist mit ihm?"
„Nun ja – er wurde sechs Fuß senkrecht und drei waagerecht begraben."

Roth gilt als Vorreiter für individuelle Friedhofsgestaltung. Sein Bestreben war, die Friedhofskultur aus den Zwängen zu befreien, die vielerorts die Bepflanzung, die Gestaltung, die Steine und selbst die Schrift auf den Steinen vorschreiben. Seine Familie pflegt diesen Ansatz weiter. Beisetzungen sollen außerhalb behördlicher Dienstzeiten und die Gestaltung der Gräber nach dem Empfinden der Hinterbliebenen möglich sein. Wenn jemand seinen Partner bei Vollmond bestatten möchte, wird der Wunsch erfüllt. Nur der Anstand setzt der Phantasie Grenzen. Familienmitglieder leben häufig in unterschiedlichen Orten oder verschiedenen Ländern. Um trotzdem einen Grabbesuch zu ermöglichen, gibt es bei Pütz-Roth „die virtuellen Gärten der Bestattung". Mit Hilfe der Website können Gräber jederzeit virtuell besucht, eine Botschaft hinterlassen und die Botschaften anderer Angehöriger und Freunde gelesen werden. Vorrangig bei der Begleitung der Hinterbliebenen ist, ihnen einen Abschied zu ermöglichen, mit dem sie ihre Verstorbenen leichter loslassen und ihre Ängste, Wut und Trauer besser kanalisieren können. Hilfestellung, um gut weiterleben zu können.

„Bedenkt den eigenen Tod, den stirbt man nur,
doch mit dem Tod der andern muss man leben."
Mascha Kaleko

In den „Gärten der Bestattung", wie Fritz Roth den neuen Friedhof nannte, befindet sich unter anderem ein Stein-Labyrinth, Klanginstallationen, ein Sandpendel, Wasserläufe und Trauerstelen, die an die farbenfrohen, kulturübergreifenden, symbolträchtigen Seelenbretter der deutschen Künstlerin Bali Tollak erinnern. Die Besucher sollen sich in Gesellschaft der Toten wohlfühlen, den Platz beseelen und inspiriert nach Hause zurückkehren können. Die gesamte Anlage ist nicht nur ein Ort der Stille. Jedes Jahr findet auf der Freilichtbühne das Sommerkonzert „Streicheleinheiten für die Seele" mit unterschiedlichen Künstlern statt. Am Rande des Waldfriedhofes hat ein Waldkindergarten seinen Platz bezogen, in Kooperation mit dem „Haus der menschlichen Begegnung". Völlig unbefangen können sich die Kinder auf dem gesamten Gelände bewegen, Kontakt aufnehmen und bestehende Angebote nutzen. Die Familie Roth will dem Tod einen Platz im Leben einräumen und deshalb immer wieder die Lebenden zu den Toten holen. Einzige unumstößliche Vorgabe in „den Gärten" ist: Jedes Grab soll den Namen des Toten tragen. Daneben ist viel Spielraum für die individuelle Bestattung.

„Wenn ich mal sterbe", meint ein leidenschaftlicher Jogger,
„möchte ich eingeäschert werden und dann in der Sanduhr weiterlaufen."

Der Wunsch nach persönlicher Gestaltung hört am Ende des Lebens nicht auf. Individuelle Grabgestaltung wird von dem Verbund der Dauergrabpflege Nordrhein-Westfalen aufgegriffen. Dessen Vision ist „ein moderner Friedhof als ein kreativer und inspirierender Ort im Zentrum unserer Kultur und Gesellschaft." Die Friedhofsgärtner wollen den „Gräbern ein Gesicht geben". Auf einer Werbekarte befinden sich die Abbildung von einem Hügelgrab mit einer Mittellinie aus spitzen, knallig roten Blumen und ein kleines Foto einer Frau mit Irokesenschnitt. Der Text dazu: „Sie hatte immer ihren eigenen Kopf." Leben braucht Erinnerung. Dem Verbund liegt am Herzen: „Es lebe der Friedhof."

Individuelle Grabsteingestaltung gehört auch dazu. Steinmetze bieten Trauernden an, Steine zu bearbeiten. Zusätzlich eröffnen sie damit eine Möglichkeit, den Emotionen, auch den zurückgehaltenen, Ausdruck zu geben. Den Stein zu bearbeiten oder selbst einen Grabstein zu gestalten kann hilfreiche Trauerarbeit sein. Mein Freund hat zwei Jahre lang am Grabstein für seine verstorbene Frau gearbeitet. Er hat all seinen Schmerz, seine Verzweiflung, aber auch seine schönen Erinnerungen in den Stein gehauen und ihn liebevoll blank poliert. Jedes zarte Streichen über den feinen Stein galt noch seiner Frau. Abschied nehmen im Gestalten und sein Erleben in Form bringen. Die Gestaltung des Steines als solches ist spannend und für die Wahl der Inschrift gibt es auch viele Varianten.

> Zwei Männer gingen von einer Halloweenparty nach Hause und beschlossen die Abkürzung über den finsteren Friedhof zu nehmen. Plötzlich hörten sie zwischen den Gräbern ein Geräusch: Tock-tock-tock, tock-tock-tock.
> Zitternd vor Furcht schlichen sie weiter und fanden einen alten Mann, der mit Hammer und Meißel einen Grabstein bearbeitete.
> Einer der Männer sagte erleichtert: „Guter Mann. Sie haben uns fast zu Tode erschreckt. Wir dachten schon, Sie wären ein Geist! Was arbeiten Sie denn hier mitten in der Nacht?"
> „Diese Idioten!", murmelte der alte Mann. „Sie haben meinen Namen falsch geschrieben!"

Ein Amerikaner machte eine Reise nach Schottland, um dort Ahnenforschung zu betreiben. Auf einem Friedhof entdeckte er einen Grabstein, auf dem steht: *„Hier ruht Stanford McGregor, ein mildtätiger Mensch und guter Vater."* Daraufhin meinte der Amerikaner: *„Typisch Schotten. Drei Männer in einem Grab."* Interessante Grabinschrift-Ideen hat Dr. Eckart von Hirschhausen, Arzt und Kabarettist. Er wünscht sich für seinen Grabstein den Satz: *„Ich hätte gerne eine zweite Meinung!"* Oder: *„Nur über meine Leiche."*

Das Zeitalter unserer Medien beeinflusst auch die Gestaltung von Grabsteinen. Es gibt inzwischen Steine, auf denen sich das viereckige Symbol mit dem QR-Code befindet, der mit dem Smartphone eingelesen werden kann. Das führt den Grabbesucher zu einem Film oder einer Homepage über den Verstorbenen.

Schon von weitem fällt einem das Grab mit den drei Grabsteinen auf.
Auf dem mittleren Stein steht: „Hier ruht der Hütchenspieler Tom."
Und auf dem linken und rechten Stein steht „Oder hier?" „Oder hier?"

Es ist spannend, darüber nachzudenken, was man auf den eigenen Grabstein schreiben könnte. Was sollen Besucher lesen? Die Inschriften können einen persönlichen Nachruf oder eine Botschaft des Verstorbenen an die Hinterbliebenen beinhalten. Ich möchte meinen Besuchern weiterhin ein Lächeln in ihr Gesicht zaubern und so wünsche ich mir die Grabstein-Inschrift: *„Verweile und lächle."* Mir gefällt die Vorstellung, dass meine Freunde und auch Fremde am Grab stehen, mir zulächeln und mit einem Lächeln weitergehen. Ein leuchtender Faden der Verbindung.

Friedhof Key West – USA

Hier ist Lachen erlaubt, das zeigen einige skurrile Grabinschriften:

Betty Pearl Roberts – 1929-1979, eine ortsbekannte Hypochonderin:
„I Told you I was Sick!" „Ich habe euch doch gesagt, ich bin krank."

Gloria Russell's 1926 – 2000
„I'm just resting my eyes!" „Ich ruhe nur meine Augen aus!"

„Ich werde mich immer an meine sogenannten Freunde erinnern."
Unbekannt

Die Grabstein-Inschrift von Thomas Romer, 1783 – 1891, der mit 108 Jahren starb, endet mit:
„Ein guter Bürger für 65 Jahre."

Eine Dame ließ auf den Stein ihres Mannes meißeln:
„Wenigstens weiß ich, wo er heute Nacht schläft."

Bei dieser Grabsteininschrift lachte bei einem meiner Seminare eine Teilnehmerin herzhaft und meinte, es könne auch auf einem Stein stehen:
„Ich liege drei Steine weiter – bei Herrn Reiter."

Sennefriedhof Bielefeld

Hier fand ich folgende Grabstein-Inschrift:
„Hier ruhen sie aus von ihrer Arbeit"

Friedhof – Russland

Seit dem Ende der Sowjetunion hat sich in Russland eine bizarr erscheinende Friedhofskultur herausgebildet. Naturalistische Darstellungen dokumentieren den Lebensstil und sozialen Status des Verstorbenen, eine Kombination aus Totenkult und Kitsch.

Zum Beispiel stellt ein großer Teil eines Steines einen telefonierenden Mann an seinem Schreibtisch dar und ein anderer Stein eine kesse junge Frau mit Minirock und Handtasche – beides sieht aus wie ein übergroßes Foto, welches in den Stein gearbeitet wurde.

Despektierliche Grabinschrift, eines Totengräbers:
*„Der Mann hat 90 Jahre gelebt
und scharrte manchen ein.
Wer andern eine Grube gräbt,
fällt endlich selbst hinein."*

Mit einer Lachyogini sprach ich darüber, wie schön es sei, wenn man sich an das Lachen des Verstorbenen erinnern könne. Im Laufe des Gesprächs wurden wir immer kesser und witzelten über einen Bewegungsmelder am Grab. Kommt man in den Bereich des Bewegungsmelders, ertönt das Lachen des Verstorbenen. Das wird wahrscheinlich das meist besuchte Grab des Friedhofs, da jeder sagt: „Geh da mal hin, da gibt es was zu lachen." Aktion: lustiger Friedhof. Man darf ja mal träumen.

Generalprobe

Als Oma 88 war,
beschloss sie still bei sich:
„Wie ich mal in den Himmel fahr,
entscheid alleine ich!
Sonst krieg ich noch den Kirchenchor,
und der singt wirklich schaurig,
und alle stehen vorm Sarg davor
und tun, als wärn sie traurig.
So'n kleines bisschen tiefbetrübt,
das ist ja noch o.k.,
doch kein Geheul! Wenn man das übt,
tut's nachher nicht so weh."
Nachdem sie so gesprochen,
verstrichen gut zwei Wochen,
dann lud sie ein mit frohem Schwung
zur Probe der Beerdigung.
Sie mietete den Bürgerpark
und kaufte sich nen schicken Sarg
aus himmelblauem Balsaholz.
„Das trägt man heute!", sprach sie stolz,
bestellte eine Volkstanzgruppe
und 60 Liter Hummersuppe
und schrieb dem Pastor noch die Predigt.
Dann rief sie froh: „Es ist erledigt!",
rief zweimal täglich bei uns an,
ob wir auch alle kämen,
„Denn", sagte sie, „wer da nicht kann,
der sollte sich was schämen!"
Wir fanden das ne Schnapsidee,
doch mochten wir sie sehr,
so fuhrn wir an den Bodensee,
sechs Stunden ungefähr.
Der Bürgerpark war schön geschmückt,
mit Luftballons und Fähnchen,
die Kinder waren ganz entzückt,
es duftete nach Hähnchen.
Die Volkstanzgruppe sprang im Kreis,
es juchzten die Schalmeien.
Ein hübscher Jüngling brachte Eis.
Bekränzt mit Akeleien
empfing uns Oma schön gekämmt
im bodenlangen Leichenhemd
aus allerfeinster Haspelseide,
die Augen funkelnd voller Freude.
Sie gab uns allen bunte Hüte,
Trompeten allererster Güte
und Noten für den Hochzeitsmarsch.

„Versucht es einfach!", rief sie barsch
und warf sich rücklings in den Sarg.
„Auf, auf, ihr Mannen, seid ihr stark
genug, mich wegzuschleppen?
Passt auf, da vorn sind steile Treppen!"
Wir bliesen falsch, mit Lungenschmerzen
bis zur Kapelle und hinein.
Da brannten sicher tausend Kerzen,
der Pastor stand in ihrem Schein
und hielt die Predigt, dass es krachte.
Und Oma saß im Sarg und lachte:
„Zur Erde kehrt nun heim der Leib
von Gertrud, diesem Klasseweib."
Wir sangen noch ein Lied zur Trommel,
dann zog der Pastor an nem Bommel,
und Oma wurde aufgehoben.
„Hurra, ich schweb!", rief sie von oben.
Dann trug man sie – jetzt wird's entsetz-
lich –
zu einem ausgehobnen Grab.
Nur Oma fand das noch ergötzlich,
die jetzt den Trägern Trinkgeld gab,
die, dadurch abgelenkt, nicht sahen,
wohin sie traten, und auch prompt
ins Stolpern kamen und den nahen
und tiefen Rand... – was jetzt noch
kommt,
ist nicht mehr lustig. Oma fiel
samt ihrem Sarg drei Meter tief.
Dort lag sie still. Das war kein Spiel.
Man liegt nicht so geknickt und schief.
Sie war so leicht, nur Haut und Knochen.
Ihr Lächeln wirkte winzig klein.
So hat sie sich den Hals gebrochen.
Herrgott, was ist die Welt gemein.
Und während jeder schwer bereute,
dass er sich jetzt grad hier befand,
sah ich, dass auf dem Grabstein heute
als Todestag gemeißelt stand.
Und wenn ihrs auch schon alle ahnt,
wir nehmen an, sie hat's geplant.

Mit freundlicher Genehmigung von Julia Hagemann, Kabarettistin, Sängerin, Rhythmik- und Gesangslehrerin (unter Verwendung von Ideen von Barbara Berrien und Luisa Hagemann)

Witz

Das Wort „Witz" leitet sich vom althochdeutschen wizzi „Wissen", „scharfe Beobachtung" zu „wissan", „gesehen haben" ab. Witzig heißt so viel wie geistreich und bezeichnet besonders die rasche Gedankenverbindung, die intellektuelle Kombination, die geistige Beweglichkeit, die Leichtigkeit des Beziehens und Assoziierens. Der Witz ist ein Kind der Heiterkeit und des Lebenswillens.

> „Mische ein bisschen Torheit in dein ernsthaftes Tun und Trachten! Albernheiten im rechten Moment sind etwas ganz Köstliches."
>
> Horaz

Als Witz bezeichnet man einen kurzen Text, eine Erzählung, Wortwechsel oder Frage mit Antwort. Die kurze Geschichte hat für den gespannt lauschenden Zuhörer ein verblüffendes Ende, die Pointe. Die Pointe ist ein plötzlicher Positionswechsel, der deutlich zeigt, dass es unterschiedliche Blickwinkel gibt, und erhellt damit Zusammenhänge von alten und neuen Denkmustern. Germaine Baronin von Staël-Holstein, französische Schriftstellerin, schildert das so: *„Witz ist Wissen um die Ähnlichkeit verschiedener Dinge und die Verschiedenheit ähnlicher Dinge."* Diese Überraschung kitzelt am Zwerchfell und löst heiteres, befreiendes, erfrischendes Lachen aus. Dazu ein Witz:

> Ein Jude kommt zum Metzger und zeigt geradewegs auf einen Schinken und sagt: „Ich hätte gern diesen Fisch dort." „Aber das ist doch ein Schinken." „Mich interessiert nicht, wie der Fisch heißt."

Der spielerische Umgang mit den Gegebenheiten des Alltags befreit, zumindest kurzfristig, von Ängsten und Zwängen. „Witz gibt Freiheit und Freiheit gibt Witz.", sagt der deutscher Dichter Jean Paul. Wo fängt die Freiheit an, wo hört sie auf? Ich mag keine verletzenden Witze, bei denen auf Kosten anderer gelacht wird. Achtsame, nicht verletzende, wirklich humorvolle Witze sind leider rar. Alfred Kirchmayer, österreichischer Professor für Psychologie und Witzlandschaftspfleger, nennt sie „Orchideen in der Witzlandschaft" und meint, „humorvolle Witze wirken wie Wundsalben oder Heilkräuter. Man muss sie aus den vielen Witzen der Schadenfreude und Aggressivität heraussuchen."

Gute Witze bringen Lebenskonflikte verblüffend auf den Punkt. Sie geben zu denken, lassen uns lachen und können festgefahrene Lebensmodelle auflösen. Witze decken lebensfeindliche Ideologien und Scheinheiligkeiten auf. Sie befreien unterdrückte Gefühle und Wünsche aus ideologischen Gefängnissen. So sagt ein jüdisches Sprichwort: **„In der Krise blüht der Witz."**

Der österreichische Psychoanalytiker Sigmund Freud war sehr aktiv in der Witzforschung. Sein besonderes Augenmerk galt der Verbindung des Witzes zum Unterbewussten. Er sagte: „Wir empfinden Witz als besonders befreiend und erhebend. Mit seiner Abwehr der Leidensmöglichkeit nimmt er einen Platz ein in der großen Reihe jener Methoden, die das menschliche Seelenleben ausgebildet hat, um sich dem Zwang des Leidens zu entziehen."

„Ein Witz ist nur ein Hüpfen der Seele, ein Tanzschritt des Geistes, ein Kurzschluss der Melancholie, nur die Kehrseite der Verzweiflung."
Hermann Kesten

Die Frage von Theologen und Philosophen: „Was ist der Sinn des Lebens?" verwandelte Prof. Dr. Alfred Kirchmayer in die Frage: „Was hat das alles für'nen Witz?" Er meint: „Mit List, Witz und Humor sein Leben mündig zu gestalten, ist eine hohe Kunst. Guter Witz entsteht durch den Intellekt, der einfach heiter bummelt und nicht tierisch ernst mit der Lösung von Alltags- und Lebensproblemen beschäftigt ist."

In jeder Region lacht man über etwas anderes und jede Nation hat ihre ganz eigene Witzkultur. Doch überall ist das Ziel, dass sich der Geist entspannt, die Gewitztheit die Lebensgeister nährt und angespannte belastende Situationen sich zumindest kurzfristig auflösen können. Ich habe aus der Vielfalt der Witzkultur ausgewählt und gehe besonders auf Flüsterwitze, den jüdischen Witz und Witze mit den Themen Verlust, Tod und Sterben ein.

Flüsterwitze

In allen kritischen Lebenslagen werden Witze erzählt. So auch in den Jahren des NS-Regimes, während der Zeit des Nationalsozialismus. Als der Hitler-Gruß anstelle des üblichen „Guten Morgen" oder „Guten Abend" eingeführt wurde, hieß es: *„Was bedeutet der deutsche Gruß? – „Aufgehobene Rechte."*

Einen Witz zu erzählen, der sich gegen die Herrenmenschen richtete, war Humor mit Risiko. *„Wer andere zum Lachen bringen kann, muss ernst genommen werden; das wissen alle Machthaber"*, sagte Werner Finck, deutscher Schauspieler und politischer Kabarettist. Seit 1934 galt das sogenannte „Heimtückegesetz". Dieses Gesetz schränkte das Recht auf freie Meinungsäußerung ein und kriminalisierte alle kritischen Äußerungen. Werner Fink reagierte auf das Mitschreiben der Gestapo während einer seiner Auftritte mit den Worten: **„*Spreche ich zu schnell? Kommen Sie mit? Oder soll ich mitkommen?*"** Für das Erzählen von „wehrkraftzersetzenden Witzen" drohten hohe Strafen bis hin zur Haft im Konzentrationslager und ab 1938 sogar die Todesstrafe. Deshalb wurde geflüstert und die Bezeichnung „Flüsterwitze" kam auf.

Ein Wunderrabbi wird von einem Gläubigen gefragt: „Rabbi sag mir, wann wird Hitler sterben?" Der Rabbi denkt lange nach und sagt dann: „Das genaue Datum kann ich dir nicht sagen, aber eins weiß ich – es wird ein Feiertag sein."

Ein Mann wird nachts in einer dunklen Gasse von einem Räuber überfallen. „Sofort die Brieftasche her!", sagt der Unbekannte. „Sie haben mir aber einen Schrecken eingejagt", sagte der Mann erleichtert. „Ich glaubte schon, Sie wären von der Polizei".

Inge Deutschkron, deutsch-israelische Journalistin und Autorin, die mit Hilfe von Freunden den Holocaust in Berlin überlebte, sagt: „So entstand der Flüsterwitz, von Menschen in die Welt gesetzt, deren Augen und Ohren nichts entging, was ihre Freiheit begrenzen und sie zu Gehorsam verpflichten sollte. Der Witz bot beiden, dem Erzähler wie auch dem, der ihm zuhörte, einen Moment der Befreiung von dem Druck, unter dem die Deutschen fortan leben mussten. Sie wurden zu einem der Ventile, deren sie sich bedienten, um ihr Denken vor dem Ersticken zu bewahren." So *„erklärten einige Juden, sie trügen den gelben Stern mit Stolz. Schließlich sei es der einzige Orden, den Göring nicht anlegen konnte."* Und *„Gedämpfte Zungen", das sei das am häufigsten servierte Gericht in deutschen Gaststätten."* Gerne wird mit Doppeldeutigkeit gespielt: *„Das Telefon klingel: „Hallo, ist dort Müller?" „Nein, hier spricht Schmitz." „Ach, entschuldigen Sie, da hab' ich falsch gewählt." „Aber bitte, haben wir das nicht alle?"*

Franz Danimann, österreichischer Autor von „Flüsterwitze und Spottgedichte unterm Hakenkreuz", war wegen seiner Widerstandstätigkeit insgesamt sechs Jahre inhaftiert, davon drei Jahre im Konzentrationslager Auschwitz. Nach dem Krieg hielt er zahlreiche Vorträge über die Widerstandsarbeit, das Grauen der Hitlerzeit, das Elend des Alltagslebens, die Hölle in Auschwitz und über die Bedeutung des Witzes und des Humors als Waffe des Widerstandes. Er verbreitete politische Witze, die er auf Zettel schrieb und in den Spind anderer KZ-Insassen legte oder sie anderen Mithäftlingen erzählte. Flüsterwitze oder Spottgedichte brachten mit tiefgründigen Formulierungen ernsthaften Widerstand gegen das Regime zum Ausdruck und spiegeln die Stufen der Verfolgung.

> Ein Schauspieler kommt mit einem gerahmten Hitlerbild auf die Bühne und schaut sich um. Er grübelt: „Hm, man weiß gar nicht, ob man ihn an die Wand stellen oder aufhängen soll."

Sie dokumentieren Alltagsgeschichte und sind eine wesentliche historische Quelle über die Zeit, die Menschen und deren Sorgen und Nöte.

> „Nach der Gleichschaltung der Länder sind wir ein Volk; es gibt keine Preußen, Bayern, Thüringer und Sachsen mehr. Es gibt nur noch Braun-Schweiger."

All diese Witze sind echter „Galgenhumor". *__Galgenhumor ist die Kunst, sich den Ast zu lachen, auf dem man sitzt__*", sagte Wolfgang Neuss, deutscher Kabarettist und Schauspieler. Humor, Lächeln und Lachen in ihrer Funktion als Puffer und Ventil.

Weitere Beispiele:

> „Wie geht's?", fragt ein Jude den anderen. „Wie einem Anwalt", antwortet der andere, „ich kann nicht klagen."

> Ein Jude wird in einem Konzentrationslager misshandelt und mit dem Tode bedroht. Aus einer plötzlichen Laune heraus hält der SS-Mann inne und herrscht den Juden an: „Ich gebe dir eine Chance. Ich habe ein Glasauge. Wenn du es erkennen kannst, lasse ich dich in Ruhe." Der Jude antwortet sofort: „Das linke ist das Glasauge." Darauf erstaunt der SS-Mann: „Woran hast du das erkannt?" Der Jude: „Es blickt so menschlich!"

Was ist der Unterschied zwischen Mussolini und Hitler?
Mussolini ist leberleidend. Hitler ist leider lebend.

Ein Arzt trifft einen bekannten Chirurgen: „Heil Hitler!", begrüßt der Arzt seinen Kollegen. – „Aber nein", winkt dieser ab. „Heil du ihn doch".

Ein Berliner Jude reiste nach New York, um Bedingungen und Möglichkeiten für eine Einwanderung an Ort und Stelle zu prüfen. Er besuchte einen aus Berlin emigrierten Freund in dessen Exil. Da glaubte er seinen Augen nicht zu trauen. Im Eingang der Wohnung des Freundes hing ein großes Porträt von Adolf Hitler. „Bist du verrückt geworden?", empörte er sich. Sehr leise antwortete der Freund: „Es ist doch gegen das Heimweh."

> Humor und Witz helfen, auch heute mit den Gräueltaten des dritten Reiches fertig zu werden.

„Ein KZ-Überlebender kauft sich ein Handy. Der Verkäufer sagt: „Sie können die Nummer selbst wählen, damit Sie sich leichter an sie erinnern." „Gut", sagt der Mann und krempelt seinen linken Ärmel hoch. „Ich nehme diese. Die vergesse ich nie."

> Ich durfte in Krakau eine Zeitzeugin kennen lernen, die mir ihre eintätowierte Nummer auf dem linken Unterarm zeigte. Ihre Geschichte zu hören und ihr Brandmal zu sehen, hat mich sehr berührt. Sie hat die Nummer nicht entfernen lassen, da sie sich dazu verpflichtet fühlt, von ihrer Geschichte zu berichten. Inzwischen gibt es Enkelkinder von Großeltern, die im Konzentrationslager waren, die sich deren Nummer auf ihren linken Unterarm tätowieren lassen, als Zeichen des Nichtvergessens und als mahnende Erinnerung.

Jüdischer Witz

Der Witz des jüdischen Volkes, das seit Jahrhunderten verfolgt wird und viel Leid erfahren hat, wird in der Geschichte des Witzes stets besonders erwähnt. Im jüdischen Witz wird mit viel Ironie über die eigenen Schwächen und Macken gelacht. Da blühen der listigste und tiefsinnigste Witz und ein befreiendes, wohlwollendes Lachen. Juden gelten als Meister darin, sich selbst auf den Arm zu nehmen. Chuzpe* ist es, **wenn ein Mann, der verurteilt werden soll, weil er Vater und Mutter erschlagen hat, um ein mildes Urteil bittet, da er schließlich Vollwaise sei.**

(*eine Besonderheit des jüdischen Witzes. Es bedeutet eine besondere Art von Frechheit und Unverschämtheit)

Ariel Kohn liegt im Sterben. Sein Augenlicht wird immer schwächer.
Ariel: „Rebecca, mein Weib, bist du da?"
Frau: „Ja, ich bin da!"
Ariel: „David, mein Sohn, bist du da?"
David: „Ja, ich bin da!"
Ariel: „Aron, mein Schwager, bist du da?
Aron: „Ja, ich bin da!"
Ariel: „Lana, meine Tochter, bist du da?"
Lana: „Ja, ich bin da!"
Ariel, sich mit letzter Kraft aufbäumend: „Und wer steht dann unten im Laden?!"
☺

„Die Juden sind an allem Unheil schuld!"
„Die Radfahrer sind an allem Unheil schuld!"
„Warum die Radfahrer?"
„Warum die Juden?"
☺

„Ich bin stolz darauf, Jude zu sein!", sagte Awroimele eines Tages.
„Warum?", wurde er gefragt.
„Nu, würde es mir etwas nützen, nicht stolz zu sein?
Ein Jude würde ich trotzdem bleiben."

Kohn trifft seinen Freund auf dem Marktplatz in Venedig.
„Was machst du denn hier?", erkundigt er sich.
„Ich bin auf der Hochzeitsreise."
„Gratuliere! Und wo hast du deine Frau?"
„Na hör mal, einer muss doch aufs Geschäft aufpassen."

☺

Friedrich der Große war Antisemit. Als ihm gesagt wurde, der Philosoph Moses Mendelssohn sei ein berühmter Mann, wollte er ihn dennoch kennenlernen und lud ihn zu einem Gesellschaftsabend ins Schloss ein. Da Mendelssohn sich in der fremden Umgebung jedoch sehr schweigsam verhielt, war der König enttäuscht. Und um dem Ausdruck zu geben, schrieb er auf einen Zettel:

„Moses Mendelssohn ist ein Esel. Friedrich II."

Und dann befahl er dem Philosophen, diesen Zettel vorzulesen.

Mendelssohn gehorchte.

Er las: „Moses Mendelssohn ist ein Esel, Friedrich der zweite."

☺

Moische kommt zum Rebben.

„Rebben, ich fühle mich vom NKWD beschattet, was soll ich bloß für Schritte unternehmen?"

Der Rebbe, ohne zu erklären: „Große, Moische! Sehr große!"

☺

Ein Rabbiner und ein katholischer Priester sitzen bei einem Festessen nebeneinander.

Stichelt der Priester:

„Wann werden Sie so tolerant sein und von diesem köstlichen Schweinebraten essen?"

„An ihrem Hochzeitstag, Herr Kollege!"

☺

Jankele liegt im Sterben. Er verlangt nach einem Pfarrer. Seine Frau ist völlig von den Socken: „Jankele! Was zum Teufel fällt dir ein? Dein Leben lang warst du ein frommer Jude. Willst du dich ausgerechnet jetzt noch taufen lassen?" „Ja, Esther. Besser, es stirbt einer von denen als einer von uns."

1933. In einem deutschen Amtsgebäude meldet sich ein Jude mit der Bitte, seinen Namen ändern zu dürfen. Der Beamte: „Im allgemeinen lassen wir uns auf Namensänderungen nicht ein. Aber Sie werden wohl starke Gründe haben. Wie heißen Sie denn?"
„Adolf Stinkfuß."
„Ja – da muss man Verständnis haben. Und wie möchten Sie heißen?"
„Moritz Stinkfuß."
☺

Der jüdische Bankier liegt im Sterben. 39,5 Fieber hat er. Jetzt 40. Nun 40,5. Der Arzt steht da, schaut nach dem Fieberthermometer, schüttelt den Kopf und sagt: „40,9; das ist hoffnungslos." Da richtet sich der Todkranke auf und flüstert: „Bei 41 wird verkauft."

Witze zu Verlust, Tod und Sterben

Witze mit der Thematik von Verlust, Tod und Sterben befinden sich noch in der Tabu-Zone. Holen wir sie dort heraus, um mit ihrer Hilfe auf heitere Art und Weise einen Umgang mit diesen schweren Themen zu finden. Mit einem Augenzwinkern – oder zwei oder drei – können wir dem Unausweichlichen begegnen und ihm damit den Schrecken nehmen.

Ein Manager liegt im Sterben. Seine Frau ist bei ihm. Er spricht leise zu ihr: „Was soll nur aus dir werden, wenn ich nicht mehr in der Firma bin?" Sie streichelt seine Hand und sagt: „Jetzt stirb erst mal, dann schauen wir weiter!"
☺

„Sie müssen beim Ausfüllen des Totenscheines mehr Sorgfalt walten lassen", mahnt der Chefarzt seinen jungen Assistenten.
„Sie haben schon wieder in der Spalte mit der Todesursache Ihren eigenen Namen eingetragen."
☺

Zwei Männer spielen Golf, als plötzlich auf der Straße neben dem Golfplatz eine Beerdigung vorüberfährt. Einer der Männer unterbricht sein Spiel, nimmt den Hut in die Hand und senkt den Kopf. Nachdem der Zug vorüber ist, spielt er weiter. Meint der andere: „Das war aber eine nette Geste."
„Naja, nach 20 Jahren Ehe war das ja das mindeste, was ich für sie tun konnte."
☺

„Nun, Oma, funktioniert dein neues Hörgerät?"
„Sehr gut. Ich habe schon zweimal mein Testament geändert."
☺

Ein Mann und eine Frau werden beide 60. Da erscheint ihnen eine Fee. Sie dürfen sich etwas wünschen.
Die Frau wünscht sich neue Schuhe und der Mann überlegt lange und sagt: „Eigentlich wünsche ich mir eine 30 Jahre jüngere Frau!"
„Kein Problem!", sagt die Fee und schwupp ist der Mann 90.
☺

Streiten sich ein Einbeiniger und ein Blinder.
Der Einbeinige: „Dir trete ich gleich in den Hintern!"
Der Blinde: „Ha, das will ich sehen!"
☺

In der Straßenbahn hält eine junge Frau ihr Baby auf dem Schoß. Es schreit in einer Tour.
Fragt ein älterer Herr: „Ist es krank? Da könnte ich mich ja anstecken!"
Die Frau antwortet: „Da hätten Sie aber Glück. Es bekommt Zähne!"
☺

Sagt ein alter Mann zu einem anderen alten Mann:
„Zähne sind wie Sterne. – Nachts kommen sie raus."
☺

„Herr Doktor, der Simulant von Zimmer 13 ist verstorben."
„Jetzt geht er aber ein wenig zu weit!"
☺

„Herr Ober! In meiner Suppe schwimmen ein Hörgerät und ein Gebiss!"
„Waf ifft? "
☺

Ein Mann wartet auf seine Diagnose. Der Arzt kommt und sagt: „Ich habe eine gute und eine schlechte Nachricht für Sie. Welche wollen Sie zuerst hören?"
Mann: „Die schlechte."
Arzt: „Sie haben Alzheimer."
Mann: „Und die gute?"
Arzt: „Bis Sie zuhause sind, haben Sie es vergessen."
☺
Bei einer großen Familie klingel es an der Tür. Der Vater macht auf. Der Tod steht vor der Tür, schwarze Kutte, Sense, das ganze Paket. Allerdings ist der Tod nur 30 Zentimeter groß und geht dem Vater nicht mal bis zum Knie. Und noch ehe das Familienoberhaupt etwas fragen kann, sagt der Tod: „Ich komme, um das Kaninchen zu holen."
☺
Zu dem hundertjährigen Jubilanten kam ein Journalist. Als er sich verabschiedete, sagte er: „Ich hoffe, Sie zu Ihrem hundertfünfzigsten Geburtstag wieder zu besuchen."
Der Jubilar sah ihn lächelnd an und bemerkte: „Warum nicht? Mir scheint, Sie sehen ganz rüstig aus."
☺
Ein Fallschirmspringer ist gut aus dem Flugzeug raus, zieht die erste Leine – nichts passiert. Zum Glück gibt es ja noch den Rettungsschirm, und so zieht er schon panisch die zweite Reißleine. Nichts passiert. Ungebremst rast er der Erde entgegen. Da plötzlich – er traut seinen Augen kaum – sieht er einen Mann, der ihm von der Erde aus entgegenfliegt. Seine Rettung? Er ruft ihm zu: „Reparieren Sie Fallschirme?" Der andere ruft zurück: „Nein, nur Gasleitungen!"
☺
Ein Ehepaar bucht eine Woche Südsee. Leider kann die Frau aus beruflichen Gründen erst einen Tag später als ihr Mann fliegen. Der Ehemann fährt wie geplant. Dort angekommen, bezieht er sein Hotelzimmer und schickt seiner Frau per Laptop sogleich eine Mail.
Blöderweise hat er sich beim Eingeben der E-Mail-Adresse vertippt und einen Buchstaben vertauscht. So landet die E-Mail bei einer Witwe, die

gerade von der Beerdigung ihres Mannes kommt und sich die Beileidsbekundungen per E-Mail abruft. Als ihr Sohn das Zimmer betritt, sieht er seine Mutter bewusstlos zusammensinken. Sein Blick fällt auf den Bildschirm, wo steht:

An: Meine zurückgebliebene Frau
Von: deinem vorgereisten Gatten
Betreff: Bin gut angekommen
Liebste, ich bin soeben angekommen. Habe mich hier bereits eingelebt und sehe zu, dass für deine Ankunft alles vorbereitet ist.
Wünsche dir eine gute Reise und erwarte dich morgen.
In Liebe – dein Mann
P.S. Verdammt heiß hier unten!

Andere Sitten und neue Wege

Zutiefst beeindruckt hat mich eine **serbisch-orthodoxe** Trauerfeier. Dort wurde direkt am offenen Sarg aus tiefster Seele geschrien, geheult, gejammert. Es war für mich markerschütternd, aber für die Betroffenen sicherlich sehr befreiend, in diesem geschützten Rahmen ihr Leid hemmungslos herausschreien zu können. Die Klagenden wurden von beiden Seiten gestützt, liebevoll begleitet und mit Wasser versorgt. Dort hatte das Klagen seinen offiziellen Platz und nichts musste unterdrückt werden. Welch erlösende Wirkung. Am Grab wurde ein letztes gemeinsames Mahl eingenommen: Ein kleiner Tisch war neben dem offenen Grab mit Gläsern und Süßspeisen gedeckt. Der Priester schüttete eine halbe Flasche Rotwein über den Sarg des Verstorbenen, als Symbol, dass er an dem letzten Mal teilnimmt. Jeder, der Abschied nahm, konnte Wein trinken und von den Süßspeisen essen. Dankbar habe ich später die Idee aufgegriffen, dass sich Trauernde am Grab auf einen Stuhl setzen dürfen.

Die Tradition von Klageweibern kennen wir aus **Griechenland** oder der **Türkei**. Die Klageweiber geben dem Leid Ausdruck und Stimme. Ein griechisches Sprichwort sagt: „Frauen bringen uns zur Welt, und Frauen begleiten uns wieder aus ihr heraus." In **Georgien** sind auch die Männer am Klagen beteiligt. Sie sitzen draußen vor dem Haus und singen ein „Zari", ein Klagelied, während die Frauen drinnen laut um den Verstorbenen klagen.

In **Mexiko** feiern die Menschen fröhlich am Dia de los Muertos, an Allerheiligen. Diese Tradition wurde 2003 von der Unesco in die Liste der „Meisterwerke des mündlichen und immateriellen Erbes der Menschheit" aufgenommen. Anlass der Feier ist die Erinnerung an die Verstorbenen, die den Lebenden an diesem Tag besonders nahe sind. Auf den Friedhöfen herrscht ausgelassene Stimmung. Es wird getanzt und gesungen, es gibt leckeres Essen und rosa Totenköpfe aus Zuckerguss. Dort herrscht nicht vorrangig Trauer, sondern es wird mit Freude die Zeit gefeiert, die man mit den Verstorbenen verbringen durfte. Beim mexikanischen Totengedenken geht es auch um das Bewusstmachen der eigenen Endlichkeit und um den tabufreien Umgang mit dem Tod, vor dem man keine Angst haben muss. Er wird als Teil des Lebens betrachtet. Brigitta Rattay, die als Völkerkundlerin acht Jahre ihres Lebens in Mexiko verbrachte und nun in Wien das „Fest der Toten" organisiert, sagt:

„Eigentlich geht es beim Gedenken an die Toten vor allem darum, das Leben zu feiern. Oft hört man von Menschen, die nach einer schweren Krankheitsdiagnose viele Dinge in ihrem Leben ändern und all das tun, was sie schon immer tun wollten. Mit dem Totengedenken möchte ich auch darauf hinweisen, dass es nicht unbedingt eines markanten Einschnitts wie der Diagnose einer Krankheit bedarf, um zu einer solchen Lebenseinstellung zu gelangen. Einer der Gründe, den Dia de los Muertos zu feiern, ist, uns daran zu erinnern, dass wir heute damit anfangen sollten, unser Leben zu genießen." Das Wissen um Begrenzung ermöglicht uns bewussteres Leben.

In **Südafrika** haben die Menschen nach dem Tod von Nelson Mandela im Dezember 2013 viel geweint, aber es wurde auch viel gelacht, gesungen und getanzt. Die Bevölkerung betrauerte seinen Verlust, aber sie feierte und ehrte ebenso voller Fröhlichkeit sein Leben und Wirken.

Aus **New Orleans, Louisiana,** kommt die Jazz-Beerdigung, ein musikalischer Bestattungsritus. Während der Prozession spielen Musiker, um dem Verstorbenen ihre Wertschätzung zu zeigen. Eine typische Jazz-Beerdigung beginnt mit dem Marsch der Familie, den Freunden und einer Brass Band vom Haus des Verstorbenen, des Bestattungsinstitutes oder der Kirche zum Friedhof. Während der gesamten Prozession spielt die Band düstere Klagelieder und Hymnen. Der Ton der Zeremonie ändert sich, wenn der Tote beerdigt wurde und die Angehörigen sich zum letzten Mal von dem Verstorbenen verabschiedet haben. Danach wird die Musik fröhlicher. Oft wird als erstes eine Hymne oder ein spirituelles Stück in einer Swing-Version gespielt. Danach folgen bekannte rhythmische Melodien. Es gibt lärmende Musik und katharsische Tänze. Die Festgemeinschaft feiert das Leben des Verstorbenen. Ein Lied, das während des fröhlicheren

Teils gespielt wird, ist der New Second Line-Marsch, der während der Jazz-Beerdigung im James-Bond-Film „Leben und sterben lassen" zu hören war.

Ghana-Deutschland: Wenn zwei Kulturen aufeinandertreffen, wird es auch bei Beerdigungen interessant. Eine Frau aus Ghana wurde in Aachen beerdigt. Die Trauergemeinde feierte fröhlich mit Tanz und Gesang. Sie trugen singend und lachend den Sarg und warfen ihn achtmal hoch. Die Angehörigen erhielten eine Strafanzeige wegen Ruhestörung und wegen des Sarghochwerfens.

> „Es gibt keinen wissenschaftlichen Beweis dafür,
> dass das Leben ernst sein muss."
> Unbekannt

In **Deutschland** ist die Sterbe- und Beerdigungskultur im Wandel. Es gilt jedoch noch überwiegend als pietätlos, wenn dort, wo Trauer herrscht, gelacht wird. Schnell wird derjenige, der einen Schicksalsschlag erlitten hat, sei es Krankheit, Arbeitsverlust oder ein Todesfall, auch argwöhnisch beäugt, wenn er, statt sich in Ernsthaftigkeit und Trauer zu verstricken, beim Lachen erwischt wird. „Wie kann man denn da lachen? Nimmt der seine Situation nicht ernst?" Missgünstige bezeichnen ihn unter Umständen als „Hallodri" und er wird als oberflächlich abgestempelt. Dabei weiß es doch schon der Prediger Koholet aus dem Alten Testament: „Warum willst du so vernünftig und so gerecht sein? Willst du verrückt werden?"

Ich schätze immer mehr das Kaffeetrinken nach Beerdigungen. Die Trauernden haben Redebedarf. Es findet ein Austausch dessen statt, was jeder persönlich mit dem Verstorbenen erlebt hat. Offene Fragen wollen geklärt werden. Der Verstorbene ist durch das Erzählte anwesend. Im Verlauf des Zusammenseins ist meist deutlich eine Stimmungsveränderung zu spüren. Nach anfänglichem Schweigen, nach schwerer, bedrückter Stimmung, Stille, Schluchzen, Weinen, leisem Reden wird es langsam lauter und man hört nach und nach, erst verhalten, dann immer selbstverständlicher Glucksen und Lachen. Die Stimmung wird gelöster und die Erleichterung darüber ist zu spüren. Das Bedürfnis, die Schwere aufzulösen, ist deutlich und lebensnotwendig. Es beginnt die Außenorientierung. Die Trauernden tauchen aus ihrem nach innen versunkenen Zustand langsam wieder auf.

Der Übergang von den traurigen Erzählungen zu den schönen und lustigen Erinnerungen löst die Spannung im Zwerchfell, dem „Seelenmuskel", und der Atem kann wieder fließen. Damit verbinden wir uns mit dem Leben. Die Zwerchfellspannung formt die Beschaffenheit der Stimme, der Stimmung, der körperlichen und geistigen Verfassung und umgekehrt. Deshalb bezeichnen die alten Griechen das Zwerchfell als Sitz der Seele. Schreck und Trauer lassen unser Zwerchfell verkrampfen. Das Lachen lockert es wieder auf und nach dem Weinen folgt wieder Lachen.

Hinterbliebenen kann ein regelmäßig geöffnetes *Trauer-Café* helfen. Ein Ort mit netter Atmosphäre zum Reden, Weinen und Lachen. Eine Kontaktstelle für Menschen, die in ähnlicher Situation sind, unterstützt von einem Seelsorger oder Trauerbegleiter. Kein Alleinsein mit Trauer und offenen Fragen. Ein solches Angebot kann Menschen aus der Einsamkeit ihrer Trauer befreien und durch die professionelle Unterstützung und den Austausch mit Gleichgesinnten ohne Berührungsängste offene Fragen beantworten.

In meinem Umfeld erlebe ich, dass das Bedürfnis, es sich leichter zu machen in dem Sinn, der Schwere etwas die Schwere zu nehmen, Licht in die Dunkelheit zu bringen, seinen Platz fordert.

„Tränen reinigen. Sie sind Reinigungsmittel unserer Herzensfenster. Und wenn ich mit diesen Augen dann in die Welt schaue, höre ich wieder den Vogel, der für mich singt, und sehe das schöne Grün und kann sagen: So, jetzt haben wir geweint, und jetzt packen wir es wieder an", sagte Fritz Roth. Sein Lebensmotto war: „Der Tod gehört ins Leben. Wenn wir vom Tod reden, reden wir vom Leben." Auf seiner eigenen Beerdigung, von der er sich wünschte, dass aus der Trauerfeier eine Lebensfeier wird, sagte der Pfarrer über ihn: „Er fehlt uns – und trotzdem: Wenn ich sein Bild sehe, höre ich seine Stimme, wie er lacht." Trauerfeier – Lebensfeier – Die Anbindung an Leben.

Unsere Sterbe- und Beerdigungskultur verändert sich seit einigen Jahren. Manche Struktur hat sich aufgelöst und neue sind dabei, sich weiter zu entwickeln. Palliativstationen wurden in Krankenhäusern eingerichtet. Die Hospizbewegung hat wohltuende Möglichkeiten geschaffen, Sterbende außerhalb vom eigenen Zuhause oder dem Krankenhaus würdevoll und durchaus heiter zu begleiten. Hospize wollen das Sterben wieder in das Leben integrieren. Den Kranken und ihren Angehörigen soll ein Stück Normalität vermittelt werden. Es gibt Hospize für Erwachsene und Kinder-und Jugendhospize. Durch mobile Hospiz-Gruppen findet auch Unterstützung im eigenen Zuhause statt. Die Ausbildung zum Sterbebegleiter sorgt dafür, dass das Wissen um würdevolle Sterbebegleitung und liebevollen Abschied Einzug hält in Altenheime, in die mobile Pflege und andere Einrichtungen.

Fritz Roth hat mit seinem ersten privaten Friedhof, den „Gärten der Bestattung", Impulse gesetzt. Die Wünsche der Verstorbenen und besonders die der Hinterbliebenen sollen im Vordergrund stehen. Seine Familie lebt diesen Ansatz weiter und zeigt, was an Gestaltungsfreiheit möglich ist: die Lücken des Gesetzes nutzen und das unterstützen, was aus Liebe getan wird. Einzige unumstößliche Vorgabe ist: Jedes Grab soll den Namen des Toten tragen. In der dazugehörigen Trauerakademie und dem „Haus der menschlichen Begleitung" werden Seminare, Informationsveranstaltungen, Konzerte, Dichterlesungen, Kabarettabende und Vorträge angeboten. Für trauernde Kinder gibt es das Domino-Zentrum, die „Villa Trauerbunt", ein Holzhaus, in dem die Kinder mit kompetenter Begleitung ihre Verlusterfahrungen aufarbeiten können. Der Friedhof muss nicht länger nur ein Ort der Stille sein. Tod und Leben so miteinander verweben, dass man gut damit leben kann.

Es gibt immer mehr Bestatter, inzwischen auch Bestatterinnen, die neue Wege beschreiten. Ihre Räume sind nicht mehr düster und versteckt. Beim Vorbeigehen blickt der Passant zwischen Bäckerei und Schuhgeschäft plötzlich durch große unverdeckte Fenster auf ein buntes Sortiment von Särgen und kunstvollen Urnen. Die Innenräume sind hell und freundlich mit symbolhaftem Blumenschmuck. Der Besucher findet themenbezogene und durchaus heitere Literatur sowie ein Kästchen mit Witzen, die ein Lachen herauskitzeln. Springbrunnen, Bänke und Kunstobjekte im Außenbereich laden zum Verweilen ein. Dem Tod seinen Schrecken nehmen. Einen lebendigen, liebevollen Umgang „Rund um Tod, Trauer und Neubeginn" entwickeln. Wie können sich Tod und Leben die Hand reichen? All das sind Bausteine dafür.

Bestatter von heute sind Berater, Anbieter und Begleiter. Empfehlenswert ist es, sich schon vor einem Todesfall **beraten** zu lassen. Was gibt es für den Fall X zu bedenken? Diese Überlegung zeigt sich als besonders wichtig, wenn zusätzlich logistische Abläufe geklärt werden müssen. Unterschiedliche Lokalitäten wollen koordiniert werden. Der Sterbeort ist nicht unbedingt der Ort der Trauerfeier und der wiederum nicht zwingend der Ort der Bestattung. Das wirft etliche Fragen auf. Darf ich die Urne meiner Mutter selber transportieren? Wenn ja, wie? Jedes Bundesland hat andere Regelungen. Was ist erlaubt? Wie kann es trotzdem gehen? Die Urne angeschnallt auf dem Beifahrersitz? Im Rucksack als Handgepäck im Flugzeug von einem Kontinent zum anderen? Vieles ist möglich. Der Bestatter mit Weitblick weiß Bescheid. In entspannter Atmosphäre bei einem guten Kaffee lässt sich alles im Vorfeld klären.

Das **Angebot** der Bestatter besteht aus schön gestalteten Särgen und Urnen. Inzwischen gibt es eine Auswahl, die an Kunstwerke erinnert. Särge können bemalt oder Urnen selbst gestaltet werden. In den „Gärten" der Familie Roth befindet sich ein begehbarer verspiegelter Kubus: „Das Haus der Klage". Die Wände des gläsern überdachten Kubus enthalten mit Spiegeln verschlossene Nischen, in denen ein bis zwei Urnen Platz finden. Angehörige können der Urne ihres Verstorbenen hier einen Platz geben, bis sie wissen, wo das finale Grab sein wird. Das erlaubt mehr Zeit für einen Findungsprozess, und Menschen, die beruflich bedingt nur ein paar Jahre an einem Ort bleiben, können ihre verstorbenen Liebsten beim Umzug mitnehmen. Die „Urne to go". Der Innenraum des Kubus wurde mit einer besonderen Akustik versehen. Eine Einladung für die Lebenden, hier zu tönen und zu klagen und ihre eigene Stimme auf besondere Art und Weise zu erfahren.

Als **Begleiter** steht der Bestatter den Trauernden in allen Phasen zur Seite. Hinterbliebene, die das Angebot der Abschiedsräume nutzen, wissen, dass er auf Abruf in ihrer Nähe ist. Möchte jemand die Urne des Verstorbenen selber in die Erde hinunterlassen, steht ihm der Bestatter zur Seite und übernimmt die Aufgabe, falls der Trauernde sich damit überschätzt hat. Mit Erfahrung, Trost und Zuspruch findet Unterstützung statt.

Die Aufgabe der Bestatter hört nach der Beisetzung nicht auf. Raum zum Trauern und Raum zur Freude werden zur Verfügung gestellt. Für die Hinterbliebenen besteht eine Bandbreite von Angeboten, um ihnen aus der lähmenden Passivität der Trauer herauszuhelfen und bei der Neuorientierung Unterstützung zu geben. Seminare, Vorträge, Projekte, Trauer-Cafés, Kabarett, Konzerte und Ausstellungen sollen helfen, mit der Trauer einen Umgang zu finden und einen Neuanfang zu erleichtern. Die kreative Kraft des Trauerns und die Kraft der Heiterkeit können sich zu tragenden Elementen entwickeln. Beim Verlassen von eingefahrenen Bahnen tun sich neue Perspektiven auf.

Die Hemmschwelle, ein Beerdigungsinstitut oder eine Trauerakademie zu betreten, ist sehr hoch. All diese neuen Schritte möchten den Weg leichter machen. Auch die Kleidung der Bestatter ist nicht mehr zwingend schwarz. Vor allem bei den Vorgesprächen wird immer mehr auf die Trauerfarbe verzichtet.

Kleidung ausschließlich in Schwarz ist auch für die Trauernden bei Beerdigungen und im ersten Trauerjahr keine Pflicht mehr. Die schwarze

Armbinde ist dabei, sich zu verabschieden. Bunte Regenschirme, farbige Tücher oder rote Stoff-Rosen bilden heitere Punkte inmitten der dunklen Kleidung. Manche Verstorbenen wünschen es sich sogar gezielt, die Trauernden mögen in ihren üblichen Kleidern oder sogar extra bunt gekleidet erscheinen. Trauerpost braucht keinen Trauerrand mehr, sondern kann genauso gut himmelblau sein. Vom Verstorbenen ausgewählte Freunde tragen den Sarg zum Grab, begleitet von dessen Lieblingsmusik. Zum Abschluss der Zeremonie am Grab werden Luftballons mit guten Wünschen in den Himmel geschickt. Es werden Bilder-Shows des Verstorbenen gezeigt und Lachen ist nicht verpönt, sondern ein willkommener Gast.

Auf dem letzten Weg noch einmal Verbindung schaffen zwischen dem, der gegangen ist, und denen, die bleiben. Die Trauerrede kann von einem Trauerredner oder einem Angehörigen und nicht mehr zwingend von einem Pfarrer gehalten werden. Lieder orientieren sich nicht mehr ausschließlich am kirchlichen Gesangbuch, sondern können aus den verschiedensten Kulturen und Stilrichtungen ausgewählt werden. Eine Freundin erzählte mir von der Beerdigung ihres Vaters, der Schifferklaviermusik liebte. Ein Freund spielte deshalb auf dem Weg von der Friedhofskapelle bis zum Grab auf seinem Schifferklavier: „Rolling Home, Rolling home, rolling home, across the sea".

In unserer Kultur ist es üblich, den Sarg und immer häufiger die Urne zur Bestattung zu nutzen. Sargpflicht besteht jedoch nicht mehr. Viele können sich schwer entscheiden, was für sie das Richtige ist. Die deutsche Illustratorin und Zeichnerin Petra Raffelsiefer hat das in einer Zeichnung aufgegriffen. Ein offener Sarg, darin ein Aschehäufchen, mit den Worten: „Er konnte sich noch nie zwischen irgendwas entscheiden."

Eine Frau besuchte eine neue Freundin. Im Wohnzimmer fällt ihr eine große, schön geformte und bemalte Vase auf, die mitten auf dem Tisch steht. Sie lobt sie überschwänglich.
Die Freundin winkt ab: „Da ist die Asche meines Mannes drin."
Die Besucherin ist erschrocken: „Oh, das wusste ich nicht. Das tut mir sehr leid, ich wollte nicht pietätlos sein."
Darauf die Freundin: „Macht doch nichts. Er ist halt immer zu faul, sich einen Aschenbecher zu holen."

Nicht in jeder Kultur gibt es Särge oder Urnen. Manche Kulturen wickeln ihre Toten in Tücher, bevor sie sie der Erde übergeben. Andere verbrennen die Verstorbenen auf einem Holzfeuer und streuen die Asche in heilige Gewässer. Auch die „Himmelsbestattung" ist bekannt: Das bedeutet, dass der Tote auf einen Berg gebracht wird und dort den Vögeln zum Fraße überlassen wird. So geht der Verstorbene in den ewigen Kreislauf des Lebens und Sterbens über.

Drei Bestattungsunternehmer klagen bei einem Treffen über die schlechte Lage. Das Wetter ist zu gut, die Menschen sind zu gesund.
„Ich hatte im letzten Monat nur sieben Erd-, drei Feuer- und eine Seebestattung", sagt der erste.
„Bei mir war es kaum besser", sagt der zweite. „Acht Erd-, drei Feuer-und zwei Seebestattungen."
„Bei mir war es gar nicht so schlimm", meldet sich der dritte. „Ich hatte auch nur sieben Erd- und zwei Feuer- und eine Seebestattung, aber dann sechs Kompostierungen."
„Kompostierungen?", fragen die beiden anderen erstaunt?
„Nun, die Grünen kommen jetzt auch in die Jahre."

Noch vor wenigen Generationen haben sich die Bauern aus einer gefällten Eiche ihren Sarg selbst gebaut. Der wartete dann, ohne Berührungsangst, auf dem eigenen Dachboden oder in ihrer Scheune auf sie. Das war

Andere Sitten und Neue Wege

so üblich und hatte keinen unheimlichen Beigeschmack, so, wie der Tote in der Diele des Hofes aufgebahrt wurde, damit sich alle von ihm verabschieden konnten. Eine Freundin erzählte mir, dass sie sich noch an den Großvater erinnerte, als dieser aufgebahrt in der Diele lag. Alle Kinder spielten um ihn herum. Sie warfen sich den Ball zu und es war für alle in Ordnung. So durfte sie ein ganz unbefangenes Verhalten in der Begegnung mit Toten entwickeln. Eine andere Frau berichtete mir heiter von einer Mutprobe, die sie als Kind zusammen mit anderen Kindern gemacht hatte. Ihr Großvater war in der Diele aufgebahrt und sie und die anderen Kinder liefen zu dem Opa, um ihn kurz unter dem Tuch zu berühren: ein kleines unbedarftes Mut-Spiel.

Vor Jahren habe ich den Film „Niemand liebt mich" von der deutschen Schriftstellerin und Filmproduzentin Doris Dörrie gesehen. Fanny, die Hauptdarstellerin, besuchte ein Seminar, welches mit dem Bauen des eigenen Sarges abgeschlossen wurde. Die junge Frau hatte sich ein schönes Modell gebaut und dann auf ihr Auto („Ente") geschnallt, um das „Möbelstück" nach Hause zu transportieren. Das sah so amüsant aus, dass es mich heute noch lächeln lässt, wenn ich daran denke. Sie wollte probeliegen und schauen, ob alles passt. Sie hatte „die Kiste" mit dekorativem Stoff ausgeschmückt und zeigte einen so beeindruckend selbstverständlichen Umgang mit dem sonst angstbesetzten „Erdbestattungs-Möbel", das sich dieser Filmausschnitt bis heute in meiner Erinnerung gehalten hat.

Die Idee, den eigenen Sarg selber zu kreieren, hat auch der Recycling-Designer Oliver Schübbe. Er hat das Möbelstück „Schrank für ein ganzes Leben" entwickelt. Aus Frühstücksbrettchen wird ein kastenförmiger Schrank gebaut, der liegend auch als Sarg benutzt werden kann. Er entspricht den Normen der Krematorien.

Günter Kusch, Pfarrer und Leiter der evangelischen Männerarbeit in Dinkelsbühl, bietet die Idee, den eigenen Sarg selbst zu bauen, innerhalb eines Sonderseminars an. Unter dem Motto „ewigleben" wird Schulter an Schulter miteinander gearbeitet und dabei fällt das Reden leichter. „In der Kirche wird nach kreativen Trauerformen gesucht", sagt der Pfarrer. Dieses Seminar sei „Trauern mit den Händen" und Denken an Neuanfänge und Zukunftsvorsätze.

In Ghana werden besonders figürliche Särge benutzt, die mit dem Beruf des Verstorbenen zu tun haben. Dieser spielerische Umgang mit einem Möbelstück, welches eher nicht gerne betrachtet wird, gibt der traurigen Situation eine heitere Note. So wird ein Fischer beispielsweise in einem Sarg in der Form eines Fisches oder ein Tomatenbauer in einer Tomate bestattet. Es gibt Sargkünstler, die auch außerhalb Ghanas bekannt sind.

In Afrika werden auf dem Autodach Särge transportiert. Verstirbt jemand fern von seinem Geburtsort, wird er von seinen Angehörigen oder Freunden im Sarg auf das Autodach gepackt und „nach Hause" gefahren.

In Vietnam ist es nicht ungewöhnlich, schon beizeiten älteren Familienmitgliedern einen Sarg zu schenken. Die Vorbereitung auf die eigene Beerdigung gehört selbstverständlich zum Leben, und da Beerdigungen teuer sind, ist es ein kostbares Geschenk. Eine wunderbare Lebensgeste, denn der Beschenkte muss weniger sparen und hat mehr Genuss zu Lebzeiten.

Fritz Roth bezeichnet den Sarg als Schatzkiste. Ein Mensch ist sehr wertvoll, eben ein Schatz. Und wird er geliebt, dann ist der Mensch für viele ein Schatz, von dem es sich zu verabschieden gilt. Diese Vorstellung hat für mich etwas Versöhnliches.

Ulli Olvedi, deutsche Roman- und Sachbuchautorin, beschreibt in ihrem Buch „Über den Rand der Welt" den Sarg als Boot. Nora, die Hauptperson der Geschichte, bestellt sich ein paar Wochen vor ihrem Tod einen Holzsarg und lässt ihn in ihr Zimmer stellen. „Der Sarg ist mein Boot", sagt sie, „mit dem ich bald auf Reisen gehen werde." Dann lädt sie ihre „Sterbefamilie" zur Boots-Party ein. Ihre „Sterbefamilie", das sind ihre Freunde und Verwandten. Gemeinsam gestalten sie das Boot mit Symbolen, es wird mit viel Farbe angemalt, mit Samt ausgeschlagen und ein gemütliches Ruhekissen findet auch seinen Platz. Dabei herrscht eine fröhliche, gelöste Stimmung. Nora liegt in ihrem Bett und kann zusehen, wie ihr Boot schön gemacht wird. Für sie ist das ein beruhigendes Gefühl.

Särge dürfen mittlerweile von Angehörigen oder der Trauergemeinde angemalt werden. Diese Aktion findet entweder im kleinen privaten Familienrahmen oder während der Trauer-Lebens-Feier statt. Nach dem Tod meiner Freundin Gudrun konnte ich das erleben. Immer wieder haben einige Menschen gleichzeitig gemalt und geschrieben, ganz ruhig und konzentriert. Auf diese Art und Weise waren alle nochmal ganz nah bei der Verstorbenen. Räumlich nah – wann wäre man sonst in Gemeinschaft so lange am Sarg gewesen? Innerlich nah – da man sich mit der Toten nochmal direkt auseinandergesetzt hat und etwas auf ihren Sarg schrieb oder malte. Später spazierten wir mit Kaffeetassen in der Hand um den Sarg herum. Wie im Museum betrachteten wir das Kunstwerk, um zu schauen, was darauf geschrieben und gemalt war. „Bunter Vogel entflogen" und vieles mehr. Wir kamen darüber ins Plaudern, Kichern und schließlich auch ins Lachen. Umwoben von Lebensgeschichten, das gab Halt und fühlte sich lebendig an. Welch gelöste Stimmung und meine Freundin nochmal mitten drin.

Es können Zeichen gesetzt werden, über den Tod hinaus. Trauernde malten Cartoons, Zeichnungen, Slogans auf den Sarg von Bernard Verlhac, französischer Cartoonist und Pressezeichner, der unter dem Pseudonym Tignous für das französische Satire-Magazin „Charlie Hebdo" zeichnete. Er war einer der vier Karikaturisten, die bei dem Terror-Anschlag am 07.Januar 2015 in Paris getötet wurden. Kunst und Meinungsfreiheit lebten auf dem Sarg weiter.

Todesanzeigen sind auch Dokumente des Wandels. Mittlerweile kann man Varianten entdecken, wie

Beispiel 1: *Geboren am ... und gelebt bis zum ....*

Beispiel 2: *Geboren am...und ist sie uns am ... vorausgegangen.*
Die Freude vieler Menschen möge ihre Seele begleiten. Darum ersuchen wir die Hinterbliebenen, auch Dich/Euch, negative Gedanken loszulassen und Wilmas Seele (Name ausgedacht) positive Begleitgedanken zu schenken.
„Das Leben ist wie eine Pusteblume, wenn die Zeit gekommen ist, muss jeder alleine fliegen."
Wir laden zur festlichen Verabschiedung. Auf besonderen Wunsch: bitte bunte fröhliche Alltagskleidung oder Tracht und helle Stimmung mitbringen.
„Oh Mensch, lerne tanzen, sonst wissen die Engel im Himmel mit dir nichts anzufangen!" (Heiliger Augustinus)

Bitte von Blumen und Kranzspenden abzusehen.
Gebt Blumen den Lebenden – mache jemanden in Deiner Umgebung eine Freude, der vielleicht noch nie etwas mit Liebe und Freude bekommen hat.
In ein paar Wochen feiern wir ein „Schmetterlingsfest für Wilma":
Beteiligung an der Programmgestaltung ist willkommen.

Beispiel 3: *Ich bin umgezogen! Neue Adresse: Friedhofstraße 51, 28213 Bremen. Über Besuch freue ich mich.*

Beispiel 4: *Kurt Schlichte aus Steinhagen hat in seiner Todesanzeige stehen: „Der Herr hat einen Steinhäger zu sich genommen."*

Neue Wege und Worte gilt es zu finden für unsere Sprachlosigkeit. Trauer-Post nenne ich lieber Trauer-Trost-Post, denn sie hat nicht die Absicht, die Trauer zu verstärken, sondern uns zu trösten und uns mit dem Leben zu verbinden. Getrost Karten wählen mit bunten Blumen oder Motiven statt Karten mit grau-schwarz-weißen Trauerbalken, um den Hinterbliebenen Wärme zu schenken.

Fantasievoll wird mit der Umschreibung von Sterben und Tod umgegangen. So kennen wir die Ausdrücke „ins Gras beißen", „die Radieschen von unten betrachten", „den Löffel abgeben". Ebenso bildhaft gestaltete sich das Vokabular der Bestatter, zum Teil mit einem Hauch von schwarzem Humor, der sich bei den folgenden Beschreibungen zeigt: Leichenwagen sind Erdmöbel-Transporter und ihre Fahrer Schwarzfahrer. Der Leichenwagen könnte die Aufschrift haben: „Bitte Ruhe! – Liegewagen". Der Kölner Bestattungsunternehmer Christoph Kuckelkorn, berichtet von „einem coolen Sarg", den er auf einer Messe in Holland gesehen habe, „der mehr oder weniger eine einfache Holzkiste war, wie so eine Frachtkiste gestaltet mit Aufklebern, wo oben ist, und so weiter. Und da stand ganz fett drauf: **return to sender**". Auf meinen Wegen über den Friedhof, auf der Suche nach dem richtigen letzten Platz für meine Mutter, kam mir der Gedanke: „Eine Beerdigung ist tiefer gelegtes Wohnen in der letzten Eigentumswohnung."

Ich finde es sehr wohltuend, dass neue Wege in der Trauerkultur beschritten werden. Sogar heitere, schwarzhumorige Filme gibt es zu diesem Thema, wie die deutsche Filmkomödie von Marcus H. Rosenmüller „Wer früher stirbt, ist länger tot" und die britischen Filmkomödien „Grabgeflüster" von Nick Hurran und „Sterben für Anfänger" von Frank Oz. Zum 100-jährigen Geburtstag von dem Sennefriedhof Bielefeld wurde „Grabgeflüster" direkt auf dem Friedhof, zu später Stunde im Open-Air-Kino, ausgestrahlt.

Bei mir selbst spüre ich aber auch, wie durchaus noch alte Bremsen wirken. Meine Freundin Doris mochte die rosa und weißen Mäuse von Haribo so gerne. Auf Grund ihrer Krebserkrankung vertrug sie kurz vor ihrem Tod nur noch die weißen Mäuse. Als ich sie das letzte Mal besuchte, drängte sie darauf, dass ich meiner Tochter die rosa Mäuse mitnehme. Als ich dann zur Beerdigung fuhr, sagte meine Tochter: „Wirf ihr doch weiße Mäuse ins Grab!" Ich traute mich nicht. Beim Beerdigungskaffee erzählte ich die Geschichte der Tochter meiner Freundin und sie sagte: „Schade. Das hätte Mama gut gefallen!" Da habe ich mein Zögern bedauert. Bei unserem ersten Besuch am Grab legten wir ihr weiße Mäuse zwischen die Blumen. Das war schon ein seltsames Gefühl, eine Mischung aus Freude und etwas Unwohlsein, da es für den einen oder anderen vielleicht etwas Anstößiges ist.

Als wir vom Geburtstag meiner Mutter direkt zum Grab meiner Freundin fuhren, hatten wir Kuchen im Auto. Meine Tochter sagte: „Komm, wir nehmen Doris ein Stück Kuchen mit." Wieder schluckte ich. Dann kamen mir die Bilder von Mexiko in den Sinn, die ich gerne als lebendiges Beispiel erzähle. Gesang, Tanz und gemeinsames Essen auf dem Friedhof. Also – warum nicht? Wir nahmen ein Stück Kuchen, stapften durch den Schnee und legten das Kuchenstück auf das Grab. Der gesamte Friedhof war noch mit einer unberührten Schneedecke bedeckt. Wir sahen auf dem Grab zwei schiefe Flächen, die zueinander zeigen und wir wussten, dass das zwei Steinherzen sind. Meine Tochter malte auf die eine Fläche einen Smiley. Ich stutzte. Ein Smiley auf dem Friedhof? Dann lächelte ich, malte auf die andere Fläche noch einen und meine Tochter meinte: „Das seid ihr beide." „Ja", sagte ich, „und wir lachen uns an." Das war schon ein ungewohntes Bild: nur unsere Schneespuren, der Kuchen auf dem Grab, die beiden Smileys. Aber es fühlte sich gut an, lebendig und im Kontakt.

Klinikclowns

Clowns in Kliniken? Späße und Gelächter, wo der Ernst des Lebens regiert? Poesie und Klamauk im Reich von Angst, Tod und Schmerz? Fantasievolle Gestalten mit wunderlichen Manieren inmitten von hochseriösen Würdenträgern im gestärkten weißen Kittel? Im Reich der Hierarchie, wo mir bei einem Praktikum eine Krankenschwester verbieten wollte, über den Flur zu gehen, da dort gerade der Chefarzt mit dem Stationsarzt stand. Und nun Töne von ungewöhnlichen Musikinstrumenten und Gekicher, wo man kaum zu flüstern wagt. Ja – genau das. Denn in der sterilen Umgebung des Krankenhauses, in unsicherer Situation, was mit einem geschieht, fern von Freunden und Verwandten sind ein freundliches Wort, Zuwendung und Aufheiterung von großem Wert.

> „Ein Clown wirkt wie Aspirin, nur schneller!"
> Groucho Marx

Die Klinikclowns können die Kinder nicht heilen, aber sie zaubern den Kindern ein Lächeln ins Gesicht und in ihre Herzen. Sie bringen den Kindern die wohltuende Medizin der Freude und des Humors. Dadurch wird die wunderbare Chemie des Körpers aktiviert, die das Wohlbefinden steigert. Krank sein, auch todkrank sein, muss nicht zwingend mit ständiger Trauer verbunden sein. Das Clowneske aktiviert die kindliche Fantasie, die sich durch Krankheit und Angst vielleicht verkrochen hat. Das Kind bekommt sie wieder, als hilfreiche Möglichkeit, sich abzulenken, in anderen Welten zu leben und neue Wege zu finden.

> Zwei Kannibalen essen einen Clown.
> Sagt der eine zum anderen:
> „Schmeckt irgendwie komisch."

Hunter Doherty „Patch" Adams, 1945 in Washington D.C. geboren, ist Arzt, Philosoph, Visionär, Komiker und Clown. Er gilt als geistiger Vater der Humormedizin und der Klinikclowns. Seit der Verfilmung seiner Geschichte 1998, mit dem US-amerikanischen Schauspieler und Komiker Robin Williams in der Hauptrolle, ist er weltbekannt geworden. Schon seit den siebziger Jahren verfolgt er die Idee eines Krankenhauses, in dem die Schulmedizin mit alternativen Heilmethoden verbunden wird und Lebensfreude, Kreativität und ein freundschaftliches Miteinander von Patienten und Ärzten die Hauptrolle spielen. Er sagt: *„Spaß ist so wichtig wie die Liebe. Die Menschen sehnen sich nach dem Lachen, als ob es eine essentielle Aminosäure wäre."*

Er weiß aus eigener Erfahrung, wie wichtig Humor und Freude als Lebenselixier ist. Er hatte als Jugendlicher einige Klinikaufenthalte und wollte nicht mehr leben. Mit 18 traf er zwei wichtige Entscheidungen: „Die eine war, der Menschheit und der Medizin zu dienen, und Nummer zwei, nie wieder einen schlechten Tag zu haben." Nach seiner Krankheit experimentierte er damit, mit Menschen in Kontakt zu kommen, und zwar an den unterschiedlichsten Plätzen, zum Beispiel in einem Fahrstuhl. Er wollte herausfinden, wie viele Stockwerke nötig waren, damit die Leute sich gegenseitig vorstellten, lachten und Lieder sangen.

Weiterhin ermunterte er chronisch kranke Menschen zu einem positiveren Umgang mit ihrer Krankheit. Er entwickelte sich zum Clown und setzt sich für humanitäre Clown-Aktionen ein, wie Besuche in Krankenhäusern, insbesondere auf Krebsstationen, in Altenheimen und in Hospizen. Auf die Frage, wie man denn bei einer freundschaftlichen statt hierarchischen Beziehung zwischen Arzt und Patient noch erkennen könne, wer wer sei, antwortet Patch Adams: „Der Arzt ist derjenige, der sagt: Machen Sie bitte den Oberkörper frei!"

Die humanitären Clown-Aktionen beinhalten auch Besuche in Gefängnissen, Flüchtlingslagern, AIDS-Waisenhäusern und Kriegsgebieten, um Essen, Medizin und Hoffnung zu bringen. Die engagierten Clowns möchten den Menschen, die körperliche wie seelische Verletzungen erlebt haben, Fröhlichkeit schenken und ihnen damit Seelenheilung bringen. Es ist sehr berührend zu sehen, wie sich die betroffenen Menschen durch die Musik,

Clownerie und herzliche Atmosphäre beruhigen und sich in ihre verängstigten Gesichter ein Lächeln schleicht.

Auch Clowns aus Deutschland von der Organisation *„Clowns ohne Grenzen"* besuchen Menschen in Flüchtlingslagern in Krisengebieten, um sie von ihrem alltäglichen Leid abzulenken. Die Profis mit der roten Nase möchten die Gemüter insbesondere traumatisierter Kinder erheitern und ihnen ein Lächeln in das Gesicht und ein Lachen in ihre Herzen zaubern. In all dem Grauen dürfen die Kinder etwas Positives erleben, an das sie sich später erinnern können.

Michael Christensen, US-amerikanischer Clown und Mitbegründer des New Yorker Stadtzirkus „Big Apple Circus", brachte die Geschichte der Klinikclowns richtig ins Rollen. 1985 wurde er von einem Kinderkrankenhaus eingeladen, bei einem Fest als Clown aufzutreten. Dieser Einladung kam er nach und erschien gemeinsam mit anderen Clowns mit weißem Kittel und roter Clowns-Nase. Diese Vorstellung erzielte sowohl bei den kranken Kindern als auch beim Personal einen umwerfenden Erfolg. Michael Christensen beschloss, auch unter dem Eindruck des frühen Todes seines Bruders, der an Krebs erkrankt war, kranke Kinder regelmäßig auf ihren Stationen als Clown-Doktor zu besuchen. Das Projekt war rasch überall in USA bekannt und die Nachfrage von anderen Krankenhäusern groß. Nun wurde eine Extra-Abteilung des „Big Apple Circus" gegründet, die Clown Care Unit. Mit diesem Projekt konnte das „Clown doctoring" professionell organisiert werden.

Anfang der 90er Jahre schwappte die Idee der Klinikclowns auf den europäischen Kontinent über. 1994 gründet die New Yorkerin Laura Fernandez, ehemalige Mitarbeiterin der „Clown Care Unit", die „Clown Doktoren" in Wiesbaden, Deutschland. Seitdem verbreiten sich die Klinikclowns auf der ganzen Welt und ihr Wirkungsbereich geht mittlerweile über die Krankenhäuser hinaus. Die Lachvisiten der Buntkittel finden inzwischen auch in Altenheimen und in Hospizen statt.

In Deutschland wird durch Dr. Eckart von Hirschhausen die Arbeit der Klinikclowns immer populärer und findet durch seine Stiftung „Humor Hilft Heilen" intensive Unterstützung. Zusammen mit dem Evangelischem Johanneswerk, Träger von Krankenhäusern, Behinderteneinrichtungen und Altenpflege wurde 2014 in Bielefeld das Leuchtturmprojekt „Humor im Klinikbetrieb" durchgeführt. Ein weiteres Projekt soll folgen. Drei

Monate lang wurden in der von Bodelschwingh'schen Stiftung Bethel im Bereich Kinderklinik, Kinderhospiz und Epilepsiezentrum Mara rund 500 Mitarbeiter durch Klinikclowns geschult. Das Pflegepersonal, die Ärzteschaft sowie Küchenangestellte und die Reinigungskräfte wurden mit der Arbeit der Klinikclowns vertraut gemacht. *„Der große Schlüssel für langfristige Veränderung besteht in dem Miteinander"*, sagt Michael Christensen. Die Klinikclowns sind Besucher – das Personal bleibt. Deshalb geht es dem Projekt darum, ein Netz von Menschen zu schaffen, die sich achtsam und humorvoll begegnen und denen menschliche Zuwendung wichtig ist. Der Blick wird geschärft für Beziehungsarbeit mit grundoptimistischer Sicht auf das Leben und, wie das auch in schweren Stunden möglich ist. Dr. Eckart von Hirschhausen empfiehlt im hektischen Klinikalltag „Mentales Zähneputzen". Damit meint er: Zwischendurch mal stoppen, sich fragen: „Wie geht es mir gerade? Bin ich offen, um mich auf den nächsten Menschen, die nächste Situation einzustellen? Bin ich klar in meiner Wahrnehmung? Tief durchatmen und dann erst weiter im Geschehen." Ein weiteres Leuchtturmprojekt fand in Bielefelder Altenheimen statt.

> „Es ist höchste Zeit, heilsame Faktoren wie Stimmung und Seelenhygiene im Krankenhaus genauso ernst zu nehmen wie die Desinfektion".
> Dr. Eckart von Hirschhausen

Die Tamala Clown Akademie in Konstanz am Bodensee, älteste Schule für Clown und Comedy in Deutschland, drehte 2013 den Dokumentarfilm *„Du wirst nicht der Gleiche sein"*. Klinikclowns werden hier Gesundheitsclowns genannt, da ihr Einsatzgebiet inzwischen über die Kliniken hinausgeht und, um den Gesundheitsaspekt noch mehr in den Vordergrund zu stellen. Eindrückliche und poetische Bilder zeigen, was die Freude und die Qualität gut ausgebildeter Clowns alles bewerkstelligen kann und was sie lernen müssen, um dieser Arbeit gerecht zu werden. Ihre herausfordernde Aufgabe, zwei Welten zu verbinden, die Welt der Krankheit, des Alters und des Sterbens und die Welt der Freude, will bewältigt werden. Um diesen Brückenschlag zu erreichen, erlernen sie eine authentische Spielweise, wie sie ihre kindlichen Ressourcen aktivieren, und schulen ihr Jetzt-Bewusstsein. Die Ausbildung vermittelt, wie man Humor gezielt gegen Angst, Trauer und Einsamkeit einsetzen kann.

Die Arbeit der Clowns bezieht sich hauptsächlich auf kleine Patienten und alte Menschen. Klinkikclowns „für Große" – das ist ein Bereich, von dem ich mir wünsche, dass er noch mehr erschlossen wird. Ich fände es wunderbar, wenn alle Krankenstationen in den Genuss der Erheiterung kommen würden. Während meiner Schwangerschaft, als ich die letzten vier Wochen im Krankenhaus liegen musste, nicht aufstehen durfte und die Sorgen um mein Kind mich umtrieben, bekam ich nach drei Wochen einen Krankenhauskoller. Die Stationsschwester sagte mitfühlend: „Die meisten bekommen diesen Koller schon viel früher als sie." Na super. Wenn das bekannt ist, wie wäre es dann mit einer professionelle Aufheiterung? Die hätte sich sicherlich auch zusätzlich positiv auf die Herztöne meines Kindes ausgewirkt. Davon bin ich fest überzeugt.

Abgesehen von dem professionellen Einsatz möchte ich Sie ermuntern, selbst in Ihrem privaten Umfeld Klinikclown zu sein. Die rote Nase aufsetzen und in spielerischer Haltung einander begegnen. Für mich war es immer wieder eine schöne Erfahrung, zusammen zu lachen, trotz der Schwere der Situation. Es brachte Freude und Leichtigkeit. Lachen als Aufstehhilfe. Wie hilfreich und wohltuend!

„So ist das Leben", sagte der Clown
und malte sich mit Tränen in den Augen,
ein strahlendes Lächeln ins Gesicht.

Lachcreme

Wirkung	hilft beim Stimmungswandel sensibilisiert die Wahrnehmung für die Höhe der Mundwinkel aktiviert den Muskel der Freude erinnert bei jeglicher Art von Creme an Lachcreme
Ausführung	Sie haben eine kleine Dose mit einer ganz besonderen Creme: Lachcreme. Mit dieser Creme können Sie sich Ihre Mundwinkel ganz sachte nach oben cremen. Beim Anwenden der Tagescreme, Nachtcreme oder Sonnencreme sowie beim Rasierschaum und dem After Shave können sie sich an die Lachcreme erinnern und die Mundwinkel schön nach oben streichen.
Variante	die rote Nase dazu aufsetzen

Clowns-Nase

„Die Clowns-Nase funktioniert wie ein emotionaler Airbag", sagt Dr. Eckart von Hirschhausen. Die rote Nase als Puffer, um äußere Ärgernisse auf dem Weg zu unserem Herzen oder Richtung Magengrube zu bremsen. Zieht man die Clowns-Nase auf, besteht sofort eine andere Identität und man beginnt zu spielen. Der rote Punkt im Gesicht ist die kleinste Verkleidung, die es gibt. Mit ihr spricht jeder anders, bewegt sich anders, meist kindlicher, schaut mit großen, klimpernden Augen. Der Wandel in eine andere Rolle ist direkt vollzogen. Ich habe zwei rote Nasen im Auto (eine für den Beifahrer), eine am Arbeitsplatz, zu Hause habe ich eine ganze Sammlung unterschiedlichster Nasen und eine in der Handtasche. Mit roter Nase kann man jederzeit in den unterschiedlichsten Situationen die Stimmung auflockern.

Zum Beispiel kann man im Stau ungeduldigen Autofahrern rotnasig ein Lächeln entlocken oder an der roten Ampel sich selbst und den anderen Wartenden die Zeit vertreiben. Noch ein bisschen Dschibberisch plaudern und angespannte Situationen verlieren ihre Schärfe. Ein besonderes Erlebnis mit der roten Nase während einer Autofahrt hatte ich, als meine Tochter und ich auf Grund eines Unfalls von der Autobahn geleitet wurden. Stress bahnte sich an, denn wir waren auf dem Weg zu Oma, die Geburtstag hatte und deren Gäste schon auf uns warteten. Sich ärgern hätte uns in der Situation aber nicht weitergebracht und, wie Dr. Eckart von Hirschhausen sagt: *„Ärger, den man nicht gehabt hat, hat man nicht gehabt!"* und *„Ich könnte mich aufregen. Ich bin aber nicht dazu verpflichtet!"*

Ärger nutzt schließlich niemandem und schadet einem selbst. Ich zog mir spontan die rote Nase auf, um mich selbst bei Laune zu halten, und meine Tochter folgte meinem Beispiel. Dann wurde es richtig lustig bei unserer Fahrt über Land. Leute, die vorbeigingen, winkten uns lachend zu. Es war Rosenmontag und die Passanten dachten wohl, wir hätten uns deshalb verkleidet.

Das *„Lach-Mantra"* wirkt ähnlich wie die Clowns-Nase. Es wandelt Ärger und Angespanntheit in Heiterkeit und Leichtigkeit. Verbindung mit stärkender, heiterer Energie findet statt.

Lachmantra

Beispiel	Wenn ich am Morgen in Eile die Milch verschütte, hilft mir kein Ärgern und Schimpfen. Die Milch muss aufgewischt werden. So kann ich es auch heiter tun, denn ob mit oder ohne Ärger, die Situation ist, wie sie ist.
Lachmantra	„Haha-haha-haaaaaaaaa."
Ausführung	die verschüttete Milch wegwischen, zunächst unwillig und mit Wut sagen: „Haha-haha-haaaaa" immer mehr kichernd und lachend das „Haha-haha-haaaaa" begleiten, bis sich die Stimmung verändert
Anmerkung	Wann immer Sie sich an die vermasselte Situation erinnern, werden Sie sich heiter erinnern.
Variante	die rote Nase aufsetzen

Bei Krankenhausbesuchen mit roter Nase mache ich immer wieder die erfreuliche Erfahrung, dass damit Patienten wie Mitarbeitern oder Besuchern ein Lächeln ins Gesicht gezaubert wird. Wunderbar. So schnell kann man Freude verbreiten und sich selbst in hilfreiche Fröhlichkeit einschwingen.

Als meine Mutter nach einer Operation im Krankenhaus lag, war die rote Nase eine Hilfe für meine Tochter. Wir wussten, dass es meiner Mutter nicht gut ging. Meine Tochter hatte Angst, ihre Oma so zu sehen, wollte sie aber besuchen. Ich nahm spontan zwei rote Nasen mit. Das Aufziehen der Clowns-Nase gab ihr Distanz und damit wiederum die Möglichkeit der Annäherung. Das Verkleiden half ihr, mit der neuen Situation umzugehen und Kontakt mit der Oma aufzunehmen, die schlafend aussah wie eine Tote. Mit der roten Nase auf der eigenen Nase konnte sie ihre Berührungsängste überwinden. Sie beugte sich zu ihrer Oma, berührte lächelnd mit ihrer Clowns-Nase die Nase ihrer Oma und konnte so unbefangen mit ihr reden. Die aufgesetzte Nase baute eine Brücke zwischen Kind und Oma.

Mit dieser guten Erfahrung nahm meine Tochter die Nase später selbst mit in das Altenzentrum, wo ihre Großmutter lebte. Die Clowns-Nase gab ihr die Möglichkeit, mit der dementen Oma und den anderen Bewohnern in Kontakt zu kommen. Sie zog die Nase auf, lachte den alten Menschen zu und sagte glücklich lachend zu mir: „Mama, wir sind die Altenheim-Clowns."

Vor ein paar Jahren meldete ich mich bei einem Arzt zu einer Untersuchung an. Vor der Untersuchung und deren Ergebnis hatte ich Angst, aber mit dem Doktor war es recht heiter. Er gab mir einen Termin an Weiberfastnacht und sagte grinsend: „Sie können froh sein, dass ich Sie an dem Tag behandle!" Ich stutzte. Daraufhin erklärte er mir, dass er aus dem Rheinland komme und dort habe man an dem Tag frei. Ich griff den Spielball auf und sagte: „Gut, dann bringe ich meine Clowns-Nase mit!" Gesagt, getan. Bei der Besprechung nach der Untersuchung setzte ich meine Clowns-Nase auf. Der Doktor grinste, stand auf, holte eine drollige Nase aus seinem Regal und setzte sie sich auf. Wir lachten beide herzhaft, die Anspannung fiel von mir ab und ich konnte erleichtert nach Hause gehen.

„Das Leben ist kurz, man muss sich einander einen Spaß zu machen suchen."
Johann Wolfgang von Goethe

Der innere Clown

Der Clown im Zirkus oder der Klinikclown sind sofort an ihrer Verkleidung zu erkennen. Der innere Clown dagegen schlummert unsichtbar in jedem von uns. Er möchte die Welt heiter und verspielt betrachten. Bei vielen Menschen hat sich dieser Anteil leider aufgrund von Erziehung und negativen Lebenserfahrungen in die hinterste Ecke der Seele zurückgezogen. Das ist schade, denn damit geht Lebendigkeit verloren. Alle Clowns haben Spaß am Scheitern und können herzhaft über sich selbst lachen. Es gibt kein Falsch für sie. Aufgestellte Regeln werden auf den Kopf gestellt. Das wirkt entlastend und befreiend.

Den inneren Clown wachzukitzeln und ihn aus seinem Versteck hervorzulocken, ist daher eine belebende Maßnahme. Lachyoga, Humor und clownesker Schalk können dabei helfen. Der innere Clown agiert ohne Maske und ohne Kostüm. Er geht spielerisch neue Wege und verleiht jedem alltäglichen Handeln Heiterkeit und Leichtigkeit.

Der innere Clown ist der Motor des Klinikclowns und lässt uns beim Lachyoga lachen. Im Alltag ist er es, der uns den Witz in mancher Situation erkennen lässt und spielerisch heitere Begegnung möglich macht. Durch seine Augen ist ein anderer Blickwinkel möglich und der Spielraum, eingefahrene Wege anders zu gestalten, erweitert sich.

„Nur wer erwachsen wird und Kind bleibt, ist ein Mensch."
Erich Kästner

Atmung und Lachen

„Lachen ist Tanzen der Atmung."
aus Indien

Der Atem ist das Unmittelbarste, was wir haben. Wir atmen „jetzt". Das können wir nicht auf morgen verschieben. Atmen ist existenziell. Wir können Tage ohne Trinken auskommen, Wochen bis Monate ohne Nahrung, aber keine zehn Minuten ohne Sauerstoff. Im Yoga spricht man von Prana, dem Lebensatem, dem Lebenshauch. Im Hinduismus bedeutet Atem Lebensenergie.

Die Atmung (Respiration) ist der Aspekt des Stoffwechsels, bei dem Sauerstoff (O_2) aufgenommen (Einatmung/Inspiration) und Kohlendioxid (CO_2) ausgeatmet (Ausatmung/Exspiration) wird. Für sämtliche unserer Körper- und Gehirnprozesse benötigen wir den kostbaren Sauerstoff. Die Atmung ist die einzige Funktion unseres Körpers, die dualer Natur ist. Sie funktioniert einerseits automatisch und andererseits können wir sie bewusst verändern. Das bedeutet, dass wir auf die Intensität der Zwerchfell- und Bauchatmung sowie der Brustkorbatmung willentlich Einfluss nehmen können. Atemübungen und Lachen sind Möglichkeiten, den Atem zu vertiefen und zu verlangsamen. Das wirkt sich auf den Organismus ausgleichend aus.

„Der Atem ist Leben und das Leben ist Atem.
Denn solange der Atem in diesem Körper weilt,
so lange weilt auch das Leben."
Unbekannt

Die Wechsel-Atmung

Anuloma Viloma, mit der poetischen Übersetzung „Sonne und Mond verbinden", vertieft die Atmung, beruhigt und verbindet Yin und Yang. Die Ausführung erfordert Koordination, sodass der Geist nicht hin und her hüpfen kann. Ein Anker, um sich immer wieder zu sammeln und mit der eigenen Mitte zu verbinden.

Ausführung	entspannte Sitzposition einnehmen Augen schließen mit dem Daumen der rechten Hand das rechte Nasenloch verschließen Zeigefinger und Mittelfinger entweder einrollen oder gestreckt zwischen die Augenbrauen legen (auf das dritte Auge)	
EA	durch das linke Nasenloch dabei wölbt sich der Bauch vorn nun verschließt zusätzlich der Ringfinger das linke Nasenloch Atem halten	
AA	der Daumen öffnet das rechte Nasenloch linkes Nasenloch bleibt verschlossen Lunge leeren / nicht pressen warten, bis der Einatmungsreflex kommt	
EA	durch das rechte Nasenloch beide Nasenlöcher verschließen Atem halten	
AA	durch das linke Nasenloch Lunge leeren / nicht pressen rechtes Nasenloch bleibt verschlossen	
EA	durch das linke Nasenloch	
	usw.	
	Beachte: ausatmen länger als einatmen	
EA = Einatmen AA = Ausatmen		

Wegweisende Bücher für
- spirituelle Wegbegleitung • bewusster leben
- Yoga • Meditation • Mystik • Neues Denken
- Ganzheitliche Gesundheit • Transpersonale Psychologie

Spirituelle Bücher aus dem Verlag
VIA NOVA

Verlag VIA NOVA
Alte Landstr. 12, D-36100 Petersberg
Tel. (06 61) 6 29 73, Fax (06 61) 9 67 95 60
E-Mail: info@verlag-vianova.de
Internet: www.verlag-vianova.de,

Editorial

Liebe Freundinnen und Freunde des spirituellen Buches,

als Verleger des Verlags VIA NOVA möchte ich Sie herzlich grüßen. Jeder von uns sucht Antworten auf Fragen, die nicht nur das äußere Leben betreffen, sondern auch nach innen weisen. Wie kann ich gesünder, leistungsfähiger, glücklicher und liebevoller werden und mehr Freude empfinden? Wie vermag ich Angst, Sorge und Stress zu überwinden und in der Liebe zu mir selbst zu finden? Was ist der Sinn meines Lebens? Wie kann ich meinen Alltag besser bewältigen? Ich wünsche Ihnen, dass Sie ein Buch finden, das Ihnen helfen kann, Ihre persönlichen Antworten für Ihre Lebenssituation zu finden und das Ihnen Kraft gibt, jenen Schritt zu gehen, der auf Ihrem Lebensweg notwendig ist, um ein besseres Leben führen zu können. Sie können direkt beim Verlag VIA NOVA bestellen oder per E-Mail und Internet oder natürlich bei Ihrem Buchhändler.

Herzliche Grüße Ihr Werner Vogel

Barbara Schenkbier / Reinhold Hoffmann

Die Brücke

Das Musical

CD, Laufzeit: ca. 55 Minuten, 25 Songs,
ISBN 978-3-86616-351-5, € 14,95 [D]

Die spannende Geschichte, inspiriert von der erfolgreichen Autorin Barbara Schenkbier als Musical geschrieben, führt ausdrucksstark und liebevoll in eine Zeit, die sowohl in die Zukunft weist als auch der heutigen Zeit einen Spiegel vor Augen hält. Das Abenteuer der Menschheit wird packend erzählt durch eine Musik, die berührt, mitreißt und in ihrer Tiefe nachhaltig die Herzen erreicht.

Chuck Spezzano

Partnerschaft und spirituelles Leben

Gemeinsam in ein höheres Bewusstsein

Hardcover, 272 Seiten,
ISBN 978-3-86616-329-4, € 19,95 [D] / € 20,60 [A]

Der weltberühmte Weisheitslehrer öffnet mit den Botschaften dieses Buches unsere Herzen und unseren Geist für ein tiefes spirituelles Verständnis von Partnerschaft. In seiner unvergleichlichen Weise erinnert er uns daran, im Anderen, in uns selbst und in allen Prozessen, die in der Begegnung stattfinden, das Göttliche zu erkennen.
Welche Widerstände und Schwierigkeiten wir auch immer in und durch unsere Partnerschaft erfahren, sie sind die großen Wegweiser für unsere Heilung. Und wahre Heilung kann nur in und durch die Liebe geschehen.

Bewusster leben

Chuck Spezzano
Emotionale Reife
Die Heilung der Gefühlswelt

2. Auflage

Hardcover, 200 Seiten,
ISBN 978-3-86616-280-8, € 19,95 [D] / € 20,60 [A]

Der berühmte Weisheitslehrer Chuck Spezzano hat seine tiefe Erkenntnis, dass ohne emotionale Reife und Heilung der Gefühlswelt das Glück nicht verwirklicht werden kann, tiefgründig behandelt und auf alle Lebensbereiche bezogen.
Ein Handbuch des Herzens – stets überraschend, humorvoll, tiefgründig und voller Liebe weist es den Weg zu lebendigem Glück, erfüllenden Beziehungen und innerem Wachstum.

Chuck Spezzano
Leben in emotionaler Freiheit
Heilung von unbewussten Hindernissen und Blockaden

Hardcover, 224 Seiten,
ISBN 978-3-86616-312-6, € 19,95 [D] / € 20,60 [A]

Nichts bewegt und belastet uns und unsere Beziehungen mehr als unerlöste, unbewusste Emotionen. Über sie Meisterschaft zu erlangen, sie zu verwandeln und zu nutzen auf dem Pfad der eigenen Transformation, ist wahre Heilung – nicht nur für uns selbst, sondern auch für all unsere Mitmenschen.

Chuck Spezzano
Die Sprache des Herzens
Durch Heilung der Emotionen ein Leben in Liebe führen

Hardcover, 224 Seiten
ISBN 978-3-86616-294-5, € 19,95 [D] / € 20,60 [A]

Einfühlsam und authentisch beschreibt Chuck Spezzano die Welt der Emotionen. In 100 Lektionen zeigt er uns Wege der Heilung, die zu einem befreiten Leben voller Liebe führen können. Er setzt fort, was er schon in dem ersten Band „Emotionale Reife" begonnen hat: mit voller Liebe und Weisheit zu ermutigen und zu inspirieren, den Alltagssituationen mit größtmöglicher Wachheit und Wahrhaftigkeit zu begegnen. Wieder ein wunderbarer Wegweiser des Herzens.

Bewusster leben

Chuck Spezzano
Spirituelle Hilfe bei Brustkrebs und anderen schweren Erkrankungen
Paperback, 144 Seiten,
ISBN 978-3-86616-327-0, € 14,95 [D] / € 15,40 [A]

In diesem Buch erläutert Chuck Spezzano erstmals seine Erkenntnisse zu der Psychodynamik schwerer Krankheiten wie Brustkrebs und seine Sicht der Verbindung zwischen Körper und Geist. Er zeigt auf, wie das Verständnis der eigenen unterbewussten und unbewussten Muster helfen kann, die Schlüssel zur Heilung auch auf körperlicher Ebene leichter zu finden. Dieses Buch will auch bei schweren Krankheiten wie Brustkrebs ermutigen und inspirieren, seinen ganz persönlichen Heilungsweg zu finden!

Dr. med. Issac Mathai
Indische Heilkunst für Frauen
Konzepte und praktische Anwendungen aus dem Ayurveda

Paperback, 256 Seiten,
ISBN 978-3-86616-344-7, € 19,95 [D] / € 20,60 [A]

Eine Schatztruhe voll wertvoller Hinweise von einem der berühmtesten Ayurveda-Therapeuten Indiens, die Frauen einen neuen Umgang vermitteln bei typisch „weiblichen" Beschwerden und Krankheiten. Die einzigartige Kombination aus Ernährung, Naturheilkunde, Ayurveda, Yoga und Homöopathie kann bei fast allen Symptomen und Diagnosen angewendet sowie zur Vorbeugung und Regeneration gezielt genutzt werden.

Dr. med. Issac Mathai
Ganzheitliche indische Heilmethoden
Ayurveda, Homöopatie, Hydrotherapie, Yoga

Hardcover, 224 Seiten, 47 farbige Fotos und 7 Grafiken,
ISBN 978-3-86616-301-0, € 24,95 [D] / € 25,70 [A]

Dr. Issac Mathai ist eine weltweit anerkannte Koryphäe moderner indischer Heilmethoden und hat schon ungezählte Menschen, darunter berühmte Persönlichkeiten wie den Dalai Lama, Prinz Charles, Sting oder Madonna, erfolgreich behandelt und beraten. In diesem Buch werden seine ganzheitlichen Heilverfahren erstmals einem breiteren Publikum zugänglich gemacht mit zahlreichen Fallbeispielen und wirkungsvollen Therapieprogrammen.

Sylvia Harke
Hochsensibel – Was tun?
**Der innere Kompass zu Wohlbefinden und Glück
Mit grundlegenden Infos und zahlreichen Übungen**

5. Auflage

Paperback, 352 Seiten,
ISBN 978-3-86616-281-5, € 19,95 [D] / € 20,60 [A]
E-Book 978-3-86616-354-6, € 13,99 [D]

Die Autorin und Therapeutin Sylvia Harke – selbst eine so genannte „HSP" (Highly Sensitive Person) – hat das Phänomen der Hochsensibilität sehr einfühlsam und tiefgründig erforscht und gibt ganz praktische, konkrete Hilfen für den Alltag. Untermauert mit zahlreichen eindrucksvollen Interviews und Fallbeispielen kann dieses Buch für jeden hochsensiblen Menschen zu einer wertvollen Lebenshilfe werden.

Von der Autorin des ersten deutschsprachigen Selbsthilfebuchs für Hochsensible

Sylvia Harke
Hochsensibilität leben
Mit geführten Meditationen zur eigenen Mitte finden

Doppel CD, Laufzeit: ca. 120 Minuten,
ISBN 978-3-86616-348-5, € 14,95 [D]

Die Dipl.-Psychologin Sylvia Harke hat erstmals speziell geführte Meditationen entwickelt, um hochsensible Menschen gezielt im Alltag zu unterstützen: Sehr einfühlsame Übungen, die die Fähigkeit fördern, sich effektiv abzugrenzen, seine innere Mitte zu finden und sich bewusst zu „erden", großartige Hilfestellungen, den Lebensalltag mit Selbstsicherheit und Gelassenheit zu begegnen.

Barbara Schenkbier
Lebenskräfte

Hardcover, Geschenkbuch, 64 Seiten, 28 farbige Fotos
ISBN 978-3-86616-285-3, € 12,95 [D] / € 13,40 [A]

Die Texte dieses Geschenkbuches und die wunderschönen Fotos aus dem Garten der Autorin von Celina Fiene wirken wie Nahrung für die Seele und erinnern uns im Innersten an das wirklich Wesentliche unserer Existenz. Wer dieses Buch zu seinem Begleiter macht, hat stets eine erfrischende Quelle der Kraft und Inspiration an seiner Seite, die sein Leben reicher, bewusster und erfüllender machen kann.

Dr. med. Ute Weiss/Manfred Zick

Demenz muss kein Schicksal sein

Rechtzeitig vorbeugen mit Bewegung, Ernährung, geistiger Aktivität

Paperback, 144 Seiten, 30 Fotos,
ISBN 978-3-86616-317-1, € 14,95 [D] / € 15,40 [A]

Kaum eine Krankheit der Gegenwart ruft so viel Unsicherheit und Angst hervor wie Alzheimer und Demenz. Vor diesem Hintergrund haben sich die Autoren dieses Buches intensiv mit diesem Krankheitsphänomen beschäftigt und kommen zu einem ermutigenden Schluss: dass wir mit unserer Lebensweise vorbeugend einwirken können.

Maria Köllner

Darm o.k. – alles o.k.

**Die sanfte Bauchselbstmassage
und weitere Tipps zum Schlankwerden und Wohlbefinden**

Paperback, 160 Seiten, 40 farbige Fotos,
ISBN 978-3-86616-343-0, € 14,95 [D] / € 15,40 [A]

In diesem Buch kommt das größte Organ des menschlichen Körpers erstmals selbst zu Wort und lässt Sie teilhaben an spannenden Einsichten und Erkenntnissen sowie effektiven Methoden und praktischen Tipps, wie Sie ihre Lebensqualität wesentlich steigern können, z. B. mit der genialen sanften Bauchselbstmassage.

Hilla Hatzfeld

Heilpflanzen als Weg-Begleiter

Wirkweise der Farben und Jahreszeiten, Wissen der Völker, Heilende Anwendungen, Heilpflanzen im Spiegel der Mythen und Märchen

Hardcover, 352 Seiten, 94 farbige Fotos,
ISBN 978-3-86616-245-7, € 24,95 [D] / € 25,70 [A]

In der Betrachtung der Pflanzen und ihrer heilenden Wirkung kann der Mensch seine eigenen körperlichen und geistig-seelischen Zustände erkennen, die der Heilung bedürfen. Dabei helfen Pflanzenporträts, ein praktischer Übungsteil, Signaturenkunde, Achtsamkeitsübungen und Hinweise zur Wahrnehmung der tieferen Lebenskräfte der Pflanzen.

Manuela Kaps / Dr. Liane Kornberger
Burnout durch Ayurveda vorbeugen
Ganzheitliche Empfehlungen für einen stressfreien Alltag

Paperback, 240 Seiten, 30 Fotos, 5 Tabellen,
ISBN 978-3-86616-320-1, € 19,95 [D] / € 20,60 [A]

Die Autorinnen kennen, als ehemalige Manager in einem Konzernunternehmen, sowohl die Belastungen des modernen Berufslebens, aber auch die tief heilsamen Wirkungen des Ayurveda, insbesondere zur erfolgreichen Burn-Out-Prävention. Das Buch vermittelt wichtige Grundlagen der traditionellen indischen Heilkunst und gibt viele leicht umzusetzende Empfehlungen, wie wir unsere innere Balance wiederfinden oder erst gar nicht verlieren.

Dr. med. Ingfried Hobert
Heilgeheimnisse aus Tibet
Verborgene Kraftpotenziale mobilisieren

Paperback, 248 Seiten,
ISBN 978-3-86616-289-1, € 17,95 [D] / € 18,50 [A]

Das Buch vermittelt tiefes Verständnis für die tibetischen Heiltraditionen und ihre Anwendung im Alltag. Es zeigt, wie man verborgene Kraftpotenziale erschließen und kreativ nutzen kann. Es offenbart radikal neue Blickweisen, seine kreativen Fähigkeiten und Selbstheilungskräfte zu mobilisieren.

„Ein Buch voller Inspirationen, die einladen und Mut machen, Leben neu zu denken." (Ruediger Dahlke)

Dr. Stefan Siebrecht
Sanfte Medizin für Ihr Herz
Das Beste aus der Naturheilkunde – Wirkungsvolle Selbsthilfe

Klappenbroschur, 200 Seiten, 40 farbige Fotos,
22 Abbildungen,
ISBN 978-3-86616-328-7, € 18,70 [D] / € 19,30 [A]

Dieser wertvolle Ratgeber zeigt Ihnen, wie Sie den Einschränkungen des Lebens durch Herzbeschwerden und dem Schicksal, an Herz- und Kreislauferkrankungen zu sterben, entrinnen können. Das Buch verbindet traditionelle Naturheilkunde mit dem neuesten Forschungsstand. Sie lernen die besten Vitalstoffe und Heilpflanzen für Ihr Herz kennen. Auch Stressreduktion, Ernährung, Prävention und die Heilkraft der Liebe kommen zur Sprache.

Bewusster leben

Barbara Schenkbier
Heilgebärden
Verbindung mit dem heilenden Feld durch Bewegung und Meditation – Vorwort von Chuck Spezzano

Hardcover, 160 Seiten, 42 farbige Fotos,
ISBN 978-3-86616-175-7, € 15,95 [D] / € 16,40 [A]

Achtsame Gebärden und Haltungen öffnen den Übenden für den Strom der Heilenergie aus dem heilenden Feld. Dynamische Bewegungen und Energiemassage aktivieren die Lebensenergie, so dass der Körper und die Feinstoffebenen durchströmt und geheilt werden. In der wachen Vergegenwärtigung der strömenden Heilkraft und in den Meditationen werden auch Geist und Seele angesprochen und wichtige spirituelle Grundhaltungen wie Achtsamkeit, Hingabe und Demut entfaltet.

Renate Lauper / Dr. med. Christian Larsen
Spiraldynamik®
Achtsame Körperhaltung
Liegen, sitzen, stehen, gehen – Die besten Übungen für ein neues Körperbewusstsein

Klappenbroschur, 176 Seiten, 120 farbige Abbildungen,
ISBN 978-3-86616-336-2, € 24,95 [D] / € 25,70 [A]

Entdecken Sie in diesem Buch die preisgekrönte und tausendfach bewährte Erfolgsmethode der Spiraldynamik. Bahnbrechende Einsichten über die Anatomie und Bewegungen werden hier ganz praktisch und konkret in einem perfekt aufeinander abgestimmten Übungsprogramm vermittelt und Körperbewusstsein im Alltag kultiviert.

Frank Albrecht
Lebensprozesse
Die universellen Gesetze der Gesundheit und Langlebigkeit

Paperback, 240 Seiten,
ISBN 978-3-86616-342-3, € 18,95 [D] / € 19,50 [A]

Durch ein vollkommen neues Verständnis der Lebensprozesse und den zugrundeliegenden universellen Lebensgesetzen wird es für jeden Menschen zu einer ganz realen Möglichkeit, ein Leben lang gesund zu bleiben und den Alterungsprozess zu verlangsamen. In diesem Buch vermittelt der Autor eine neue Sichtweise auf die Zusammenhänge von Materie, Energie und Geist.

Matt Galan Abend
Warum lebe ich?
Wie ich meine Lebens-Lernaufgaben erkennen und lösen kann

Hardcover, 144 Seiten,
ISBN 978-3-86616-331-7, € 15,95 [D] / € 16,40 [A]

Die Botschaft des Autors lautet: Hinter allen sich wiederholenden Dramen des Alltags stecken die zentralen Lernaufgaben unseres Lebens. Erst wer sie wirklich erkennt und sich ihnen stellt, erfährt jene Meisterschaft, die zu tiefer Ruhe und Gelassenheit führt. Dieses Buch hilft, die eigene wahre Lebensaufgabe zu erkennen und dadurch Leid und Enttäuschung zu vermeiden.

Matt Galan Abend
Den engen Käfig des Ego verlassen
Aufbruch in die Fülle des Lebens

Hardcover, 160 Seiten,
ISBN 978-3-86616-295-2, € 15,95 [D] / € 16,40 [A]

Was hindert uns, die Vollkommenheit der Schöpfung zu erfahren? In diesem Buch finden Sie richtungsweisende Antworten. Matt Galan Abend fordert kompromisslos den Leser auf, den Käfig des Ego zu erkennen, seine beengenden Grenzen zu sprengen und zu verlassen und alle Tricks aufzugeben, das auf später verschieben zu wollen. Dieses Buch ist ein spiritueller Weckruf und Wegweiser, wie wir in die unendliche Fülle des Lebens gelangen.

Boris Pikula
Aufbruch zum Durchbruch
Die 10 Prinzipien ganzheitlicher Lebensgestaltung

Hardcover, 192 Seiten,
ISBN 978-3-86616-314-0, € 17,95 [D] / € 18,50 [A]

Nutzen Sie dieses wegweisende Buch zum intensiven Überdenken und „Nachspüren" Ihres gegenwärtigen Lebens! Zu allen Lebensthemen gibt es nicht nur wertvolle Inspirationen und Impulse, sondern auch ganz pragmatische Hinweise, sein Leben sinnvoll und rundum erfüllend zu gestalten. Denn der Wandel beginnt immer in einem selbst.

Jean Jacques Charbonier
7 Gründe für ein Leben nach dem Tod
Wissenschaftliche Studien eines Mediziners

Der Bestseller aus Frankreich

Paperback, 192 Seiten,
ISBN 978-3-86616-353-9, € 16,95 [D] / € 17,50 [A]

All die Erfahrungen, Beobachtungen und Studien, die überzeugend, und wissenschaftlich fundiert dargestellt werden, lassen nur einen Schluss zu: dass unser Bewusstsein nach dem Tod überlebt. Und sie zeigen, dass wir Leben und Tod in einem völlig neuen Licht betrachten müssen! Lassen Sie sich auf dieses einzigartige Leseabenteuer ein, das zu einem der letzten Geheimnisse der Menschheit führt.

Dr. med. Karim El Souessi
Die Angst vor dem Tod überwinden
Sterben als transpersonaler Prozess

Paperback, 208 Seiten,
ISBN 978-3-86616-340-9, € 16,95 [D] / € 17,50 [A]

Es gelingt dem Autor, sich dem Thema Vergänglichkeit und Tod behutsam und in großer Gelassenheit zu nähern. Ausgesuchte Zitate, Gedichte, Geschichten und Episoden regen an, sich kontemplativ einzulassen. Tod und Sterben sind transpersonale Prozesse im Mysterium des Seins, so die Botschaft, kein Grund sich zu fürchten.

Silvia Rößler
Lachen – trotz und alledem
Darf ich lachen, wenn ich traurig bin?

Paperback, 224 Seiten, 18 Zeichnungen,
ISBN 978-3-86616-341-6, € 18,95 [D] / € 19,50 [A]

Dieses Buch ist ein kostbares Geschenk für alle, die trotz schwerer Krisen, Krankheiten und Schicksalsschläge wie Trauer und Tod eine heitere Lebenshaltung entwickeln – oder sich bewahren – möchten. Wie dies gelingen und regelrecht gelernt werden kann, zeigt uns die Autorin mit bewegenden Beispielen und ganz praktischen Anleitungen aus den Bereichen Lach-Yoga, Meditation, Tanz, Singen und Malen.

Wolfgang G. Esser
Weckruf für die neue Zeit
Bewusstseinswandel zum wahren Selbst

Paperback, 272 Seiten,
ISBN 978-3-86616-332-4, € 18,95 [D] / € 19,50 [A]

Das vorliegende Buch konfrontiert uns mit den harten Fakten einer dramatischen Weltsituation und ruft zugleich auf, mit neuem Bewusstsein selbst „der Wandel zu sein, den man sich in der Welt wünscht". Es gilt, unbewusst übernommene und selbstentfremdend wirkende Lebensweisen aufzulösen und den „Ego-Tunnel zu verlassen" (Thomas Metzinger). Lassen Sie sich bestärken von diesem pragmatisch-spirituellen Weckruf, „endlich aufzuwachen".

Arnold Mindell
Der kosmische Tanz des Ursprungs
Wie das Sein persönliche und weltweite Probleme löst

Paperback, 320 Seiten,
ISBN 978-3-86616-338-6, € 19,95 [D] / € 20,60 [A]

Dieses Buch des weltweit bekannten amerikanischen Physikers, Psychologen und Mystikers Arnold Mindell eröffnet ein neues universelles Weltverständnis, in dem all unsere individuellen und sozialen Krisen und Konflikte lösbar werden. Erfahren Sie in diesem Buch, wie wir Menschen dies in der einzigartigen Methode des „Raumzeit-Träumens", auch vermittelt durch 40 meditative Übungen, erfahren und erkennen können.

Norbert Hörr
WIR!
Ein neuer Geist im Miteinander

Paperback, 176 Seiten,
ISBN 978-3-86616-334-8, € 15,95 [D] / € 16,40 [A]

Dieses Buch untersucht systematisch die Kernbereiche und Ursachen sozialer Störungen und Ängste. Es zeigt Wege und Methoden auf, wie wir falsche Denkgewohnheiten ablegen, Ängste überwinden und zu erfüllenden Begegnungen kommen können.

Bewusster leben

Claus Eurich
Über den eigenen Schatten springen
Vom Ego in die Liebe zum Leben

Hardcover, 224 Seiten,
ISBN 978-3-86616-315-7, € 18,95 [D] / € 19,50 [A]

Was braucht es für den nächsten Schritt der menschlichen Evolution? Jedenfalls ein grundlegend neues Verständnis über das Menschsein, der psychologischen, philosophischen und spirituellen Hintergründe seiner bisherigen Entwicklung und vor allem: heilsame Einsichten und Erkenntnisse! Dies alles finden Sie in diesem Buch, das uns im Tiefsten erinnern lässt an die großartigen schöpferischen Potentiale, die in uns stecken.

Claus Eurich
Die heilende Kraft des Scheiterns
Ein Weg zu Wachstum, Aufbruch und Erneuerung

Taschenbuch, 144 Seiten,
ISBN 978-3-86616-293-8, € 9,95 [D] / € 10,30 [A]

Das Buch zeigt, welch große innere Wachstumspotentiale scheinbare Misserfolge und persönliche Krisen in sich bergen, wenn wir nur ihre inneren Botschaften erkennen. Vor allem in heutigen Zeiten des Wandels, wo Altes sich auflöst und Neues entsteht, erweist sich dieses Buches als wertvoller praktischer Begleiter für die eigene Lebensgestaltung und die persönliche Transformation.

Claus Eurich
Führungskunst
Ethik, Kommunikation, Motivation, Vision, Integrale Vernunft

Paperback, 96 Seiten, VIA NOVA KOMPAKT,
ISBN 978-3-86616-346-1, € 8,95 [D] / € 9,20 [A]

Führungskräfte leben Verantwortung. Dafür steht eine Haltung, die sich als Dienst an der Organisation, an den Mitarbeitern, an der Gesellschaft und dem Leben insgesamt versteht. Dieses Buch gibt einen kompakten Überblick über ein entsprechendes Führungsverständnis. Es zeigt, wie man empathisch, gewaltfrei und zugleich zielorientiert und erfolgreich kommunizieren kann.

Swami Kriyananda
Der Aufstieg der Seele
Meditationsübungen des Raja-Yoga

Paperback, 240 Seiten,
ISBN 978-3-86616-298-3, € 18,95 [D] / € 19,50 [A]

Wer sich auf die Übungen dieses ungewöhnlichen Buches einlässt, ganz gleich ob Anfänger oder Fortgeschrittener, der kann mit den hier vermittelten Lehren des Yoga-Meisters Yogananda zu höchstem Bewusstsein gelangen. Die sehr konkreten Meditationsanleitungen aus der Tradition des Raja-Yogas führen den Leser Schritt für Schritt in ein Höheres Bewusstsein.

Werner Vogel
Sein Bewusstsein auf eine höhere Seinsebene bringen
Geführte Meditationen

CD, Laufzeit: 70 Minuten
ISBN 978-3-86616-123-8, € 9,95 [D]

Geführte Meditationen können helfen, den zerstreuten Geist zu sammeln und auszurichten. Dadurch kommt der Übende zur Ruhe und zur Erfahrung der inneren Stille. Schließlich tritt der Zustand der gesammelten inhaltslosen Wachheit im Geist ein und der Übende wird offen und frei für ein höheres Bewusstsein und für Heilung auf allen Ebenen. In der CD werden 3 Meditationsübungen angeboten: Grundübung der Meditation – Ruhe und Stille im Geist, im Lichtatem sein wahres Wesen erkennen, Einssein mit der unendlichen Liebe.

Jeff Foster
Radikales Erwachen
Nimm dich im Alltag ganz an

Hardcover, 256 Seiten,
ISBN 978-3-86616-282-2, € 18,95 [D] / € 19,50 [A]

„Radikales Erwachen" ist ein berührendes, erfrischendes, authentisches Buch, das die Erfahrung des spirituellen Erwachens unmittelbar nacherleben lässt. Es zeigt, dass durch vollkommen Akzeptanz, durch Einfachheit, Herzlichkeit und Klarheit Augen und Herzen geöffnet werden.

Joseph Fries & Wolfgang Weigand
Kann denn Liebe Lüge sein?
Ein radikal neues Verständnis von Liebe und Beziehung

Hardcover, 192 Seiten,
ISBN 978-3-86616-296-9, € 18,95 [D] / € 19,50 [A]

Dieses Buch vermittelt ein neues Verständnis von Beziehungen und eine zeitgemäße spirituelle Sicht auf die „Fallstricke der Liebe" im 21. Jahrhundert. Zugleich räumt es auf mit falschen Erwartungen und romantischen Vorstellungen und zeigt einen realen Weg der Heilung durch die Entwicklung der eigenen Liebesfähigkeit.

Joseph Fries/Wolfgang Weigand
Erfüllende Liebe
Die Erfahrung von tiefem Glück in Beziehungen

Hardcover, 224 Seiten,
ISBN 978-3-86616-313-3, € 18,95 [D] / € 19,50 [A]

Dieses Buch, eine Vertiefung von „Kann denn Liebe Lüge sein?", könnte für Sie zu einer weiteren inneren Fundgrube werden auf dem Weg zur „wahren Liebe". Vielleicht kein einfacher Weg, aber der einzige, den es sich wirklich lohnt zu gehen! Mit den Erkenntnissen dieses Wegweisers steigt die Chance, eigene Begrenzungen zu überwinden und anzukommen in einer aufgewachten Beziehungskultur – lebendig, liebesfähig, befreit und transformiert.

Jeff und Sue Allen
Wie Beziehungen wirklich gelingen
Neue Wege für Liebe und Partnerschaft

Hardcover, 256 Seiten,
ISBN 978-3-86616-210-5, € 19,95 [D] / € 20,60 [A]

Jeff und Sue Allen zeigen in ihrem Buch nicht nur die verborgenen Kräfte auf, die in allen Beziehungen am Werk sind, sondern auch Wege, sie zu erkennen und zu verwandeln. Die Autoren nehmen den Leser mit auf eine Reise durch die Stadien, Gefahren, Irrgärten und Fallen, die es in einer Beziehung zu überwinden gilt, um zu wahrer Liebe und echtem Glück zu gelangen.

Peter K. Keller
Eheglück statt Ehekrise
Taschenbuch, 128 Seiten,
ISBN 978-3-86616-297-6, € 9,95 [D] / € 10,30 [A]

Wie Ehe und Partnerschaft zu einem beglückenden Abenteuer und wie Krisen gemeistert und als Chance genutzt werden können, darüber erzählt der Erfolgsautor von „Lachen, Singen, Tanzen", Peter K. Keller, in diesem Buch. Die wertvollen persönlichen Erfahrungen, Erkenntnisse und Reflektionen geleiten den Leser durch die weitverzweigten Wegstrecken, Einbahnstraßen und Sackgassen, die jedem während einer Partnerschaft begegnen können.

Irene Goldmann
Liebe dich selbst, sonst liebt dich keiner
Ein neues Selbstwertgefühl für Frauen
Taschenbuch, 176 Seiten,
ISBN 978-3-86616-292-1, € 12,95 [D] / € 13,40 [A]

Auf der Basis jüngster wissenschaftlicher Forschungen erklärt die Autorin nicht nur die Ursachen für den Mangel an Selbstliebe, sondern vermittelt auch, dass diese tatsächlich erlernbar ist. Ein zeitgemäßer Wegbegleiter für alle Frauen, die wertvolle Inspiration suchen, um ihr Leben glücklich und sinnerfüllend zu gestalten und sich neu zu öffnen für wahre Liebe und Partnerschaft.

Ursula Friederikje Rücker
Lieben heißt die Welt verändern
Die transformierende Kraft der Liebessprachen
Paperback, 192 Seiten,
ISBN 978-3-86616-235-8, € 15,95 [D] / € 16,40 [A]

Dieses Buch stellt die verschiedenen Liebessprachen vor. Der Leser kann seine eigene Liebessprache herausfinden und auch die anderer Menschen, die ihm am Herzen liegen. Wenn Sie die einzelnen Liebessprachen anwenden, werden Sie feststellen, dass Sie sich selbst und Ihre Beziehungen mit mehr Verständnis, Freundlichkeit und Liebe bereichern.

Ermin Döll
Das Buch der ewigen Weisheit
Die Originaltexte der bedeutendsten Mystiker in der Sprache unserer Zeit

Hardcover, 240 Seiten,
ISBN 978-3-86616-284-6, € 19,95 [D] / € 20,60 [A]

In diesem Buch begegnen wir den herausragendsten Mystikern der westlichen Welt, ihren tiefsten Einsichten und Erfahrungen. Die Lektüre wird zu einer Schatztruhe spiritueller Inspiration und lebendiger Weisheit. Auch zeigt es, welch großartige Tradition die westliche Hemisphäre an griechischen und christlichen Mystikern von Plotin über Meister Eckhart bis Angelus Silesius besitzt.

Keith Hill
Die Gott-Revolution
Wie die Vorstellung von Gott sich in der modernen Welt radikal verändert hat

Paperback, 288 Seiten,
ISBN 978-3-86616-257-0, € 19,95 [D] / € 20,60 [A]

In diesem Buch begibt sich der Leser auf die Spuren bedeutender Denker, die faszinierende Konzepte von Gott und der Wirklichkeit entwickelten. Ein inspirierendes geistesgeschichtliches Abenteuer, das das spirituelle Selbstverständnis der Gegenwart in einem neuen Licht erscheinen lässt.

Marikka Schaechtelin
Im Herzen sind wir alle eins
Heilende Bewusstseinsarbeit mit der Logos-Energie-Therapie

Hardcover, 160 Seiten
ISBN 978-3-86616-299-0, € 15,95 [D] / € 16,40 [A]

Dieses Buch kann für Sie zu einer echten Offenbarung werden, denn es führt in seltener Klarheit durch die vielfältigen, mitunter schwierigen Prozesse inneren Wachstums. In leicht verständlicher Sprache gelingt es der Autorin, tiefste innere Zusammenhänge darzustellen sowie neue Blickwinkel und Wege für die eigene Heilung zu eröffnen.

Maria Färber-Singer
Ich bin ich – Wer sonst!
Sei du selbst und lebe glücklich

3. Auflage

Paperback, 192 Seiten,
ISBN 978-3-86616-237-2, € 15,95 [D] / € 16,40 [A]

Dieses Buch lädt ein zu tiefgreifenden Veränderungen, sich und die Welt zu erneuern. Durch unser kraftvolles Bewusstsein des „Ich bin ich", einzigartig in seiner Kreativität und Wirksamkeit, ist es möglich, das konditionierte Denken zu überwinden, neue Denk- und Lebensgewohnheiten, beglückende Gefühlszustände und neue Lebensenergie zu schaffen.

Maria Färber-Singer
Mein Weg zu mir selbst
Ich-Erfahrungen

Paperback, 288 Seiten,
ISBN 978-3-86616-300-3, € 18,95 [D] / € 19,50 [A]

Maria Färber-Singer erzählt in ihrem neuen Buch anhand ihrer ganz persönlichen Geschichte humorvoll, tiefgründig und mit viel Esprit, wie man die Wandlungen des Lebens zur Entfaltung der eigenen – oft noch ungeahnten – Potenziale kreativ nutzen kann, um das Leben bewusst und schöpferisch zu gestalten.

Urs-Beat Fringeli
Sinn finden auf der Fahrt des Lebens
Freude, Frieden und Glück in sich erfahren

Taschenbuch, 176 Seiten,
ISBN 978-3-86616-291-4, € 12,95 [D] / € 13,40 [A]

Lebenssinn zu erfahren kann tatsächlich gelernt und trainiert werden! Nicht nur das zeigt dieses Buch, sondern es schärft auch die Sinne dafür, im Alltäglichen stets das Wesentliche und Sinnhafte zu erkennen. Lassen Sie sich mitnehmen auf eine der vielleicht sinnvollsten Leseerfahrungen Ihres Lebens und lassen Sie sich inspirieren von einem neuen Blick auf die Welt.

Hartwig Volbehr
Was die Welt zusammenhält
Ein grundlegender Dialog über Materie und Geist

Paperback, 200 Seiten,
ISBN 978-3-86616-283-9, € 18,95 [D] / € 19,50 [A]

Dies Buch ist eine faszinierende Entdeckungsreise zu den zentralen Themen der Menschheit – vom Uranfang bis zur Gegenwart. Es enthält inspirierende Perspektiven zu den komplexen Zusammenhängen von Spiritualität und Wissenschaft, von Glaube und Wissen, von Geist und Materie und von der Bedeutung des Bewusstseins für die Schöpfung.

Heinz-Uwe Hobohm
Vom Verstand zur Intuition
Wie man die Sackgasse Egoismus überwindet

Hardcover, 208 Seiten,
ISBN 978-3-86616-248-8, € 18,95 [D] / € 19,50 [A]

Wissenschaftliche Erkenntnisse zeigen, dass die Intuition unser Handeln weit mehr bestimmt, als wir meinen. Dieser Zusammenhang wurde seit Jahrtausenden von Intuitionsmeistern und -meisterinnen – den Mystikern aller Kulturen – immer wieder unabhängig voneinander entwickelt. Intuition und selbstloses Handeln sind erlernbar. Glück ist erreichbar.

Jutta Westphalen
Hilfe zur Selbsthilfe
Emotionale Krisen meistern

Paperback, 160 Seiten
ISBN 978-3-86616-318-8, € 14,95 [D] / € 15,40 [A]

Wer wünscht sich in seelischen Notfällen nicht einen liebevollen Begleiter? Dieses Buch ist ein praktischer spiritueller Ratgeber für alle denkbaren inneren Notlagen. Ein Erste-Hilfe-Kasten für die Seele! Die Autorin schöpft aus einem überreichen Erfahrungsschatz als Therapeutin, Heilerin, Großmutter und weiser Medizinfrau.

Bewusster leben

Jill Möbius
Der Gesang des Windes
Eine Parabel vom Leben und der Liebe

Hardcover, 216 Seiten,
ISBN 978-3-86616-310-2, € 16,95 [D] / € 17,50 [A]

Omar, ein junger Hirte, sehnt sich nach Wahrheit und einem erfüllten Leben. Auf der Suche nach dem größten Schatz lernt er den Zauber wahrer Liebe kennen, entdeckt die verborgenen Geheimnisse der Schöpfung und findet zu tiefstem inneren Glück. Eine poetische Erzählung voller Weisheit, die alle wichtigen spirituellen Wahrheiten vermittelt.

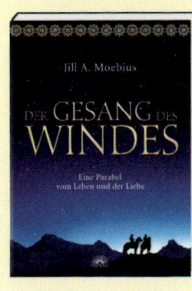

**Rüdiger Schache ist der Autor des Bestsellers:
„Das Geheimnis des Herzmagneten"**
Ruediger Schache

2. Auflage

Der Traumwanderer
Eddie Kramer und das Buch der Träume / Roman

Paperback, 384 Seiten,
ISBN 978-3-86616-279-2, € 19,95 [D] / € 20,60 [A]

Der dreizehnjährige Eddie Kramer wird durch eine Kette unglaublicher Ereignisse auf die Suche nach dem seit Jahrtausenden verschollenen Buch der Träume geführt. Das darin enthaltene Wissen soll es jedem Menschen ermöglichen, seine Lebensträume Realität werden zu lassen. Ein spirituelles und abenteuerliches Lesevergnügen für Erwachsene und Jugendliche.

Amin Sheikh
Ich war ein Junge auf den Straßen von Bombay

Paperback, 144 Seiten,
ISBN 978-3-86616-316-4, € 13,95 [D] / € 14,40 [A]

Dies ist die ergreifende Geschichte von Amin Sheikh aus Bombay, der sich als Straßenkind im Dschungel der indischen Großstadt durchschlägt. Eine autobiografische Geschichte, die ans Herz geht, voller Freude, Schmerz und Lebensmut und der unbesiegbaren Kraft der Liebe, die im Kleinen wie im Großen Wunderbares bewirken kann.

Gerda M. Kolf
Resilienz – Was die Psyche stark macht
Das eigene Potenzial entfalten, Blockaden lösen und Krisen meistern

Paperback, 144 Seiten, 50 farbige Fotos,
ISBN 978-3-86616-264-8, € 18,95 [D] / € 19,50 [A]

Resilienz zeigt, wie erstaunlich einfach es sein kann, sein eigenes Potential zu befreien, die Fähigkeiten zu entwickeln, Stress zu bewältigen und Überforderungen zu widerstehen. Ob Ängste, Phobien, innere Blockaden, Schlafstörungen, körperliche Verspannungen – für fast jedes Problem gibt es die passende „Stehaufmännchen-Methode".

Angeles Arrien
Vom Segen der Dankbarkeit
Was dich wirklich glücklich macht

Paperback, 240 Seiten
ISBN 978-3-86616-262-4, € 16,95 [D] / € 17,50 [A]

Im Einklang mit der Natur, Monat für Monat, nimmt die Autorin den Leser an die Hand und führt ihn – begleitet von Übungen, Meditationen und Praktiken aus den spirituellen Traditionen der Welt – in ein neues Erleben der Wirklichkeit, um dankbar zu werden. Ein echtes Arbeitsbuch, ein Buch, mit dem man lernt, Dankbarkeit in alle Bereiche des eigenen Lebens zu bringen.

Franz Decker
Innere Stärke
Halt und Orientierung im alltäglichen Leben

Taschenbuch, 192 Seiten,
ISBN 978-3-86616-307-2, € 12,95 [D] / € 13,40 [A]

Glücklich und mit sich selbst im Einklang zu leben, den Widerständen des Alltags, inneren Zweifeln, starken Belastungen und selbst Lebenseinbrüchen zu trotzen und positiv zu begegnen – all das lässt sich trainieren. Mit diesem Buch des erfahrenen Lebens- und Mental-Beraters Prof. Dr. Franz Decker erhalten Sie viele wertvolle Anregungen, Tipps, Techniken und Methoden, wie Sie innere Stärke sowie Selbstvertrauen entwickeln und eigene Kraftquellen neu erschließen können.

Meditation – Hatha-Yoga

Matthias Dhammavaro Jordan
Ruheloser Geist trifft Achtsamkeit
Aus der Zeit in den Moment

2. Auflage

Taschenbuch, 160 Seiten,
ISBN 978-3-86616-252-5, € 9,95 [D] / € 10,30 [A]

Der ehemalige buddhistische Mönch führt den Leser behutsam und fundiert an essentielle Weisheiten heran. Vor allem aber zeigt das Buch, sowohl bei den Betrachtungen über die Wirkungsweise des menschlichen Geistes als auch bei den Meditationsanleitungen, wie man durch bewusstes Üben der Achtsamkeit, innere Ruhe und Frieden finden und ein entspanntes und erfülltes Leben führen kann.

Matthias Dhammavaro Jordan
Meditationen und Achtsamkeitsübungen für den ruhelosen Geist

Doppel-CD, Laufzeit: ca. 120 Minuten,
ISBN 978-3-86616-352-2, € 14,95 [D]

Diese CDs bieten bewährte und wirkungsvolle Meditationen und Achtsamkeitsübungen für jeden Tag und für verschiedene Lebenssituationen. Der ehemalige buddhistische Mönch und heutige Meditationslehrer und Achtsamkeitstrainer schöpft aus jahrzehntelangen praktischen Erfahrungen, die hier einfließen. Diese geführten Meditationen helfen dem Geist, zur Ruhe zu kommen, fördern nachweislich Lebensfreude und Gesundheit.

Anna Trökes
Yoga-Meditation für Anfänger
Einfach meditieren lernen – Schritt für Schritt

2. Auflage

Paperback, 192 Seiten,
ISBN 978-3-86616-193-1, € 14,95 [D] / € 15,40 [A]

Die bekannte Yogalehrerin und Buchautorin schreibt u. a. über folgende Themen: Eine genaue Darstellung, wie Meditation eingeübt werden kann, wie Schwierigkeiten beim Meditieren zu erkennen und zu überwinden sind. Hirnforschung in Beziehung zur Meditation, Meditation und Alltag. 40 Meditationen – angeleitet Schritt für Schritt.

Meditation – Hatha-Yoga

Christine Ranzinger
Steh auf und sei frei
Yoga, Meditation, Selbsterkenntnis

Paperback, 160 Seiten, 18 Fotos,
ISBN 978-3-86616-335-5, € 14,95 [D] / € 15,40 [A]

Die vielfältigen Ebenen des Yoga werden einfühlsam und leicht nachvollziehbar in ihrer ganzen Tiefe aufgezeigt: auf physischer und feinstofflicher Ebene durch die Schulung des Körperbewusstseins (Atem, Hatha-Yoga) und der feinstofflichen Anatomie (Koshas, Chakras), auf der geistigen Ebene über die Transzendenz der Emotionen, auf der Ebene des Seelenbewusstseins durch die Realisierung unseres ursprünglichen Wesens und der Verbindung zu unserer Quelle.

Hardy Fürch
Yoga und die Transformation der Gesellschaft
Ein spiritueller Wegweiser

Hardcover, 128 Seiten,
ISBN 978-3-86616-333-1, € 14,95 [D] / € 15,40 [A]

Dieses Buch zeigt Wege auf der Grundlage der spirituellen Werte des Yoga, sich der globalen Krise des 21. Jahrhunderts zu stellen und ihr zu begegnen. Denn der Yogaweg bringt essentielle menschliche Kompetenzen zur Entfaltung, wie Empathie, Achtsamkeit und Selbstgewahrsein, die ganz real die Kraft und das Potential haben, die auf gesellschaftlicher Ebene notwendigen Transformationen herbeizuführen.

R. Sriram / Kornelia Becker-Oberender
Yoga für Kinder und Jugendliche
Pädagogik für das Leben: Ausgeglichenheit, Konzentration, Selbstständigkeit

Klappenbroschur, 224 Seiten, 80 farbige Abbildungen,
18 Übungssequenzen,
ISBN 978-3-86616-337-9, € 24,95 [D] / € 25,70 [A]

Diese bekannten Yogalehrer zeigen anschaulich und einfühlsam den überragenden pädagogischen Nutzen der Yogapraxis für alle Lebensaspekte junger Menschen in Schule und Elternhaus auf mit konkreten Übungen, lebendigen Reflexionen und didaktischen Erläuterungen.

Evelyn Horsch-Ihle
Yoga kann sofort helfen
Heilsame Übungen für alle Lebenslagen

Paperback, 128 Seiten, 54 farbige Fotos,
VIA NOVA KOMPAKT
ISBN 978-3-86616-347-8, € 9,95 [D] / € 10,30 [A]

Dieses Buch ist ein perfekter Helfer für alle kleinen und akuten Notlagen des Alltags! Einfache Haltungen, spezielle Meditationen und viele wirksame Tipps und Tricks aus der „Zauberkiste" der yogischen Lebensweise unterstützen, stärken, beruhigen oder entspannen.

Peter Wild
Mein Yogaweg zur Quelle
Ein Tagebuch

Paperback, 192 Seiten,
ISBN 978-3-86616-322-5, € 16,95 [D] / € 17,50 [A]

Der bekannte Autor Peter Wild praktiziert selbst über 40 Jahre Yoga. In seinem Tagebuch lässt er uns teilhaben an seinen persönlichen spirituellen Betrachtungen, Kontemplationen, Beobachtungen und Erkenntnissen. Die Aufzeichnungen vermitteln die Weisheit vieler Yogaquellen und den großen Reichtum eines bewusst gewählten spirituellen Weges sowie die Freuden und den Nutzen der täglichen Praxis. Eine Ermutigung und Inspiration für alle, die den Yogaweg gehen.

Helga Simon-Wagenbach
Klarer Geist – weites Herz
Die Wirkung des integrativen Übens im Yoga

Hardcover, 240 Seiten, 108 Abbildungen,
ISBN 978-3-86616-250-1, € 18,95 [D] / € 19,50 [A]

Die integrative Yogapraxis, die zur Balance, zur Meditation und zur Heilung führt, realisiert in einfachen und in anspruchsvollen Übungen das Zusammenwirken von Körper, Atem und höchster Aufmerksamkeit. Spürende Achtsamkeit als innere Haltung ermöglicht dadurch in jeder Yogaübung auch die individuell stimmige Balance zwischen Bemühen und Loslassen.

Meditation – Hatha-Yoga

Dr. med. Peter Poeckh
Gesund durch Yoga
2. Auflage

Praktische Übungen aus der Yogatherapie

Klappen-Broschur, 160 Seiten, 189 fb. Fotos, 9 Grafiken, ISBN 978-3-86616-303-4, € 24,95 [D] / € 25,70 [A]

Sowohl für Anfänger als auch für Erfahrene bietet dieses Buch einen fundierten Überblick über das riesige Spektrum der Yogatherapie mit all seinen Aspekten, wie Anatomie, Medizin, Philosophie, Meditation, und insbesondere der großen Bedeutung der Atmung. Besonders eindrücklich sind die klaren Anleitungen der einfachen und zugleich sehr bewährten Übungen mit farbigen Fotos der Yogapositionen sowie die Darstellung verschiedener Yogaübungsprogramme zu körperbezogenen und energetischen Themen.

Dr. med. Peter Poeckh
Gesund durch Yoga – DVD
Übungen für den unteren Rücken

Laufzeit: ca. 70 Minuten,
ISBN 978-3-86616-349-2, € 14,95 [D]

Der bekannte Arzt und Yogatherapeut Dr. Peter Poeckh zeigt auf dieser DVD einfache und bewährte Übungen zur Vorbeugung oder als Linderung von Rückenschmerzen. Er erklärt auf medizinischer Basis die häufigsten Fehler im Yoga und führt sanft durch drei verschiedene Programme mit unterschiedlicher Intensität und Dauer (30, 20 und 10 Minuten). Die Übungen eignen sich für Anfänger wie auch für Fortgeschrittene.

Karo Wagner/Tasja Walther
Mental Yin Yoga
Ein neues Körper- und Geistbewusstsein

Klappenbroschur, 176 Seiten, 291 farbige Fotos, ISBN 978-3-86616-324-9, € 22,95 [D] / € 23,60 [A]

Dieses farbige Lehrbuch vermittelt die Zusammenhänge und Hintergründe des Yin Yoga. Die Verbindung mit den 5 Elementen, der Meridiane (TCM), deren Verlauf und Zuordnungen zu den Asanas sowie der Chakrenlehre werden ausführlich dargestellt. Detailliert und übersichtlich werden die Positionen, ihre Variationen und Alternativen sowie die Übungssequenzen erklärt, die Körper und Geist nachhaltig ansprechen.

Meditation – Hatha-Yoga

Remo Rittner
Das große Yoga-Therapiebuch
5. Auflage

Yogapraxis für die Gesundheit und einen klaren Geist
Vorwort von Rüdiger Dahlke

Paperback, 200 Seiten, 400 Fotos,
ISBN 978-3-86616-149-8, € 24,95 [D] / € 25,70 [A]

Das Buch basiert auf den Grundprinzipien der Yogatradition des Yogameisters T. Krishnamacharya und seines Schülers A.G. Mohan sowie auf den neuesten Erkenntnissen der westlichen Anatomielehre. Es ist klar und verständlich geschrieben und eignet sich sowohl für AnfängerInnen als auch für fortgeschrittene Yogaübende, die sich für das große Heilungspotential der Yogatherapie interessieren.

Remo Rittner/Dr. med. Ingfried Hobert
Yogatherapie und ganzheitliche Medizin
Vorbeugung und Heilung von Krankheiten

Paperback, 184 Seiten, 400 Fotos,
ISBN 978-3-86616-302-7, € 24,95 [D] / € 25,70 [A]

Vor dem Hintergrund ganzheitlicher Psychosomatik haben der Yogatherapeut Remo Rittner und der naturheilkundliche Mediziner Dr. Ingfried Hobert spezifische Yoga-Programme entwickelt, die sich schon bei vielen Patienten erfolgreich bewährt haben. Ob Hüftarthrose, Heuschnupfen, Bandscheibenvorfall, ob Übergewicht, Depression oder Burnout, wer sich auf dieses Übungsprogramm einlässt, hat beste Chancen, seinen Gesundheitszustand ganz wesentlich zu verbessern.

Remo Rittner/Eva Hager-Forstenlechner
Kraft und Beweglichkeit für Füße und Knie

DVD, Laufzeit: 74 Minuten,
ISBN 978-3-86616-308-9, € 14,95 [D]

Auf dieser DVD stellen Ihnen der bekannte Yogatherapeut und Buchautor Remo Rittner und die Yoga/Spiraldynamiklehrerin® Eva Hager-Forstenlechner zwei innovative Yogaprogramme für die Vitalisierung ihrer Füße und Knie vor. Die in der Praxis erprobten und sehr effektiven Yogaübungen werden anschaulich angeleitet und anatomisch vorbildlich vorgeführt, so dass sie auch für Anfänger leicht durchzuführen sind.

Meditation – Hatha-Yoga

Joseph Bharat Cornell
OM
Die Melodie der Liebe

Hardcover, 160 Seiten, 38 Fotos,
ISBN 978-3-86616-323-2, € 17,95 [D] / € 18,50 [A]

OM ist einer der geheimnisvollsten Klänge der Welt. In ihm, so sagt man, offenbart sich die gesamte göttliche Schöpfungskraft, die kosmische Wahrheit und Liebe des Seins. Das Buch beschreibt, wie man diesen Klang im eigenen Inneren zum Klingen bringen und wie das heilige OM so zu einer direkten Erfahrung des göttlichen Einsseins werden kann.

T.K. Sribhashyam
Wie Yoga wirklich wurde
Ursprung und Entwicklung der Lehre des Yoga

**Ein Übungsprogramm
nach dem Yogameister T. Krishnamacharya**

Klappenbroschur, 256 Seiten, DIN A4, 168 Fotos,
13 fb. Fotos,
ISBN 978-3-86616-267-9, € 29,95 [D] / € 30,80 [A]

Der Autor ist Sohn des Yogameisters Krishnamacharya, des Begründers des „Vini-Yogas". Somit werden dem Leser unverfälschte und tiefe Einblicke in die Ursprünge einer mehr als tausendjährigen Tradition gewährt. Die sehr detailliert beschriebenen 97 Asanas mit ihren Wirkungen auf Körper, Geist und Seele, die 57 Übungsreihen zur täglichen Yogapraxis, Übungsreihen zu Pranayamas und

Eckard Wolz-Gottwald
Die Yoga-Sutras im Alltag leben
Die philosophische Praxis des Patanjali

Taschenbuch, 192 Seiten,
ISBN 978-3-86616-304-1, € 12,95 [D] / € 13,40 [A]

Dieses Buch erschließt den bedeutendsten Text der Yoga-Philosophie für die heutige Yogapraxis. Für den Übenden, ob Anfänger oder Fortgeschrittener, wird so die Essenz des Yoga in seiner ganzen Dimension unmittelbar und konkret erfahrbar. In 18 Lektionen verbindet sich die tiefe Weisheit der berühmten Yoga-Sutras, die in ihrer ganzen philosophisch-spirituellen Bedeutsamkeit fundiert erklärt werden mit praktischen Übungen.

Berino Schmid
Hand- und Fingermudras
Klare Gedanken und positive Gefühle

Taschenbuch, 96 Seiten, 44 Zeichnungen,
ISBN 978-3-86616-321-8, € 9,95 [D] / € 10,30 [A]0

Im Yoga haben Mudras eine lange Tradition. Berino Schmid hat für alle essentiellen Themen des Lebens energetisch meditative Mudra-Übungen entwickelt. Mit ihnen gelingt es sehr effektiv, wieder ins körperliche, geistige und emotionale Gleichgewicht zu gelangen und selbst heftige Gefühlszustände auszugleichen.

Maria Dieste
Hüftarthrose
Vorbeugen und behandeln mit Heil-Yoga

Klappenbroschur, 184 Seiten, 185 farbige Fotos,
ISBN 978-3-86616-311-9, € 22,95 [D] / € 23,60 [A]

Dieses Buch ist ein Leitfaden, um Ursachen der Hüftgelenksbeschwerden zu erkennen und zu verändern. Es enthält vielfältige Anregungen zur Korrektur eingefahrener Gewohnheiten, einfache Asanas sowie ein 30-tägiges Programm. Ausführliches Hintergrundwissen zu Themen wie Philosophie des Yoga, Anatomie, Bedürfnisforschung, Funktion des Atems und Energielenkung runden den Inhalt ab.

Maria Dieste
Hüftarthrose
Übungen zum Vorbeugen und Behandeln mit Heil-Yoga

Doppel-CD, Laufzeit: ca. 120 Minuten,,
ISBN 978-3-86616-350-8, € 14,95 [D]

Als führende Heil-Yoga® Expertin Deutschlands bietet Maria Dieste Menschen, die Beschwerden mit ihrem Hüftgelenk haben, wertvolle Inspirationen, ganzheitliche Denkimpulse, wirkungsvolle Alltagsübungen sowie ein speziell entwickeltes 30-tägiges Trainingsprogramm. Erfahren Sie u. a., wie Sie Ihre Hüften entlasten und lockern, die Muskulatur kräftigen und dehnen und wie Sie Ihre innere Einstellung, Ihre Verhaltensweisen, hinderlichen Muster und Körper-Fehlhaltungen korrigieren können.

Susann Theresa Braun
Kommunikation ist Teil der Heilung
Arzt und Patient als Partner

Taschenbuch, 144 Seiten,
ISBN 978-3-86616-319-5, € 9,95 [D] / € 10,30 [A]

Das Buch ist geschrieben vor allem für Menschen in medizinischen und heilenden Berufen, aber auch für Patienten und alle, die den heilsamen Nutzen bewusster Interaktion und wertschätzenden Miteinanders entdecken und vertiefen möchten. Sorgsamer Einsatz der Sprache und der Wortwahl, Achtsamkeit, Empathie und Authentizität können so ganz neue Räume der Begegnung öffnen.

Tina Stümpfig-Rüdisser
Jin Shin Jyutsu – Die Kunst des Heilströmens erlernen
Aktivierung der Selbstheilungskräfte

Paperback, 256 Seiten, 201 farbige Fotos, 47 Zeichnungen,
ISBN 978-3-86616-254-9, € 19,95 [D] / € 20,60 [A]

Durch einfaches Auflegen der Hände auf bestimmte Energiepunkte am Körper können Sie Ihre Gesundheit um 100% verbessern. Sie stärken Ihre Selbstheilungskräfte, bringen mehr Vitalität, Freude und Leichtigkeit in Ihr Leben. Ungeahnte Energien können sich freisetzen. In diesem Buch sind die Grundlagen des Jin Shin Jyutsu einfach und für jeden sofort anwendbar dargestellt.

Don Yon
Tai Chi – Das Lehrbuch der Bewegungsmeditation
Geschmeidig und stark in Körper und Geist

Paperback, 152 Seiten, über 500 farbige Fotos,
ISBN 978-3-86616-288-4, € 34,95 [D] / € 36,00 [A]

Dieses Buch vermittelt, wie sich das universelle Grundprinzip von Yin und Yang in den Bewegungsformen ausdrückt und wie ein spirituelles Verständnis von Tai Chi zu einem zutiefst glücklichen Leben mit einem klaren, harmonischen Geist und einem geschmeidigen gesunden Körper führen kann. Im praktischen Übungsteil mit über 500 außergewöhnlich schönen Fotos wird der Tai Chi-Weg eindrucksvoll dargestellt.

Ganzheitliche Gesundheit

Peter Pukownik
Hildegard – Heilkunde für jeden Tag

Via Nova Kompakt, 192 Seiten,
ISBN 978-3-86616-306-5, € 9,95 [D] / € 10,30 [A]

Dieser kompakte und sehr praktische Ratgeber liefert einen hervorragenden Überblick über die Gesundheitslehre der Heiligen Hildegard und stellt anhand der wichtigsten Beschwerdebereiche einfache Linderungs- und Therapiemöglichkeiten vor. Leicht verständlich, sofort anwendbar und ideal geeignet für den alltäglichen Gebrauch! Ein exquisites Handbuch der Hildegard-Heilkunde, das für jede Krankheit von A bis Z viele nützliche Tipps enthält!

Irmgard Maria Gräf
Die Quark-Öl-Kur

2. Auflage

**Die Heilkraft der Öl-Eiweiß-Ernährung nach
Dr. Johanna Budwig mit vielen Rezepten**

Paperback, 240 Seiten, über 200 farbige Fotos,
ISBN 978-3-86616-290-7, € 19,95 [D] / € 20,60 [A]

Die Öl-Eiweiß-Kost ist von der weltweit bekannten Krebsforscherin Dr. Johanna Budwig entwickelt worden und hat vielen Menschen auf der ganzen Erde schon Gesundheit gebracht. Dieses Buch ist ein sehr hilfreicher Ratgeber für eine gesunde Ernährung.

Tina Stümpfig-Rüdisser
Jin Shin Jyutsu – in der Schwangerschaft

**Zur Vorbereitung der Geburt und für die ersten Wochen
mit dem Baby**

Paperback, 192 Seiten, 174 farbige Fotos
ISBN 978-3-86616-287-7, € 18,95 [D] / € 19,50 [A]

Dieses Buch für werdende Mütter ist ein praktisches, übersichtliches und liebevoll gestaltetes Handbuch, das einfache Möglichkeiten aufzeigt, in bester Weise Entwicklung und Wachstum des Kindes und auch die Entfaltung des Babys nach der Geburt zu unterstützen. Das leicht erlernbare Heilströmen fördert wirksam den natürlichen Zustand der Gesundheit, Freude und Gelassenheit.

Ganzheitliche Gesundheit

Alexandra Kleeberg
Selbstheilung im Alltag
Imaginationen, Übungen

Paperback, 160 Seiten,
ISBN 978-3-86616-286-0, € 13,95 [D] / € 14,40 [A]

Wer sich auf die leicht anwendbaren und inspirierenden Übungen, Anregungen und Meditationen dieses Buches einlässt, wird alsbald eine heilsame Verwandlung erfahren, eine neue Qualität des Zeiterlebens und eine Welt der Wunder entdecken.

Dr. med. Richard Harslem
Medizin die JEDEN angeht
Schulmedizin und alternative Heilverfahren als Partner

Paperback, 208 Seiten,
ISBN 978-3-86616-204-4, € 16,95 [D] / € 17,50 [A]

Auf der Grundlage neuester wissenschaftlicher Erkenntnisse vermittelt der Autor praktisch umsetzbare Informationen für alle, die mit dem Gesundheitswesen zu tun haben, aber auch für alle, die gesund werden wollen! So können die Heilungschancen der einzelnen Patienten erhöht werden. Gleichzeitig wird auch der spirituelle Aspekt der Heilung behandelt.

Dr. med. Reimar Banis
Neue Lebenskraft durch Energiemedizin
Befreiung von Blockaden und unbewussten Konflikten

Taschenbuch, 128 Seiten, 10 farbige Fotos, 6 Abbildungen,
ISBN 978-3-86616-345-4, € 9,95 [D] / € 10,30 [A]

Dr. Reimar Banis stellt uns in diesem Buch die weltweit erfolgreiche neue Heilmethode der „Psychosomatischen Energetik" vor. Seelische Konflikte und Disharmonien können überwunden, entstandene Energieblockaden – of Ursachen vieler Beschwerden – aufgelöst und die natürlichen Lebensenergien können wieder vollständig in der Fluss kommen.

Barbara Schenkbier
Die Vision vom göttlichen Menschen
Eine spirituelle Weg-Begleitung
Paperback, 424 Seiten, 21 ganzseitige Bilder
ISBN 978-3-928632-68-3, € 20,00 [D] / € 20,60 [A]

Das Buch ist ein umfassendes Standardwerk, das eine neue Evolutionsstufe im menschlichen Bewusstsein vorbereiten hilft. Alle wichtigen Schritte werden beschrieben, wesentliche Übungen aus einer neuen Sicht heraus dargestellt und die Transformationsstufe zu einem neuen Bewusstsein geschildert. Dem Leser eröffnet sich eine neue Sicht auf den Sinn des Lebens.

Ervin Laszlo
HOLOS
die Welt der neuen Wissenschaften
Hardcover, 208 Seiten,
ISBN 978-3-928632-94-2, € 19,50 [D] / € 20,10 [A]

Auf der Basis neuer wissenschaftlicher Erkenntnisse in Physik, Biologie, Kosmologie und Bewusstseinsforschung hat Prof. Ervin Laszlo neue Antworten auf die Fragen nach dem Ursprung und der Bestimmung des Universums, den Entwicklungsmöglichkeiten des menschlichen Bewusstseins, einem Weiterleben nach dem Tod und nach einem kosmischen und vielleicht sogar göttlichen Bewusstsein gegeben.

Siglinda Oppelt
Quantensprung im Business
Erfolgreich in die neue Zeit!
Hardcover, 320 Seiten, 12 Grafiken,
ISBN 978-3-86616-187-0, € 22,95 [D] / € 23,60 [A]

Dieses mutige Buch von Siglinda Oppelt ist ein Wegweiser in eine neue Wirtschaftswelt. Es vermittelt fundiert und leicht verständlich, wie unsere Wirtschaft – durch die Brille der Quantenphysik gesehen – funktioniert, und macht die Kraft des Geistes – den „Spirit in Business" – auf dem Boden der ökonomischen Tatsachen sichtbar.
An vielen Praxisbeispielen wird deutlich, wie Vorreiter-Firmen mit einem Geist der Wertschätzung, des Respekts, der Achtung, der Würde, des Vertrauens, der Liebe, der Freude Quantensprünge im Erfolg erreichen.

Unsere erfolgreichen Kartensets

Chuck Spezzano
Karten der Partnerschaft
Liebe in Partnerschaft und Beziehungen

90 künstlerisch gestaltete, farbige Karten mit Begleitbuch
ISBN 978-3-86616-090-3
€ 29,90 [D] / € 30,80 [A]

2. Auflage

Die Karten der Partnerschaft mit erklärendem Begleitbuch wollen dazu beitragen, eine Beziehung auch dann lebendig zu erhalten, wenn die Phase der ersten Verliebtheit vorbei ist, und sie wollen dem Paar, das sie befragt, dabei helfen, erfolgreich alle Hindernisse und Klippen zu umschiffen, die jede Beziehung überwinden muss.

Chuck Spezzano
Karten der Erkenntnis

12. Auflage

48 künstl. gestaltete, mehrf. Karten,
Buch 144 Seiten, ISBN 978-3-928632-32-4
€ 24,80 [D] / € 25,50 [A]

Wollen Sie mehr Selbsterkenntnis gewinnen, persönliche Ziele und verborgene Wünsche erkennen, die Beziehungen im Leben verbessern, Ursachen für Probleme herausfinden und auflösen, Hindernisse auf dem Weg nach innen beseitigen? Dann sind die Karten der Erkenntnis eine große Hilfe, das herauszufinden, was für Sie wichtig ist.

Chuck Spezzano
Karten des Lebens
Lebensgeschichten erkennen und heilen

6. Auflage

100 künstl. gestaltete, mehrf. Karten, mit Begleitbuch, 224 Seiten, ISBN 978-3-86616-028-6
€ 29,90 [D] / € 30,80 [A]

Die lebensbejahenden Geschichten zu stärken, ist ein Herzensanliegen von Chuck Spezzano. Er gibt dem Leser ein ideales Werkzeug an die Hand, mit dessen Hilfe er die Ursachen seiner alltäglichen Lebensprobleme und seine Lebensmuster erkennen und negative und destruktive Muster heilen kann.

Printmedien | Digitale Publikationen | Werbung | Service

Appel & Klinger
Druck und Medien GmbH
Bahnhofstraße 3a
96277 Schneckenlohe

Niederlassung Fulda
Tel. 0661 20697842

ahenkel@ak-druck-medien.de
www.ak-druck-medien.de

Lachen lässt uns befreit durchatmen, vertieft die Bauchatmung und stärkt die Funktion der Lunge. Unser Körper und unser Gehirn wird dadurch mit bis zu viermal mehr Sauerstoff versorgt. Diese optimale Sauerstoffanreicherung erhöht die Konzentrations- und Leistungsfähigkeit und wirkt sich regulierend auf das Herz-Kreislauf-System aus, was zu mehr innerer Ruhe führt.

Die Bienen-Atmung

Sie ist als Bhramani bekannt. Das Summen hat sehr entspannende Wirkung und das Kitzeln des Summens löst durchaus ein leichtes Gelächter aus. Die Bienen-Atmung wirkt stimmungsaufhellend.

Ausführung	entspannte Sitzposition einnehmen
EA	durch die Nase – Mund geschlossen
AA	Summen „Hmmmmmmmmmm"
EA	durch die Nase
AA	auf „Hmmmmmmmmmm" Vibrationen spüren auf den Lippen, im Mund, Rachen und Brustkorb
EA = Einatmen AA = Ausatmen	

Intensives Lachen ist verstärkte Ausatmung und lässt das Zwerchfell hüpfen. Das kann man beim stoßartigen Ausatmen mit den Lachlauten „Ho-ho-Ha-ha" fühlen. Hierzu eine **kleine Übung**:

Legen Sie Ihre Hände sanft auf die Region des Zwerchfells, also zwischen Brustbeinspitze und Bauchnabel. Durch die Nase einatmen und nun über den Mund intensiv ausatmen, indem Sie den Atem mit den Lachlauten „Ho-ho-Ha-ha-Ho-ho-Ha-ha-Ho-ho-Ha-ha" ausstoßen. Wenn Sie bei dem ersten Versuch noch nicht viel spüren, keine Sorge, da braucht das Zwerchfell noch etwas Training.

„Wie viel schöner ist das Leben,
wenn zur rechten Zeit
wir vor Lachen beben."
Freny Hechenberger

Diese spezielle Atembewegung, das Ausatmen in mehreren hintereinander folgenden Stößen, verlängert die Ausatmung und trainiert den Einatmungsreflex. Nach dem Ausatmen halten viele Menschen die Luft an, wie beim Tauchen, und stoppen den Reflex, einzuatmen. Mit dem betonten Ausatmen wird er aktiviert. Beim Einatmen kommt die Luft an der Stimmritze vorbei, strömt dort mit einer Geschwindigkeit von bis zu 100 Kilometern pro Stunde hindurch und versetzt die Stimmbänder in der Stimmritze in Schwingungen. Je stärker das Ausatmen ist, desto lauter ist das Lachen. Männer lachen mit ungefähr 250 Hertz, Frauen sogar mit zirka 500 Hertz. Das sind doppelt so viele Schwingungen wie beim Sprechen. Allerdings hängt die Lachhöhe zusätzlich von der Spannung und Dicke der Stimmbänder sowie der Größe des Kehlkopfes ab.

Beim Lachyoga wird Atmung und Lachen ganz bewusst im Wechsel eingesetzt. Lachen als vitalisierende, euphorisierende Energie, die den Sympathicus, unser aktivierendes Nervensystem, anregt, wechselt mit dem ruhigen, achtsamen Atmen, welches den Parasympathicus, unser beruhigendes Nervensystem, stärkt.

In Stress-Situationen oder Situationen, die Stress auslösen, kann es äußerst hilfreich sein, bewusst zu atmen. Bewusst ein- und ausatmen nach dem Motto: „Erst mal tief durchatmen!" Zusätzlich können, begleitend zum Atmen, Anker gesetzt werden. Das bedeutet, dass man sich laut oder innerlich sagt: „Ein (dabei einatmen) und aus (dabei ausatmen)" – „Ho (einatmen) und ha (ausatmen)" – „Leben (einatmen) und leben lassen (ausatmen)" – „Vergeben (einatmen) – Vergessen" (ausatmen)". Auch ein lustiges Lachmantra kann den Atem begleiten, wie zum Beispiel „Jipidu" (einatmen) und „Jiphida" (ausatmen).

„Lachen ist für die Seele dasselbe wie Sauerstoff für die Lunge."
Louis de Funés

Die Schwingungen, die durch das Lachen in der Luftröhre entstehen, bewirken eine „innere Massage" der Drüsen am Hals, und durch die Bewegung des Zwerchfells erfolgt eine Massage aller inneren Organe. *„Lachen ist die beste Herzmuskelmassage, die es gibt. Ich bin mir sicher, dass manche Filme von Chaplin, Keaton – und vielleicht sogar der ein oder andere von mir – das Leben um mindestens zwei bis fünf Jahre verlängern können",* behauptet der amerikanische Schauspieler und Komiker Mel Brooks. Im antiken Griechenland hielt man das Zwerchfell für den Sitz der Seele und der Gefühle. Man sprach vom „Seelenmuskel". Durch die Schwingungen des Lachens und die Intensivierung des Atems können Emotionen freigesetzt werden. So kann sich während des Lachens oder beim Ausführen der Atemübungen die Stimmung wandeln, Wut kann hervorbrechen oder Tränen können fließen.

Elemente der Freude

„Ich wünsche dir das Herz erfüllt mit Glücksgefühlen,
die Augen mit Lachen, die Füße mit Tanz und die Arme mit Kraft,
die Ohren mit Musik und die Nase mit Wohlgerüchen,
den Mund mit Jubel und die Seele mit Freude."

Aus Afrika

Wenn uns etwas besonders berührt, sprechen wir davon, dass es Eindruck hinterlassen hat. Dieses Erlebnis beschäftigt uns auf unterschiedliche Art und Weise, je nach Situation. Ob Verliebtsein, die Geburt eines Kindes, Naturereignisse oder Verlust und Tod, bei allem ist gleich:

Eindruck verlangt nach Ausdruck. Wir lachen und jubeln, strahlen, hüpfen und springen, erzählen unseren Mitmenschen die frohe oder traurige Nachricht, jammern, weinen oder ziehen uns zurück. Die Fülle der Eindrücke kann durch Lachyoga, Mudras, Tanzen, Singen, Malen, Meditieren und Schreiben von Jammer- und Freudetagebüchern sowie Gedichten kanalisieren werden.

Diese Elemente der Freude helfen, einen heilsamen Umgang mit der Trauer, der Freude, dem Schmerz, der Wut und dem Unverständnis zu finden. Sie unterstützen die Transformation der Schwere in mehr Leichtigkeit.

„Tränen, die man gelacht hat, muss man nicht mehr weinen."
Jüdisches Sprichwort

Tanzen – Singen

Tanzen und Singen sind Quellen von Kreativität, Perspektivenwechsel, Kraft und Freude. Darüber hinaus stimulieren auch diese beiden Aktivitäten in unserem Gehirn das Belohnungssystem. Das führt zur Ausschüttung von Glückshormonen und bewirkt Heiterkeit, Gelassenheit und Zuversicht. Ebenfalls werden Schmerzen reduziert und das Immunsystem wird gestärkt.

Beim Tanzen wie beim Singen kann man sich seiner Stimmung hingeben oder sie überhaupt erst einmal wahrnehmen. Bewegung und Stimme können der Befindlichkeit Ausdruck geben – Veränderung und Heilung können erfolgen. Die Kombination von Tanzen, Singen und Lachen ist intensives Seelen-Futter und nährt das Herz.

„Des Guten zu viel
kann wunderbar sein."
Mae West

Tanzen

„*Ich wende mich mit meinem Tanz an das Gesunde im Menschen*", sagte die Schweizer Tänzerin Trudi Schoop, die als Begründerin der Tanztherapie gilt. „*Ich hoffe, indem ich das Gesunde, das im allgemeinen einfach Energie ist, stärker mache, wird dieser Mensch auch besser mit seinen sogenannten Problemen fertig. Wenn du genügend Energie hast, wenn du diese Energie in Freude umsetzen kannst, in Freude, dass du lebst, und wenn ich das alles steigern kann, glaube ich, dass viele Menschen, nicht alle, aber viele, ganz wunderbar durchs Leben gehen können.*"

Trudi Schoop hat mir die Augen geöffnet, dass ich schon früh instinktiv Tanztherapie gemacht habe. Schnell die Möbel zur Seite gerückt, Musik angestellt und los ging es. Wut, Trauer, Freude bekamen einen Kanal. In meiner Teenie-Zeit, als ich regelmäßig mit meiner Clique in die Disko gefahren bin, kam ich meistens heulend bei meinen Freundinnen an. Meine Mutter machte mir fast jedes Mal heftige, verzweifelte Szenen, weil sie wollte, dass ich sie nicht alleine lasse. Zum Glück schaffte ich es immer wieder, mich loszureißen und zu gehen. In der Disko war ich vom Anfang bis zum Schluss auf der Tanzfläche. Ein Tänzer fragte mich, ob ich Kilometergeld bekäme. *Sich im Tanz verlieren, sich im Tanz wiederfinden,* welch gute Möglichkeit!

Wer meint, er könne nicht tanzen, dem sei gesagt: Tanzen hat bereits Wirkung, wenn wir uns die Bewegungen anschauen oder nur innerlich vorstellen. Dank der Spiegelneuronen finden die positiven Prozesse auch bei „Traumtänzern" oder beim Zuschauen von Tanzaufführungen statt.

Aber das Selbertanzen hat immer noch die intensivste Wirkung. Trudi Schoop sagte über das Tanzen: *„Jeder, der gehen kann, kann auch tanzen."* Ihre Vorstellung vom Tanzen beinhaltet jegliche individuelle Bewegung, die spontan aus sich selbst heraus entsteht ohne Vorschriften und ohne Anleitung dessen, was geschehen soll. Der Gedanke ist, dass sich durch das Bewegen erschließt, wie es im Inneren aussieht, und damit ein Zugang zum inneren Erleben geschaffen wird und im Rückschluss daraus sich das Innenleben durch Bewegung sortiert, was zur Heilung führt. „Motion makes emotion".

Neben dem tanztherapeutischem Bewegen gibt es ein breites Sortiment an Tanzrichtungen und jede hat unterschiedliche Aspekte. Zum Beispiel erlaubt Kreativer Tanz eigene Gestaltung, Flamenco und Afrikanischer Tanz fördern den Bodenkontakt und Wiener Walzer lässt uns fliegen.

Bei der Auswahl der Tänze ging es mir vor allem darum, die Leichtigkeit und Bodenhaftung zu stärken und dazu einzuladen, die eigene Stimmung zu spüren. Wer seine aktuelle Befindlichkeit kennt, kann aktiv Einfluss darauf nehmen.

Ich gebe Anregungen für kleine Bewegungsfolgen und kleine Tänze. Wer sich ausführlichere Choreographie wünscht, kann den Quellen entnehmen, wo diese zu erhalten sind. Mit meiner Aufforderung: *„Von der Musik inspirieren lassen"* möchte ich einladen, sich zu der Musik zu bewegen und sich von den Klängen und den Rhythmen mitnehmen und führen zu lassen oder diese zu interpretieren – ohne nachzudenken.

Es kann sein, dass erst auf die sanften Töne der Musik getanzt wird oder nur auf den kräftigen Beat. Beides kann wechseln oder sogar zu Kontrasten einladen, was bedeutet, man hört sanfte, melodische Töne, führt aber kräftige, abgehakte Bewegungen aus. Dabei gibt es keine vorgeschriebene

Schrittfolge und keine festgelegte Art und Weise, wie man sich bewegen soll. Bewegung entwickeln lassen – sich überraschen lassen. Alles ist möglich, auch die Stimme kann spontan mittönen, summen oder singen. Möglich ist auch, dass beim Tanzen und Tönen plötzlich Tränen fließen, aber kurze Zeit später schon wieder Lachen ertönt.

Bei der Musik gebe ich die Musikrichtung an, wie Trommelmusik, oder empfehle Interpret und Lied. Vorlieben, Stimmung und Absicht der Wirkung entscheiden, welche Musik man wählt. Jeder Musikstil kann die jeweilige Befindlichkeit verstärken, unterstützen oder verändern. Musik kann aggressiv stimmen, traurig machen oder einen keck durch die Welt hüpfen lassen.

So können Wut, Melancholie und Lebensfreude ausgelebt werden. Die unterschiedlichen Schwingungen der Musik bewirken Wandlung, so dass Schwere in Leichtigkeit, Trauer in Heiterkeit und Antriebslosigkeit in Vitalität verwandelt werden kann.

Kriterien der Musikwahl sollten somit sein:
Möchte ich eine Stimmung verstärken oder unterstützen? Oder möchte ich sie wandeln? Möchte ich mich einfach inspirieren lassen? Brauche ich starken Rhythmus oder sanfte Töne? Nehme ich vertraute Melodien oder wage ich Experimentelles? Möchte ich zur Ruhe kommen oder mich vitalisieren?

„Darf ich bitten?"

Freies Tanzen

Wirkung	Kopf schaltet ab Körper und Emotionen bestimmen den Tanz
Musik	nach Vorliebe und Stimmung
Tanz	von der Musik inspirieren lassen

Im **Freien Tanz** ist alles erlaubt. Es gibt keine festgelegten Schritte, keine vorgegebenen Bewegungen. Der Tänzer kann sich ganz dem hingeben, was sich von alleine entwickelt.

Afrikanischer Tanz

Wirkung	erdet löst Spannungen auf vitalisiert
Musik	Trommelmusik Percussionmusik
Tanz	mit den Füßen kraftvoll auf den Boden stampfen Arme kraftvoll in alle Richtungen strecken einige Minuten wiederholen den gesamten Körper nach und nach ausschütteln: Hände, Arme, Schultern, Nacken, Kopf, Kiefer, Füße, Beine, Becken-Po, Brustkorb, Rücken dabei in den Knien wippen und Bodenkontakt spüren

Afrikanischer Tanz hat durch die Betonung des Bodens eine erdende Wirkung. Das Schütteln befreit von dem, was bedrückt, stört, belastet, und löst damit Spannungen und Starre. Beides, Stampfen wie Schütteln, hat vitalisierende Wirkung. Der Afrikanische Tanz beinhaltet viele festgelegte Choreographien, aber man kann den Tanzstil auch frei gestalten.

Wiener Walzer

Wirkung	vitalisiert stimmungserhellend
Musik	alles mit ¾-Takt ist möglich oder einfach auf „Hahaha-Hohoho"
Tanz	im Walzerrhythmus drehen und sich wiegen Pendelschritte seitlich und vor – zurück die Mundwinkel nach oben wandern lassen

Wiener Walzer ist fast wie Fliegen. Bei den schwungvollen Drehungen gibt es nur noch geringfügige Bodenhaftung. Das Wiegen und Pendeln wiederum sorgt für Erdung. Der Wechsel lässt ein leichtes, beschwingtes und heiteres Gefühl entstehen.

Tanz des Spürens

Wirkung	fördert Sensibilität fördert Wahrnehmung
Musik	nach Vorliebe und Stimmung
Tanz	von der Musik inspirieren lassen während des Tanzens in sich hineinspüren: „Wo im Körper fühle ich Schwere?" „Wo im Körper spüre ich Schmerz"? „Wo im Körper fühle ich Leichtigkeit? „Halte ich die Luft an oder fließt der Atem? „Beiße ich die Zähne zusammen?" Möglichkeiten, darauf zu reagieren der Schwere nachgeben und sich auf den Boden legen sich schütteln und die Schwere abschütteln zum Schmerz hin atmen die Leichtigkeit mit Hüpfen verstärken bewusst tief durchatmen Unterkiefer hängen lassen

Beim *„Tanz des Spürens"* wird jene Sensibilität geschult, die notwendig ist, um die eigene Befindlichkeit wahrzunehmen. Das Erlebte kann zusätzlich aufgeschrieben oder gemalt werden.

Spiral-Tanz

Wirkung	innere Sammlung sensibilisiert für Wandlung
Musik	Erev Shel Shoshanim (israelisch), „Einfach gehen" von Amei Helm
Tanz	auf einer großen Kreislinie schreiten diese Linie in Spiralform nach innen weitergehen bis zum Mittelpunkt stehen bleiben spüren, wie es sich dort anfühlt umdrehen denselben Weg langsam zurückgehen
Idee	die Spirale mit Tüchern und Bändern legen

Der Weg beim *„Spiral-Tanz"* führt zum Mittelpunkt und Wendepunkt. Fühlt sich das Hineingehen anders an als das Hinausgehen? Wie ergeht es mir in der Mitte? Was nehme ich mit hinaus? Das Erlebte kann aufgemalt und dazu etwas geschrieben werden.

Spirale-Labyrinth

Eine weitere Möglichkeit, zum Mittel- und Wendepunkt zu gelangen, ist das Labyrinth (Seite: 184). Wann immer es möglich ist, durch ein Labyrinth zu gehen, empfehle ich, es zu tun. Das Labyrinth mit seiner abgrenzenden Kreisform und mit seinen streng geordneten Windungen führt uns in die vier Himmelsrichtungen, aber auch auf seinen Mittelpunkt hin. Die Mitte wird in raffinierten Umwegen umgangen und soll uns vermitteln, dass gerade der Umweg manchmal der direkteste Weg ist. Das Erleben des Sichnäherns und -entfernens zur Mitte und das Spüren, dass auch das Zurückgehen aus dem Labyrinth ein Vorwärts ist, empfinde ich als wertvolle Erfahrung.

Derwisch-Tanz

Wirkung	fördert die innere Sammlung und Ruhe fördert Perspektivenwechsel Distanz zum Ego
Musik	Derwisch-Tanz-Musik Musik eigener Wahl, auf die sich gut endlos drehen lässt
Tanz	aufrechte Haltung Arme zu Beginn kreuzen: rechte Hand auf linker, linke Hand auf rechter Schulter kurze Verneigung Drehen auf der Stelle, entgegen dem Uhrzeigersinn langsam beginnen – nach und nach schneller kreiseln zwischendurch stehen bleiben Beine-Füße: das linke Bein ist das Standbein; die Achse, um welche gedreht wird der linke Fuß behält immer Bodenkontakt das rechte Bein nach vorne führen, neben dem linken Fuß aufsetzen dabei auf dem linken Fuß drehen immer so weiter das rechte Bein holt Schwung der rechte Fuß gibt den Kick zum Drehen auf dem linken Fuß drehen Körper: dahin drehen, wo der rechte Fuß abgesetzt wurde Vorstellung der Achse: die Drehung erfolgt um das Herz Arme: während des Drehens die Hände zum Herzen führen die Arme weiter sinken lassen und über die Seite hochführen nach oben weit geöffnete Armhaltung einnehmen, dabei: rechte Handfläche empfangend nach oben gekehrt linke Handfläche weist zur Erde Kopf: leicht nach rechts geneigt Augen: sind geöffnet – Blick haftet nirgendwo Stabilisierungshilfe: beim Drehen zur linken Hand schauen Stopp: zwischendurch immer wieder anhalten dabei die Arme heranholen – Hände auf die Herzregion legen innehalten neu starten

Der Derwisch-Tanz wird auf Dschalal ad-Din Muhammad Rumi, persischer Mystiker und bedeutendster persisch-sprachiger Dichter des Mittelalters, zurückgeführt. Es wird berichtet: *„In der Nacht seiner Verzweiflung beginnt er sich zu drehen. Im selbstvergessenen Kreisen findet er seinen Freund in seiner Seele wieder. Tanzend überwindet er die Schwelle des Todes."* Der Tanzende wird zu einem Kanal und verbindet sich mit Himmel und Erde. Die rechte Hand nimmt Licht auf, die Energie strömt durch den Körper und wird über die linke Hand an die Erde weitergeleitet. Das kontinuierliche Drehen bewirkt innere Stille und Sammlung. Mit einigem Training kann die Achse wahrgenommen werden, um die permanent die Drehung erfolgt, und das Drehen wird immer selbstverständlicher.

Die Bekleidung der Semazen, der drehenden Derwische, besteht aus einem hohen Filzhut und einem schwarzen Umhang über dem weißen Gewand. Der Umhang symbolisiert das Grab und die Kopfbedeckung den Grabstein des Ego. Das weite, weiße Gewand stellt das Leichentuch des Ego dar. Vor dem Kreisen wird der schwarze Umhang abgelegt, als Zeichen der Auferstehung. *„Stirb, bevor du stirbst"*, heißt es. Der Tänzer kann sich im Drehen selbst vergessen, verbindet sich mit der göttlichen Energie und findet sich neu. Verstand, Herz und Körper verbinden sich. Der Derwisch bewegt sich im *„Jetzt. Gestern ist vorbei. Und wird es ein Morgen geben?"* Eine Herausforderung, in der Gegenwart zu leben.

Der Ritus des türkischen Mevlevi-Derwisch-Ordens wurde im Jahr 2005 in die UNESCO-Liste der Meisterwerke des mündlichen und immateriellen Erbes der Menschheit aufgenommen.

„So wie die Planeten kreisen,
so werden wir uns drehen."

Singen

Ähnlich wie bei der Gelotologie, der Lachforschung, gibt es inzwischen Untersuchungen über die Wirkung des Singens. Der deutsche Musikwissenschaftler Gunter Kreutz von der Universität Oldenburg belegt in einer Studie mit erfahrenen Chorsängern, dass sich Singen positiv auf Körper und Psyche auswirkt. Dafür wertete er zum einen psychologische Fragebögen aus und untersuchte zum anderen die Konzentration des Stresshormons Cortisol und des Antikörpers Immunglobolin A im Speichel. Die Chorsänger gaben an, eine deutliche Stimmungsverbesserung erlebt zu haben. Die Speicheluntersuchungen belegten die Verringerung der Stresshormone und das Ansteigen des Immunglobolin A.

Die deutsche Schauspielerin und Entertainerin Anke Engelke griff diese Forschung auf und gründete im Rahmen der ARD-Themenwoche „Glück" den *„Chor der Muffeligen"*. Dabei wollte sie prüfen, ob Singen eine Veränderung bewirken kann. Die „muffeligen" Sänger und Sängerinnen füllten vor und nach jeder Probe standardisierte psychologische Fragebögen aus, um ihre Gefühlslage einzuschätzen. Der zweite Baustein der wissenschaftlichen Untersuchung bestand im Auswerten von Speichelproben. Darin wurde außer den Stresshormonen und dem Immunglobolin A die Konzentration des Hormons Oxytocin gemessen. „Oxytocin spielt in der aktuellen Glücksforschung eine wichtige Rolle", weiß der deutsche Psychiater und Forscher René Hurlemann von der Universitätsklinik Bonn. Es wird auch „Vertrauenshormon" und „Kuschelhormon" genannt. „Oxytocin hat stresslösende Wirkung, ist wirksam gegen Ängstlichkeit und führt, durch die Wechselwirkung mit dem Botenstoff Serotonin, zu Wohlbefinden." Alle Chormitglieder wurden im Laufe des Projektes immer frohgemuter und am Ende der Studie waren sich alle einig, dass sie einen neuen fröhlichen Namen für ihren Chor brauchten.

„Du kannst nicht singen!", das haben viele Menschen schon als Kind gelernt. Und heute trauen sie sich nicht mehr, höchstens unter der Dusche. Wer partout meint, dass er nicht singen könne, der kann es auf „Lalala" versuchen. Die Zungenspitze berührt bei „Lalala" hinter den Schneidezähnen am Gaumen einen Akupunkturpunkt, der Glücksbotenstoffe aktiviert. Vielleicht gibt es deshalb eine Vielfalt von Liedern mit „Lalala-Passagen".

Singen hat sogar Wirkung, wenn wir uns die Lieder nur innerlich vorstellen, also still singen. Dank der Spiegelneuronen findet der positive Prozess schon in unserer Vorstellung und auch beim Zuhören statt. Intensiver ist die Wirkung natürlich beim wirklichen Tun. Deshalb möchte ich dazu ermuntern, das Singen von Neuem zu wagen.

„Hab' ein Lied auf den Lippen ,
verliere nie den Mut,
hab' Sonne im Herzen
und alles wird gut!"

Unbekannt

Um die heitere Seite zu stärken, hier ein paar spielerische Singvarianten:

Statt am Leben rumzumäkeln

Wirkung	Perspektivwechsel wohlige Befindlichkeit Stimmungswechsel
Musik	Melodie von „Froh zu sein bedarf es wenig, und wer froh ist, ist ein König"
Singen	„Statt am Leben rumzumäkeln, könnt ich mich mal wohlig räkeln." damit kann man theatralisch spielen die Betonung unterschiedlich gestalten sich entsprechend dazu bewegen

Dschibberisch

Wirkung	Kopf wird frei reguliert Spannung lässt „Worte finden"
Musik	Fantasiemelodien gestalten, so wie es spontan entsteht Volkslieder und andere bekannte Melodien
Singen	mit Dschibberisch, der Kauderwelschsprache, spielen alle Stimmungen können ausgedrückt werden wütend, freundlich, traurig, fröhlich, nachdenklich

Fantasie

| Wirkung | Kopf wird frei
reguliert Spannung
lässt „Worte finden"
aktiviert die „Glücksbotenstoffe"
sensibilisiert für das eigene Tempo
fördert Geschehenlassen |
|---|---|
| Musik | Fantasiemelodien gestalten
verschiedene Rhythmen |
| Singen | mit „LaLüLöLi-LuLu-LöLuLi"-usw.
damit spielen |
| Varianten | Zeitlupe
Zeitraffer
eigenes Tempo |

Dicke Lippe

| Wirkung | entspannt die Kiefergelenke
produziert Speichel |
|---|---|
| Musik | Lied nach Wahl, zum Beispiel:
„Schön ist es, auf der Welt zu sein" |
| Singen | die Zunge zwischen Zähne und Unterlippe schieben
eine „dicke Lippe riskieren"
so singen oder statt Text einfach „Bababa" |

Summen und Tönen

Wirkung	innere Räume kommen in Schwingung befreit die Atemwege beruhigt entspannt
Musik	Lied nach Wahl
Summen	mit geschlossenen Lippen Melodie summen oder mit verschiedenen Tonlagen durch den gesamten Körper summen
Tönen	Mund geöffnet Vokale spüren, wie die Töne sich in Ihnen ausbreiten und auch den Raum erfüllen
Variante	Summen und Tönen beliebig wechseln

Gut ist es (Gila Antara)

Wirkung	Einpendeln im Hier und Jetzt Sensibilisierung für Übergänge	
Musik	„Gut ist es"	
Text und Tanz	Gut ist, wo wir waren,	*rückwärtsgehen*
	gut ist, wo wir sind,	*stehen bleiben*
	gut ist, wo wir hingehen,	*vorwärtsgehen*
	gut ist, wo wir sind,	*stehen bleiben*
Varianten	seitlich gehen um 45 Grad drehen und weitergehen sich überraschen lassen, wohin die Füße wollen geschehen lassen, wie sich der Körper dazu bewegen möchte	

Text mit freundlicher Genehmigung von Gila Antara, deutsche Sängerin und Liedermacherin

Dieses Lied führt durch Vergangenheit, Gegenwart, Zukunft. Es geht um die Besinnung auf den Moment, den stetigen Wandel, das Innehalten und das stetige Weitergehen. Das Spiel mit den unterschiedlichen Zeiten fördert die Wahrnehmung für die Zeit, in der man sich befindet. Damit wird das Einpendeln in das „Jetzt" möglich. Der Text kann auch ohne Musik, wie ein sich wiederholendes Mantra, gesprochen werden.

Que sera sera

Wirkung	fördert heitere Gelassenheit Leichtigkeit stellt sich ein vitalisiert
Musik	„Que sera sera", Doris Day
Singen	der Refrain ist die wesentliche Textstelle in den Text-Pausen zusätzlich „Hahaha" singen: Que sera sera – Hahaha Whatever will be, will be – Hahaha The future's not ours to see – Hahaha Que sera sera – Hahaha What will be, will be – Hahaha.
Tanzen	vor- und zurückpendeln seitlich pendeln, links-rechts im Walzertakt sich drehen und durch den Raum tanzen

Doris Day nimmt Tänzer und Sänger voller Leichtigkeit mit und heitere Gelassenheit stellt sich ein. *„Whatever will be, will be. – Que sera sera."*

Malen

Malen ist ein starkes Ausdrucksmittel, um die eigene Erlebnis- und Gefühlswelt nach außen zu transportieren, ein Medium, das ohne Worte auskommt. Farben, Symbole und die Art und Weise, wie gemalt wird, sprechen für sich. Nicht umsonst greifen viele Therapien, wie die Mal-Therapie, Kunst-Therapie, Tanz-Sozial-Therapie und das Ausdrucksmalen ohne therapeutischen Anspruch, dieses Medium auf.

Malen kanalisiert unser Empfinden auf Papier oder Leinwand und macht unser Fühlen sichtbar. Der innere Druck wird reduziert. Das Bild wird zum Gegenüber, zum Spiegel, zum Partner. Pinsel, Stift oder Kreide haben innerer Bewegung nach außen geholfen und Spuren hinterlassen. Spuren, die beim Betrachten des Bildes als innere Bewegung nachvollziehbar werden. Der Ausdruck unseres Seelenlebens hat ausgleichende Wirkung und aktiviert die Selbstheilungskräfte.

Der Wunsch, der eigenen Innenwelt einen Ausdruck zu geben, beginnt bereits in der Wahl des Materials. Dessen großes Spektrum macht differenziertes Empfinden und Darstellen möglich. Mit Wasserfarben lässt sich anders malen als mit Wachsmalstiften oder mit Pastell-Ölkreiden. Feine Buntstifte haben andere Wirkung als Acrylfarben.

Auch die Fläche, die bemalt wird, kann je nach Stimmung gewählt werden. Es gibt Tage, da ist es wichtig, zart und fein zu malen, sodass ein DIN-A4-Blatt Papier reicht. Dann wieder gibt es Situationen, in denen die Fläche nicht groß genug sein kann. In diesem Fall bietet es sich an, große Bögen Papier, Leinwand oder Tapete an die Wand zu heften und im Stehen zu malen, so dass volle Armfreiheit gegeben ist und auch der Körper mitgehen kann.

Für alle Bilder gilt:
Jedem Bild kann ein Titel gegeben werden. Das Erlebte wird gebündelt und kann den Entwicklungsprozess dadurch zusätzlich unterstützen. Den Titel kann man ebenso wie Worte, die spontan beim Malen oder beim Anschauen des Werkes auftauchen, auf dem Bild platzieren.

Intuitives Malen

Wirkung	entspannt spiegelt die Befindlichkeit verdeutlicht innere Bilder
Ausführung	vor dem Malen in Meditation gehen, nach innen horchen und zu Taten schreiten oder direkt dem spontanen Impuls folgen, dass etwas von innen nach außen transportiert werden möchte

Intuitives Malen heißt geschehen lassen, was sich von selbst entwickelt. Ohne Leistungsanspruch. Dabei werden Emotionen, Gedanken und Wünsche von der inneren auf die äußere Leinwand gebracht.

Wie beim Tanzen und Singen gilt auch hier: Jeder kann malen. Es geht nicht darum, künstlerisch tätig zu werden, sondern sein Innerstes zu entdecken, wertfrei, nur für sich selbst. Es kann sein, dass an einem Tag drei Striche den Weg aufs Papier finden, am nächsten ein einzelner roter Punkt, dann vielleicht geometrische Formen in Schwarz-Weiß und beim nächsten Mal ein buntes Farbenspiel, welches das ganze Blatt ausfüllt. Abstrakte und konkrete Zeichnungen. Alles ist möglich.

Malen zu Musik

Wirkung	entspannt wandelt Stimmung verdeutlicht die Befindlichkeit
Musik	Musik auswählen, die der eigenen Stimmung entspricht oder der Stimmung, in die man kommen möchte
Ausführung	inspiriert von der Musik einfach anfangen zu malen sich überraschen lassen Pausen dürfen sein, wie in der Musik

Malen zu Musik macht es leichter, das Denken auszuschalten. Bewusstes Konstruieren des Bildes kann so umgangen werden. Die Inspiration der Musik macht es möglich, intuitiv zu malen und somit an das innere unbewusste Erleben anzuknüpfen. Es handelt sich um einen prozessorientierten Vorgang, bei dem in der Regel das Erlebnis während des Malens im Vordergrund steht. Aber auch das fertiggestellte Bild ist von Bedeutung.

Bild in Tanz umsetzen

Wirkung	Transformation von Emotionen Heilwerden durch das Wechselspiel von Innen und Außen
Musik	innere Musik Musik, die Ihre Empfindungen unterstützt
Ausführung	das gemalte Bild betrachten auf sich wirken lassen Welcher Teil des Bildes spricht besonders an? Empfindungen spüren und diese registrieren Wo im Körper ist am deutlichsten Resonanz wahrzunehmen? mit diesen Empfindungen in den Tanz gehen das Gemalte und die eigenen Empfindungen in Tanz umsetzen alle Bewegungen dürfen sein sich inspirieren lassen den eigenen Gefühlen freien Lauf lassen

Das innere Erleben, welches durch Malen nach außen transportiert wurde, wird durch körperliche Bewegung neu aufgegriffen. Zum einen wird damit Entdecktes verinnerlicht und zum anderen erfolgt ein zusätzlicher Ausdruck des Erlebten durch das Tanzen. Damit finden Verarbeitung und Transformation statt.

Luft-Malen im Tanz

Wirkung	ermöglicht ungeahnte Bewegungen macht den Körper durchlässiger transformiert Emotionen
Musik	Musik auswählen, die der eigenen Stimmung entspricht oder die die Stimmung unterstützt, in die man kommen möchte
Anmerkung	ohne übliche Malutensilien malen die Luft als Leinwand und den Körper als Pinsel und Buntstift nutzen

Ausführung	ungestört im Raum sein
	durch den Raum tanzen
	dabei mit kleinen und großen Bewegungen in der Luft malen
	die Hände und Arme sind Pinsel und Stifte, ebenso Füße und Knie, der Po und die Ellenbogen
	die Luft ist die Leinwand
	Farben befinden sich in imaginären Farbtöpfen
	Hüpfen und Springen, Tupfen oder mit beiden Händen gleichzeitig malen
	alles ist möglich

Das Malen mit dem Körper und um den Körper herum schafft Raum, innen wie außen. Das Luft-Malen lädt ein, aus sich herauszugehen und sich mit dem Umfeld zu verbinden.

Papier-Wunschblume

Wirkung	konkretisiert Wünsche
	stimmt zuversichtlich
Ausführung	die Papier-Wunschblume malen und ausschneiden
	in die Mitte der Blume einen Wunsch malen
	den Wunsch in einem Wort ausdrücken und hineinschreiben
	die Blütenblätter zur Mitte falten – gut knicken
	in eine mit Wasser gefüllte Schale legen
	beobachten, wie die Blume sich langsam öffnet und der Wunsch aufblüht

Die kleine Fläche in der Mitte der Papier-Wunschblume fordert heraus, den Wunsch präzise zu formulieren. Das Finden der genauen Beschreibung und das Erleben, dass der Wunsch aufblüht, sind positive Verstärker.

Die liegende Acht

Die liegende Acht steht als mathematisches Symbol für die Unendlichkeit. Sie beinhaltet in ihrem harmonischen Schwingen zwischen zwei Polen, ähnlich dem unentwegten Ein und Aus des Atmens, eine Mitte, die ausgleicht und integriert. Das Unendlichkeitszeichen ist ein Zeichen für immerwährende Bewegung, für Weiterentwicklung und Ausgleich. Weiterhin ist es Symbol für Polarität und Dualität. Sie bringt zwei scheinbar unvereinbare Welten zusammen.

Die liegende Acht bietet sich für die Arbeit mit Polaritäten und Rhythmen an, weil durch die geschlossene Schleife einerseits das „Absolute" und andererseits Bewegung und Rhythmus zum Ausdruck kommen. Gegensätzliche Seiten eines Themas, eines Gegenübers können verdeutlicht werden. Einssein und Anderssein werden verbunden, eigene Widersprüchlichkeiten können zu Tage treten. Der Prozess von Wahrnehmung und Veränderung wird gefördert. Wahrnehmen – Erkennen – Zulassen – Loslassen – Verändern.

Ich-und-Du-Acht

Wirkung	schafft heilsame Distanz sammelt Kräfte
Ausführung	eine liegende Acht malen in den linken Bauch der Acht den eigenen Namen schreiben in den rechten Bauch der Acht den Namen des Menschen schreiben, von dem man Distanz braucht die Linien der Acht immer wieder nachmalen genau spüren, wie viel Zeit das Malen der Grenze braucht es kann sein, dass es so lange dauert, bis sogar das Papier zerstört ist täglich das Malen der „Ich-und-Du-Acht" wiederholen, bis die gewünschte Distanz erreicht ist

Lach-Wein-Acht

Wirkung	verbindet Lachen und Weinen bei häufigem Malen der Umrisse kann es die Hälften voneinander trennen Ablösung von Trauer Zuwendung hin zur Freude
Ausführung	eine liegende Acht malen der linke Bauch der Acht hat Platz für Lachen und Freude der rechte Bauch der Acht hat Platz für Weinen und Trauer beide Hälften gestalten sich inspirieren lassen von dem, was entsteht die Linien der Acht immer wieder nachmalen

Mandala

Im westlichen Kulturkreis verstehen wir unter Mandala unterschiedlich zentral ausgerichtete geometrische, pflanzliche oder figürliche Motive. Es handelt sich um Meditationsbilder, die eigentlich aus dem Buddhismus stammen, mit mandalaähnlichem Aufbau, der meist quadratisch oder kreisrund und stets auf einen Mittelpunkt orientiert ist. Diese sind als Ausmalbilder bekannt geworden und sind als Meditations-Objekt in Kindergärten, Grundschulen und auch bei der Arbeit mit Erwachsenen verbreitet.

Ursprünglich wurden Mandalas zu religiösen Zwecken benutzt. Wunderschön sind Sand- und Blumenmandalas. Sie zu gestalten ist eine hohe Kunst besonders geschulter, buddhistischer Mönche. Diese Form der Mandalas symbolisiert Entstehen und Vergehen, die Vergänglichkeit des Lebens und das Ideal von Entbindung der materiellen Welt. In tagelanger Arbeit werden die Motive gestaltet und dann wieder aufgelöst. Die Blumen dürfen verwehen und der Sand wird zusammengekehrt und dem Wasser oder der Erde übergeben.

Das Gestalten von Mandalas und mandalaähnlichen Meditationsbildern bedeutet Ruhe, sich Zeit nehmen, den Kopf ausschalten und geschehen lassen, im Hier und Jetzt sein, eine Mal-Meditation erleben. Die Gestaltung des Mandalas, insbesondere der Mitte, unterstützt die Zentrierung des Malenden.

Eigenes Mandala

Wirkung	individuelle Gestaltung bringt eigenes Empfinden deutlicher zum Ausdruck entspannt zentriert fördert die Konzentration
Ausführung	sämtliche Umrisse des Mandalas selbst ausdenken eine klare Mitte gestalten die Begrenzung als Kreis oder Quadrat deutlich markieren den selbstgesteckten Rahmen intuitiv mit Farben gestalten

Lach-Wein-Mandala

Wirkung	Durchleben der Emotion Freude Durchleben der Emotion Trauer Trennen und Verknüpfen von Trauer und Freude
Ausführung	ein Lach-Mandala gestalten Linien, Formen, Symbole malen Farben auswählen die Mitte entsprechend bilden
	ein Wein-Mandala gestalten Linien, Formen, Symbole malen Farben auswählen die Mitte entsprechend bilden
	ein Lach-Wein-Mandala gestalten schauen, ob sich beides voneinander abgrenzt oder sich miteinander verwebt

Labyrinth

Das Labyrinth ist ein über 5000 Jahre altes Symbol der Selbstfindung und der Suche nach der Mitte des Lebens. Die Botschaft der alten Labyrinthe, wie wir sie auf Kreta und in Norditalien finden, hat auch heute noch Gültigkeit.

Es gibt begehbare Labyrinthe, die wir als Fußbodenmosaik in oder vor Kirchen kennen, Wegbegrenzungen mit Steinen oder Hecken in Schlossgärten, gezeichnete Labyrinthe und Fingerlabyrinthe. Ein bekanntes Fingerlabyrinth befindet sich als gegossene Tafel am Kircheneingang an der Kathedrale San Martino im italienischen Lucca. Die Besucher können mit dem Finger die Wege des Labyrinthes nachmalen. Die Christen haben das Labyrinth bereits in der Antike übernommen. Nach ihrer Lehre endet das Mäanderband in der Mitte, die das himmlische Jerusalem, „die neue Stadt", symbolisiert.

Im 16. und 17. Jahrhundert entwickelten sich aus dem Labyrinth Irrgärten. Im Irrgarten gibt es mehrere Eingänge und Ausgänge, viele Wege, Wegkreuzungen und Sackgassen. Der Besucher kann in die Irre gehen. Diese Form der Gestaltung verspricht Spaß, Nervenkitzel und Abenteuer. So finden wir in der Bezeichnung Maislabyrinth, welches in den letzten Jahren populär geworden ist, noch die Anbindung an das Labyrinth. Von seiner Gestaltung her ist es jedoch ein Irrgarten.

Im Labyrinth gibt es **einen Eingang und einen Ausgang** und damit **einen Weg**. Dieser Weg ist verschlungen und verzweigungsfrei. Ohne suchen zu müssen, gelangt der Besucher durch seine Linienführung mit regelmäßigem Richtungswechsel entspannt zum Ziel, dem Mittelpunkt, auch wenn das Labyrinth dem „Prinzip Umweg" folgt. Es irritiert, dass man sich immer wieder der Mitte nähert und wieder von ihr entfernt, aber es gibt kein Verlaufen und kein Irren. Wenn man seinen Weg Schritt für Schritt fortsetzt, wird man im Zentrum ankommen.

Das Labyrinth zu durchschreiten ermöglicht die volle Konzentration auf das innere Erleben. Es ist ein Weg der geistigen Meditation und führt zur inneren Ruhe.

Sinnbildlich ist dieser verschlungene Weg wie folgt zu deuten:
Das Labyrinth entspricht einem Menschenleben, seinem Lebensweg. Wenn der Mensch seinen Weg unbeirrt weitergeht, wird er am Ende ans Ziel gelangen. Er wird zwischendurch ein Stück in die entgegengesetzte Richtung laufen, Rückschläge erleben, dann wird es wieder ein ganzes Stück vorwärts gehen, es folgen teils unerwartete Wendungen. Aber es gibt einen Weg für ihn, der ihn finden lässt, was er in seinem Inneren sucht.

Es ist eine große Aufgabe den Weg zu finden, den unser Herz uns zeigen will.

Jeder Wendepunkt im Labyrinth des Lebens schenkt eine neue Blickrichtung auf das Geheimnis der Mitte.

Gezeichnetes Labyrinth

Das Labyrinth selbst malen oder einen Vordruck benutzen.

Wirkung	zentriert unterstützt Wandel verdeutlicht Veränderung
Ausführung	mit einem Buntstift die Gänge nachmalen auf dem Weg zum Zentrum eventuell eine andere Farbe benutzen als auf dem Weg nach außen in der Mitte verweilen

Labyrinth des Lachens und des Weinens

Das Labyrinth selbst malen.

Wirkung	zentriert Durchleben der Emotion Freude Durchleben der Emotion Trauer Trennen und Verknüpfen von Trauer und Freude unterstützt Wandel
Ausführung	ein Lach-Labyrinth gestalten Farben wählen, vielleicht Symbole einfügen
	ein Wein-Labyrinth gestalten Farben wählen, vielleicht Symbole einfügen
	ein Labyrinth gestalten, welches für beides gleichzeitig steht, ein Lach-Wein-Labyrinth schauen, ob sich beides voneinander abgrenzt oder sich miteinander verwebt

Fingerlabyrinth

Aus Ton kann man es sich selbst modellieren oder auf einem dicken Papier oder Brett mit Farbe die Begrenzungen der Labyrinth-Wege dick gestalten.

Wirkung	zentriert unterstützt Wandel verdeutlicht Veränderung
Ausführung	mit dem Zeigefinger die Gänge nachmalen zuerst mit offenen Augen, um die Wege bewusst aufnehmen zu können dann mit geschlossenen Augen in der Mitte verweilen

Mit folgenden Aufmunterungen kann man ein Labyrinth betreten:
- Vertraue dir selbst, du weißt mehr, als du denkst.
- Vertraue dir selbst, du kannst dein Leben ändern.
- Vertraue dir selbst, du wirst den Weg gehen.

Auf dem Weg durch jedes Labyrinth kann man sich folgende Fragen stellen:
- Wie ist meine Befindlichkeit beim „Betreten" des Labyrinths?
- Mit welcher Frage „gehe" ich durch das Labyrinth?
- Welche Frage begegnet mir in der Mitte des Labyrinths?
- Welche Antwort erreicht mich?
- Was erwartet mich am Ziel?
- Wie ist meine Befindlichkeit beim Verlassen des Labyrinths?
- Was nehme ich mit auf meinen Weg beim Verlassen des Labyrinths?

Eingang – Mitte – Ziel – Ende – Ausgang
„Stirb und werde."

Aus dem Labyrinth kommt man als ein anderer heraus, als man hineingegangen ist.

Meditationen und Mudras

Es gibt Türen, die öffnet man durch „Ziehen", und es gibt Türen, die öffnet man durch „Drücken". In der Eile kann es passieren, dass man vor die eine Tür läuft und an der anderen erfolglos immer aggressiver zieht und zieht. Mit klarem Geist erfasst man rasch, wo man drücken oder ziehen muss, damit sich die Tür mit Leichtigkeit öffnen lässt. Hier kann die Haltung: „In der Ruhe liegt die Kraft" oder „Nichts tun kann sehr groß sein" zu der notwendigen Sammlung führen.

Meditationen und Mudras ermöglichen den Wandel vom Yang ins Yin, von der außen orientierten Unruhe zur inneren Sammlung und Stärke.

Meditationen

Meditationen haben sowohl fernöstliche, besonders hinduistische und buddhistische sowie auch christliche Wurzeln. Meditation dient dazu, unseren Geist zu beruhigen und das Gedankenkarussell anzuhalten, uns mit dem Hier und Jetzt zu verbinden und Ausgeglichenheit sowie Harmonie zu schaffen. Beruhigt sich der Geist, kann man sich verstärkt auf seine Intuition besinnen. Das sogenannte „Bauchgefühl" gibt wertvolle Orientierung für das eigene Wohlbefinden.

Es gibt laute und ruhige Meditationsformen. Lachen ist überwiegend eine laute Spontan-Meditation. Ohne Vorbereitung, von jetzt auf gleich, schafft Lachen es, unseren Kopf frei zu bekommen, denn wer lacht, kann nicht gleichzeitig denken. Die ruhigere Variante ist die Lächel-Meditation. Beide Formen führen zu innerer Balance und Wohlbefinden.

Aus der Vielzahl von Meditationen habe ich die ausgewählt, die Lächeln und Lachen stärken, Gegensätze wie Seufzen und Lächeln verbinden und damit die Heiterkeit fördern.

„Weiß denn kaum noch jemand, dass Lachen Raum schafft,
so viel Raum, dass für ein Gedankengedränge kein Platz ist?

Die wunderschöne Leere des Lachens. Nirgendwo Probleme,
keine schlechten Gefühle.
Nur Wohlbefinden und das Empfinden von Freude."
Rene Schweitzer

Das innere Lächeln

Jederzeit kann man mit seinem inneren Lächeln Kontakt aufnehmen und es als Kraftquelle und Anker nutzen. Sich mit dem inneren Lächeln verbinden ist, als würde man eine Lampe anmachen. Es wird heller.

Wirkung	stimmt sanftmütig
	harmonisiert
	stärkt die innere heitere Haltung
	ermöglicht heilsame Distanz
	schafft Verbindung zu sich selbst und anderen
EA /AA	sanft durch den leicht geöffneten Mund
Ausführung	nehmen Sie eine entspannte Sitzhaltung ein
	oder legen Sie sich auf den Rücken
	entspannen Sie Ihren Unterkiefer
	wenn Sie beginnen, Entspannung zu spüren, stellen Sie sich vor: ein Lächeln geht in Ihnen auf
	es beginnt in Ihrem Gesicht und fließt durch Ihren gesamten Körper
	es ist mehr als das Lächeln auf Ihren Lippen
	es breitet sich über Ihr ganzes inneres Wesen aus
	stellen Sie sich vor, Ihr Bauch lächelt – ein Lächeln, kein Lachen
	ein sanftes Lächeln, das sich wie eine Rose langsam öffnet und deren Duft sich über Ihren ganzen Körper verbreitet
	spüren Sie genau nach, wie Sie sich mit diesem inneren Lächeln fühlen
	spüren Sie genau nach, wo Sie es in sich besonders deutlich wahrnehmen
	wann immer Sie dieses gute Gefühl brauchen
	schließen Sie die Augen und fangen Sie sich dieses Lächeln wieder ein
	Sie können jeden Tag, sooft sie wollen, dieses Lächeln wiederfinden – es ist immer da
EA = Einatmen AA = Ausatmen	

Dschibberisch-Meditation

Dschibberisch, auch als Gibberish oder Brabbel-Meditation bekannt, ist eine Fantasiesprache, die sich wie Kindergeplapper oder Brabbeln anhört. Die willkürliche Anordnung von Vokalen, Konsonanten und Zischlauten, die man nicht konkret versteht, deren Bedeutung man sehr wohl aber am Klang der Stimme erkennt, mutet an, als würde man die unglaublichsten Sprachen beherrschen. *„Wurp-a-doonie, zappina darfle. Ornk daiala , Froink-Bloink." „Schappasuna daila konarimo. Labu? Janala! Aaah – schakunda!"*

> „Ich kann euch nicht gleich anfangs die Türen zum Himmel aufmachen
> und ihr könnt nicht gleich still sein.
> Seid vorher erst total verrückt."
>
> Osho

Wirkung	macht den Kopf frei eröffnet neue Blickwinkel erleichtert den Ausdruck von Emotionen hilft „Worte zu finden"
Ausführung	nehmen Sie eine entspannte Sitzhaltung ein oder legen Sie sich auf den Rücken schließen Sie die Augen fangen Sie an, vor sich hinzubrabbeln vertiefen Sie sich fünfzehn Minuten total ins Brabbeln das ständige Denken mit konkreten Worten wird durchbrochen erlauben Sie sich alles das auszudrücken, was aus Ihnen raus will, werfen Sie alles hinaus lassen Sie das Brabbeln verklingen nun innerlich, also still, auf Dschibberisch sprechen oder singen zwischendurch Pausen machen das Gebrabbel als Putzkolone durch den ganzen Körper schicken: erst die linke Seite, dann die rechte Seite: durch das Schultergelenk, den Oberarm, das Ellenbogengelenk, den Unterarm, das Handgelenk, die Hand, alle Finger und zurück

	gesamter Hals-Nacken-Bereich gesamter Brustkorb mit Brustbein und Wirbelsäule gesamte Wirbelsäule Po und Beckenbereich erst die linke Seite, dann die rechte Seite: Hüftgelenk, Oberschenkel, Kniegelenk, Unterschenkel, Sprunggelenk, Fuß, alle Zehen und zurück dann nochmal in den Bereichen, wo es besonders nötig oder wohltuend ist nach dem „Putz" mehrere Minuten in Ruhe liegen
EA	in der Ruhephase: durch die Augen
AA	in der Ruhephase: durch die Ohren
EA = Einatmen AA = Ausatmen	

Ein sehr großer Anteil der zwischenmenschlichen Kommunikation läuft im nonverbalen Bereich ab. Dies bedeutet, dass es nicht nur auf den Inhalt ankommt, sondern auch stark auf die Art und Weise, wie etwas ausgedrückt wird. Stimme und Körpersprache haben große Wirkung auf den Gesprächspartner. Mit Gestik, Mimik, Tonfall, auch Husten und Räuspern geben wir unsere Befindlichkeit und unsere Absicht preis.

Mit Dschibberisch kann der Sprechende alle Emotionen ausdrücken. Deutlich ist zu erkennen, ob er wütend, freundlich oder nachdenklich ist. Fehlen Worte, um Gefühlen Ausdruck geben zu können, kann man mit Dschibberisch experimentieren und sich spielerisch Luft verschaffen. Sämtliche Botschaften lassen sich mit Dschibberisch transportieren. Vielleicht sollten wichtige Gespräche auf Gibberisch geführt werden.

Seufzer-Lächeln-Meditation

Seufzen und Lächeln verbinden. Beides bildet wie Yin und Yang eine Einheit. Das eine birgt das andere in sich und jedes existiert nur durch sein Gegenüber. Eine heilsame Verbindung symbolisiert den stetigen Wandel.

Wirkung	verfeinert die Körperwahrnehmung löst Spannungen lässt Tränen fließen inneres und äußeres Lächeln breitet sich aus versöhnt die Gegenspieler Lachen und Weinen
Ausführung	nehmen Sie eine entspannte Sitzhaltung ein oder legen Sie sich auf Ihren Rücken
EA/AA	tief ein- und ausatmen
Teil 1	spüren Sie in Ihren Körper und nehmen Sie Ihre **Körperbefindlichkeit** wahr Welchen Ton hat die Körperbefindlichkeit?
AA	diesen Ton leise **summen**
Teil 2	Stille Wo im **Körper** sind Stellen der Seufzer und Tränen?
Atmen	in diese Stellen mehrfach hinein**seufzen** und hin**tönen** Zeit lassen
EA	die **Mundwinkel** einen Millimeter nach oben ziehen
AA	mit dem **inneren Lächeln** Heilung schicken, an die Stelle der Seufzer und Tränen mehrmals wiederholen
EA	die **Mundwinkel** einen Millimeter nach oben ziehen
AA	zu den restlichen Seufzern und Tränen hinatmen und sie mit Tönen auflösen
Teil 3	Stille die **Hände** als Schale auf die Oberschenkel legen stellen Sie sich vor: in Ihrer **linken Hand** ist ein großer **Seufzer** – der weint, vielleicht wie ein Kind legen Sie zu dem Seufzer: die Tränen, die verletzten Stellen, die Schwere, die Trauer und was sie sonst noch möchten
AA	schicke Sie einen **Ton** dort hin

Elemente der Freude

Teil 4	stellen Sie sich vor, in Ihrer **rechten Hand** liegt ein **Lächeln** – das tönt vielleicht wie **Singen** legen Sie zu dem Lächeln: die Lust, die Lebendigkeit, das Lachen, den Tanz, den Spaß, die schöpferische Kraft, Leichtigkeit, Wärme und was Sie sonst noch mögen
Teil 5	nun führen Sie **beide Hände** ganz langsam zusammen nehmen Sie wahr, was für **ein Symbol** für Sie entsteht nehmen Sie dieses Symbol in sich auf schauen Sie, in welchem Bereich des Körpers Sie es aufbewahren möchten dieses Symbol ist immer auf Abruf in Ihnen. Wenn Sie es brauchen, ist es für Sie da sei es ein Kristall, eine Blume oder eine Feuerkugel nehmen Sie dieses Symbol in aller Ruhe in sich auf Stille
Gähnen	recken, strecken und herzhaft gähnen
EA / AA	dreimal kräftig pusten, als würde man eine weit entfernte Kerze auspusten
Teil 6	langsam wieder auftauchen schreiben Sie **das Symbol** auf und/oder malen Sie es Sie können dem Symbol einen Namen geben
EA = Einatmen AA = Ausatmen	

Gegenwärtiger Moment – Wunderbarer Moment

Diese Meditation kann man in der Kurzform überall und zu jeder Tageszeit ausführen. Zu Hause, im Auto, bei der Arbeit, an der Supermarktkasse, wo immer wir uns befinden. Spüren Sie Ihr Lächeln und nehmen Sie es mit durch Ihren Tag.

Wirkung	beruhigt stimmt friedvoll und heiter ein Lächeln breitet sich aus
Ausführung	nehmen Sie eine entspannte Sitzhaltung ein oder legen Sie sich auf Ihren Rücken
EA	ich schenke meinem Körper Ruhe
AA	ich lächle
EA	ich verweile im gegenwärtigen Augenblick
AA	ich weiß, es ist ein wunderbarer Augenblick
Kurzform	
EA	Ruhe
AA	Lächeln
EA	Gegenwart
AA	wunderbarer Augenblick
EA = Einatmen AA = Ausatmen	

„Ein Lächeln auf deinem Gesicht ist ein Zeichen,
dass du Meister deiner selbst bist."

Thich Nhat Hanh

Mudras

Mudras sind bestimmte Handhaltungen und symbolische Gesten mit hinduistischer und buddhistischer Wurzel. Sie finden sowohl im alltäglichen Leben wie in der religiösen Praxis als auch im indischen Tanz ihre Anwendung. Besonders bekannt ist die Gruß-Geste **Namaste**, bei der die Handflächen vor dem Brustkorb aneinandergelegt werden, um sich dann verbeugend zu grüßen. Mudras sind weiterhin heilende Fingerhaltungen, einschließlich Handbewegungen, und gehören zur Yogapraxis. Aus dem Sanskrit übersetzt bedeutet Mudra: „das, was Freude bringt". Betrachtet man Bilder oder Statuen von indischen Göttern, so sieht man bei fast allen diese bedeutungsvollen Gesten.

Die Wirkung der Mudras erfolgt über die Stimulierung von Akupunktur- Punkten, die sich an den Fingerspitzen und in den Handinnenflächen befinden. Bei Druck (Akupressur) werden Impulse an unsere Organsysteme und unser Nervensystem weitergeleitet und haben je nach der vorgegebenen Fingerhaltung spezifische Wirkung. Weiterhin wirken sie durch die entsprechende Atmung und die Verankerung mit entsprechenden Assoziationen wie Gelassenheit und Heiterkeit.

Mudras und Atmung

Die im Hasya-Yoga (Lachyoga) praktizierten Mudras sind aus klassischen Fingerstellungen abgeleitet und werden mit der Atmung und leisem Lachen verbunden. Durch das Tönen mit bestimmten Lauten, wie zum Beispiel ein kurz aufeinanderfolgendes „Hm-hm-hm-hm", wird das Ausatmen intensiviert. Dies führt zu einem tieferen Einatmen und damit zu einer besseren Sauerstoffversorgung, die beruhigend wirkt und die Konzentration verbessert. Das Tönen kitzelt teilweise die Lippen und hat damit erheiternde Wirkung. Leises Lachen begleitet das Atmen.

Aus der Vielzahl der Mudras habe ich Mudras ausgewählt, die förderlich sind für Gelassenheit, Geduld und Harmonie mit sich selbst und anderen, die Zuversicht und Lebensfreude stärken, Entscheidungsfindung unterstützen sowie Stimmungswandel und Perspektivenwechsel bewirken können.

Mudra-Ausführung

Die Ausgangsposition für alle Mudras ist der Sitz auf dem Stuhl oder auf der Erde.
Der Oberkörper ist aufgerichtet, damit sich der Brustkorb weiten und der Atem sich frei entfalten kann.
Die Füße stehen mit der gesamten Sohle auf dem Boden, um gut geerdet zu sein.
Beide Hände werden gleichzeitig eingesetzt.
Die Hände liegen, wenn nicht anders angegeben, entspannt auf den Oberschenkeln, so dass die Nackenmuskulatur loslassen kann.
Die Übungszeit sollte mehrere Minuten betragen.

Apan-Mudra

Wirkung	stimuliert Gelassenheit, Geduld und Harmonie mit sich selbst und anderen reguliert Spannung unterstützt beim Planen und Handeln
Ausführung	Handinnenflächen zeigen nach oben Mittel- und Ringfinger etwas beugen deren Fingerkuppen mit der Fingerkuppe des Daumens zusammenführen Zeigefinger und kleinen Finger strecken
Anmerkung	die Fingerhaltung entspricht dem „Hund im Schattenspiel"
EA	langsam und tief durch die Nase
AA	mit schmunzelndem Mund und sanft stoßendem „Hm-hm-hm-hm-hm-hm" den Atem ausströmen lassen nach Belieben wiederholen bis zu fünf Minuten leises Lachen entstehen lassen
EA = Einatmen AA = Ausatmen	

Das Blatt wendet sich

Bei diesem Mudra bewegen sich beide Hände permanent.

Wirkung	fördert den Perspektivenwechsel unterstützt die Entscheidungsfindung
Ausführung	beide Daumenkuppen aneinanderlegen die Daumen stehen senkrecht aufeinander die Hände so auf den Daumenkuppen drehen, dass einmal die eine, mal die andere Hand oben bzw. unten ist Daumen behalten dabei Kontakt die anderen Finger sind leicht gestreckt
EA	durch die Nase
AA	bei den Drehbewegungen vor sich hin lachen: „Hahahahahahaha." beliebig wiederholen „Mache ich es so oder mache ich es so? Oder doch so?" Hin und her drehen, bis ich es weiß.
EA = Einatmen AA = Ausatmen	

Dharmachakra-Mudra

Dieses Mudra hat zusätzlich eine dynamische Komponente.

Wirkung	positiver Stimmungswandel erleichtert Entscheidungsfindung
Ausführung	Daumen- und Zeigefingerkuppen zusammenführen, so dass ein Kreis entsteht die anderen Finger in entspannter Streckposition linke Hand so drehen, dass der Mittelfinger nach oben zeigt jetzt die Daumen/Zeigefingerspitze der rechten Hand – mit leichtem Druck auf die Fingerkuppe des linken Mittelfingers setzen
Anmerkung	die Fingerhaltung entspricht der „Humorbrille"
EA	tief durch die Nase

AA	auf der Fingerkuppe des Mittelfingers kurz im Uhrzeigersinn drehen mit leichtem Druck und Schwung neu ansetzen und beliebig oft wiederholen am besten so lange, bis der positive Stimmungswandel oder die Entscheidung eingetreten ist die Drehbewegung mit einem schnellen „Hahaha." begleiten „Oder mach ich es so?" „ Hahaha." „Oder so?" „ Hahaha." „Oder doch so?" „Hahaha." beliebig wiederholen
EA = Einatmen AA = Ausatmen	

Kubera-Mudra

Wirkung	fördert Freude und Zuversicht in die Zukunft reinigende und schleimlösende Wirkung
Ausführung	die Handinnenflächen zeigen nach oben die Spitze von Daumen, Zeige- und Mittelfinger aneinanderlegen Ring- und kleiner Finger bis zur Handinnenfläche einrollen
EA	die Nasenflügel „breit" machen, als wolle man den Duft einer Blüte oder das Bouquet eines Weines einziehen tief Luft holen
AA	mit „Hm-hm-hm-hm-hm" den Atem ausströmen lassen Lippen entspannt nach Belieben wiederholen bis zu fünf Minuten man kommt dabei unwillkürlich ins Schmunzeln und in ein heiteres Lachen
EA = Einatmen AA = Ausatmen	

Pran-Mudra / siehe Seite 85

Schreiben

Es gibt Zeiten, da ist es notwendig, kräftig zu jammern und zu klagen, bevor man sich wieder freuen kann. Die Lachyoga-Übungen Jammer-Lachen (Seite 26) und Jammerlappen-Lachen (Seite 26) sind eine gute Hilfe auf diesem Weg, sowie ein Jammertagebuch zu führen. Oder man folgt der Empfehlung von Abraham Lincoln, 16. Präsident der Vereinigten Staaten von Amerika: *„Halte dir jeden Tag dreißig Minuten für deine Sorgen frei und in dieser Zeit mache ein Nickerchen."*

Nachdem es Platz für das Jammern gegeben hat und Raum geschaffen wurde für die Freude, wäre es gut, direkt im Freudetagebuch weiterzuschreiben, denn unsere Seele ist ein Chamäleon.

„Auf die Dauer der Zeit nimmt die Seele die Farbe der Gedanken an."
Marcus Aurelius

Jammer- und Freudetagebuch

Neben den dynamischen Lach-Übungen und dem heilsamen Nickerchen kann für die, die gerne schreiben, das Anlegen eines Jammer- und eines Freudetagebuches sinnvoll sein.

In das **Jammertagebuch** kommt hinein, was zu beklagen ist. Das eigene Leid von der Seele zu schreiben ist ein reinigender Prozess. Es ist möglich, Belastendes an das Tagebuch abzugeben. Hier ist Platz, um Gedanken und Gefühlen freien Lauf zu lassen, ohne jemandem zur Last zu fallen. Oft fällt es leichter, loszulassen, mit der Gewissheit, Erinnerungen und Erlebnisse nochmals lesen zu können. Sie können schimpfen und klagen, über alles und jeden. Sie können lästige, immer wiederkehrende Gedanken, die trotz „Mentalseide" (Seite 82) noch in Ihrem Kopf herumschwirren, verabschieden. Sie können der Trauer über todkranke Menschen, die ihnen am Herzen liegen, einen Platz geben oder über Ihren Ärger schreiben, der trotz „Lachmantra" (Seite 154) nicht weichen will.

Diese Form des Jammerns ist wie das Entrümpeln einer zu vollen oder verstaubten Wohnung. So gereinigt können die freigewordenen inneren Räume mit Licht und Freude gefüllt werden.

„Ich habe zwei Möglichkeiten:
I can go crazy –
or I can laugh.
I prefer laugh!"
Volker Sukadev Bretz

Im **Freudetagebuch** gilt es all die schönen Momente festzuhalten, die uns begegnet sind.
Was hat mich an diesem Tag erfreut?
Was hat mich zum Strahlen oder zum Lachen gebracht?
Was hat mich selbst in ärgerlichen oder traurigen Momenten schmunzeln lassen?
Oft sind es kleine Dinge, die einen beglücken, wie ein Kinderlachen, die freundliche Verkäuferin, die Sonne, die wärmt, ein Regenbogen im Springbrunnen, ein hilfsbereiter Nachbar, eine komische Situation. Vielleicht gab es drollige Wort-Verdreher, witzige Filmszenen, Textstellen aus Büchern, die besonders amüsant sind, hilfreiche Sprüche oder ein Witz, über den man herzhaft gelacht hat. Lustige Fotos und Cartoons können in das Buch gelegt werden. Kostbar sind auch Komplimente und Lob. Sie dürfen hier ebenfalls verewigt werden. Der Wunsch etwas Freudiges aufschreiben zu wollen, macht sensibler für die Erlebnisse des Alltags, und die Wahrnehmung für Positives wird geschult. Man schaut immer mehr durch die heitere Brille und kann neue Geschichten sammeln.

„Wenn du helle Dinge denkst,
ziehst du helle Dinge an dich heran."
Prentice Mulford

Elemente der Freude

Dieses Freudetagebuch entwickelt sich mehr und mehr zu einem Schatz. Es gibt gute Energie beim Schreiben und besonders schön ist es, von Zeit zu Zeit darin zu lesen und sich fröhlich erinnern zu können. Wenn es finster in unserem Gemüt ist, kann es als Medizin wirken und uns ein Schmunzeln nach dem anderen entlocken.

Beispiel eines Eintrages
Ich erzählte zwei Kindern folgenden Witz:
Ein kleiner Junge fragt aufgeregt seinen Vater:
„Papa, wo liegen denn die Bahamas?"
Der Vater antwortet:
„Das musst du Mama fragen. Die räumt doch immer alles weg!"
Die beiden Kinder lachen nicht. Ich stutze, überlege kurz und frage dann:
„Wisst ihr, was die Bahamas sind?"
Eines der Kinder antwortet: „Ja – sowas wie BHs."

Gedichte selber schreiben

Der Trauer eine Sprache geben. Mit Hilfe von Gedichten eine Ausdrucksform finden.

Wenn die Trauer überläuft, wie aus einem Überlaufbecken, können die Worte sich im Gedicht wiederfinden. Kleine Gedichtformen, wie das *„Elfchen"*, können der Sprachlosigkeit Worte reichen und sie langsam wie Eis schmelzen lassen.

Sich erlauben, den eigenen Gedanken und Gefühlen Ausdruck zu geben, ist ein erleichternder Schritt. Das Schreiben kann heilsame Distanz verschaffen und die eigene Befindlichkeit hilfreich auf den Punkt bringen. Die kreisenden Gedanken, die rumorenden, schaukelnden Gefühle zu Papier bringen ist ein Weg, um innere Ruhe zu erlangen. Eindruck findet durch Ausdruck seinen Ausgleich und damit gelangt man zu mehr Stabilität.

„Menschen erleben, wie das Dichten ihre Gefühle und Gedanken ordnet. Sie lassen sich von Sprache, Melodie, Rhythmus und Bewegung tragen und erleben das Schutzmoment des Dichtens, denn dabei muss man bei Sinnen bleiben", sagt der griechische Trauerforscher Jorgos Canakakis und ergänzt: „Gelungene Dichtung ist die, die Denken, Fühlen und Ausdruck zu einer Balance zusammenführt."

Elfchen

Ein Elfchen ist ein kurzes Gedicht mit einer vorgegebenen Form. Es besteht aus elf Wörtern, die in festgelegter Folge auf fünf Zeilen verteilt werden. Beispiel:

Spätsommer
Goldenes Licht
Sonne verströmt Wärme
Fülle der Früchte lockt
Dankbarkeit

Der Aufbau eines Elfchen sieht typischerweise so aus:
Zeile 1: ein Wort, das einen Gedanken, einen Gegenstand, eine Farbe, einen Geruch oder Ähnliches benennt
Zeile 2: zwei Worte, die sich auf den Begriff in der ersten Zeile beziehen
Zeile 3: drei Worte, die das Wo und Wie des ersten Wortes erläutern
Zeile 4: vier Worte, die die Frage beantworten: Was meinst du?
Zeile 5: ein Wort, das Fazit

Diese Vorgaben können als Hilfestellung genutzt werden oder lassen Sie Ihren Gedanken und Gefühle komplett freien Lauf. Beispiel:

Trauer
du ich
es ist vorbei
wir werden uns wiedersehen
Tanzen

Jedes Elfchen ist in seiner Gesamtheit ein fertiges Gedicht, kann aber auch als Strophe genommen werden. So können mehrere Elfchen zu einem längeren Gedicht verbunden werden.

Cluster

Bei einem Cluster wird ein Hauptbegriff ausgewählt, der auf die Mitte des Papieres geschrieben und mit einem Kreis versehen wird. Schreiben Sie alle Begriffe, die Ihnen zu diesem Wort spontan einfallen, zunächst verstreut auf das Blatt. Dann verbinden Sie die Worte mittels Strichen, wie Sonnenstrahlen, mit dem Kreis.

Mit dieser Sammlung kann nun ein Gedicht verfasst werden. Die Gedichtform können Sie frei wählen. Alles darf sich so entwickeln, wie es kommt. Beispiel:

Gedicht

Verlust
Trauer und Schmerz
Immer wieder
Stillstand
Rückzug
Große Wut erfüllt mich
Tränen laufen mir über das Gesicht
Tropfen auf das Papier
Sehnsucht nach Geborgenheit
Freunde sind mir eine Hilfe
Nicht allein
Mut zum Weitergehen

Namensgedicht

Schreiben Sie bei dem Namensgedicht den eigenen Namen senkrecht auf und ordnen Sie jedem Buchstaben ein Wort zu. So entsteht ein kleines Gedicht. Beispiel:

S	Schmerz	S	Sonne
I	Ist	I	Innige
L	Leid	L	Liebe
V	Verzweiflung	V	Verlust
I	inniger	I	Ist
A	Aufschrei	A	Annehmen

Die gefundenen Worte können zu einem Gedicht ausgearbeitet werden. Beispiel:

Verlust lässt mich immer wieder aufschreien
Schmerz und inniges Leid
Quälen von Zeit zu Zeit
Liebe lässt die Sonne scheinen
Innere Wärme hilft
Annehmen

Poetische Hausapotheke

Finden wir keine eigenen Worte, so ist es ein großes Glück, dass andere Menschen Worte für uns gefunden haben, die uns unterstützen und begleiten können. Gedichte und Weisheiten als rasch wirkende Arznei für Geist und Herz ohne Nebenwirkungen. Wer mehr literarische Medizin einnehmen möchte, der kann zur „Lyrischen Hausapotheke" von dem deutschen Schriftsteller und Drehbuchautor Erich Kästner greifen.

Dass die Vögel der Sorge und des Kummers
über deinem Haupt fliegen,
kannst du nicht ändern.
Doch du kannst verhindern,
dass sie Nester
in deinem Haar bauen.
Chinesische Weisheit

Immer, wenn du glaubst, es geht nicht mehr,
kommt von irgendwo ein Lichtlein her,
dass du es noch einmal wieder zwingst
und von Sonnenschein und Freude singst,
leichter trägst des Alltags harte Last
und wieder Kraft und Mut und Glauben hast!
Ein Rauch verweht,
ein Wasser verrinnt,
eine Zeit vergeht,
eine neue beginnt.
Joachim Ringelnatz

Bist du traurig?
Hast du Sorgen?
Soll ich dir mein Lachen borgen?
Nimm es nur und nütz es gut,
dass es seine Wirkung tut.
Hilft es dir
und bringt es Glück,
gib`s mir irgendwann zurück.
Madan Kataria

Nachbarn

Im Herbst sammelte ich alle meine Sorgen
und vergrub sie in meinem Garten.
Und als der April wiederkehrte und
der Frühling kam, die Erde zu heiraten,
da wuchsen in meinem Garten schöne Blumen,
nicht zu vergleichen mit allen anderen Blumen.
Und meine Nachbarn kamen, um sie anzuschauen,
und sie sagten zu mir:
Willst du uns, wenn der Herbst wiederkommt,
zur Saatzeit, nicht auch Samen dieser Blumen geben,
damit wir sie in unseren Gärten haben?
Unbekannt

Es ist mir ein lachendes Wunder geschehen
Dein Lachen – warm und klingend
behutsam schwingend im Raum
umhüllt wie ein Mantel mich
Dein Lachen – liebkosend umfängt es mich zart
bis Wärme dringt mir in's Herz
sinkt bis zum Grund
fängt an zu blüh'n, ich fühle, lache, wachse, lebe,
Wunder des Lachens gescheh'n
Veronica Kochann

Sie ist gegangen

Du kannst darüber weinen, dass sie gegangen ist,
oder du kannst lächeln, weil sie gelebt hat.
Du kannst deine Augen schließen und beten, dass sie wiederkommt,
oder du kannst sie öffnen und sehen,
was sie zurückgelassen hat.
Dein Herz kann leer sein, weil du sie nicht sehen kannst,
oder es kann voll der Liebe sein, die sie für dich und andere hatte.
Du kannst immer daran denken, dass sie gegangen ist,
oder du kannst sie im Herzen tragen und in dir weiterleben lassen.
Du kannst weinen und ganz leer sein
Oder du kannst tun, was sie von dir wollte:
Dass du lächelst, deine Augen öffnest,
Liebe gibst und weitergehst.
Unbekannt

Dein seelisches Erbe

Lass dir nicht
dein Lächeln zerstören,
die helle Freude
in deinem Inneren.
Lass sie strahlen und leuchten,
sie ist dein größter Schatz.
Hüte ihn wie deinen Augapfel,
verteidige ihn gegen
Neid und Missgunst,
gegen alle Teufeleien der Welt.

Du lebst nicht, um zu leiden.
Und die Freude,
die du in dir fühlst,
ist dein seelisches Erbe.
Unbekannt

Jeder Mensch ist ein Künstler

Lass dich fallen.
Lerne Schnecken zu beobachten.
Pflanze unmögliche Gärten.
Lade jemand Gefährlichen zum Tee ein.
Mache kleine Zeichen, die "Ja" sagen,
und verteile sie überall in deinem Haus.
Werde ein Freund von Freiheit und Unsicherheit.
Freue dich auf Träume.
Weine bei Kinofilmen.
Schaukel so hoch du kannst mit einer Schaukel bei Mondlicht.
Pflege verschiedene Stimmungen.
Verweigere „verantwortlich" zu sein. Tu es aus Liebe.
Mach viele Nickerchen.
Gib Geld weiter. Tu es jetzt. Das Geld wird folgen.
Glaube an Zauberei.
Lache viel.
Bade im Mondlicht.
Träume wilde, phantasievolle Träume.
Zeichne auf die Wände.
Lies jeden Tag.
Stell dir vor, du wärst verzaubert.
Kichere mit Kindern.
Höre alten Leuten zu.
Öffne dich, tauche ein, sei frei.
Segne dich selbst.
Lass die Angst fallen.
Spiele mit allem.
Unterhalte das Kind in dir.
Du bist unschuldig.
Baue eine Burg aus Decken.
Werde nass.
Umarme Bäume.
Schreibe Liebesbriefe.

Joseph Beuys

To be or not to be.   Shakespeare
To do is to be.   Nietzsche
To be is to do.   Kant
Do be do be do.   Sinatra

Geschichten, die das Leben schreibt

Immer wieder mache ich die Erfahrung, dass die Frage „Darf ich lachen, wenn ich traurig bin?" persönliche Geschichten zu Tage fördert. Diese Erlebnisberichte spiegeln den Konflikt, ob denn Lachen sein darf, wenn die Lebensumstände eher traurig sind. Der deutsche Theologe und Kulturwissenschaftler Karl Josef Kuschel sagt, dass **„Lachen bedrückende Situationen entgiftet und hilft, das Fixieren auf Problematisches zu lösen".** Die gesammelten Geschichten zeigen, welch großes Bedürfnis dahinter steckt, einfach einmal einen Lacher und unkonventionelles Handeln zu wagen, und welche Erleichterung damit verbunden ist. Jim Savory, ein Arzt aus Michigan, meint:

> „Lachen ist notwendig, um zu überleben, und mindestens ebenso heilig wie das inbrünstige Gebet."

Es fühlte sich bloß wieder lebendig an
„Meine Oma ist vor Jahren bei fürchterlichem Glatteis beerdigt worden, und die Träger sind ausgerutscht und nicht hingefallen, aber beinahe. Und da entfleuchte mir ein Juchzen. Die Blicke der anwesenden Verwandtschaft haben mich anschließend kollektiv erdolcht. Dabei war es so befreiend! Und hieß ja nicht, dass ich weniger traurig war. Es fühlte sich bloß wieder lebendig an."

Hut ab!
„Bei der Beerdigung meiner Mutter pustete der Wind meinem Vater den Hut vom Kopf. Der Hut segelte ins Grab und landete auf dem Sarg. Die Situation war pikant, denn mein Vater hatte ein sehr distanziertes Verhältnis zu meiner Mutter. Er hatte schon, als sie noch lebte, entschieden, mit einer anderen Frau zu leben. Sollte der Hut nun doch noch ein persönlicher

letzter Gruß von ihm sein? Von wundersamer Hand hineingestupst? „Hut ab!", vor der Frau mit der er Kinder hat?

Alle hielten die Luft an und einige blickten grinsend und abwartend um sich, bis das Lachen nicht mehr zurückzuhalten war. Das war wie ein Ventil und nahm dem Ganzen die Spitze."

Der Pfarrer sang plötzlich so schief

„Als meine Oma beerdigt wurde, waren meine Mutter und ich sehr traurig. In der Kirche sang der Pfarrer dann plötzlich so schief, dass wir beide uns ansahen und am liebsten laut gelacht hätten. Wir mussten uns sehr beherrschen, es nicht zu tun. Wir platzten fast, so sehr kitzelte es an unserm Zwerchfell. Lachtränen liefen uns schon über die Wangen. Mein Vater schaute zu uns und dachte zunächst, wir würden weinen, bis er begriff, dass wir mit einem Lachanfall kämpften."

Gut, dass uns jetzt niemand sieht

„Meine Oma ist gestorben, als ich noch ein Kind war. Mein Bruder und ich waren tief traurig. Es zog uns den Boden unter den Füßen weg. An dem Beerdigungstag gab es trotzdem eine Situation, in der wir uns anschauten, plötzlich vor Lachen losprusteten und uns kaum beruhigen konnten. Wir schauten uns gleich wie ertappt um, aus Sorge, unsere Eltern könnten unseren Heiterkeitsanfall mitbekommen haben. Gut, dass uns jetzt niemand sieht, stellten wir erleichtert fest und lachten weiter. Es war so erlösend."

Und es war gut so

„Mein Bruder ist im Ausland gestorben. In der Zeit vor der Beerdigung veranstaltete ich einen Lachclub und überlegte, ob ich tatsächlich hingehen sollte. Kann ich jetzt lachen und andere dazu anleiten? Ich entschied mich dafür und es war gut so."

Wir waren Flower-Power-Kinder

„Mein Mann ist gestorben, als ich 25 Jahre alt war. Motorradunfall. Ich musste mich plötzlich um Beerdigungssachen kümmern. Eine Kiste aussuchen, das ging gerade noch, doch als der Bestatter eine Schublade aus der

Wand zog, in der die verschiedensten Stoffe mit Rüschen für die Innenausstattung der Kiste lagen, musste ich kichern und konnte nicht mehr aufhören. Der Bestatter stutzte über mein Lachen und fand es offensichtlich unpassend. Mir war das egal. Wir waren Flower-Power-Kinder und dann diese Rüschen. Das ging doch gar nicht."

Der heilige Sprung
In der Nachbargemeinde meines Heimatdorfes gab es einen Pfarrer, der Geschichten sammelte und im hessischen Dialekt aufschrieb. Davon gefiel mir eine besonders gut. Ich kann sie nicht im Dialekt erzählen, deshalb hier auf Hochdeutsch:

Bei einer Beerdigung regnete es stark. Die Erde wurde reichlich vom Wasser durchtränkt und als der Pfarrer seitlich an das Grab herantrat, kam er plötzlich ins Rutschen. Spontan setzte er zum Sprung an und landete elegant auf der anderen Seite. Er hielt daraufhin seine Rede, als sei nichts gewesen. Der Gemeinde entlockte er jedoch damit ein Raunen und Kichern. Wochen später kam eine alte Frau zu ihm. Ihr Mann war verstorben und sie sagte zu dem Pfarrer: „Wenn ich mir was wünschen dürfte, Herr Pfarrer. Dann ihren heiligen, fröhlichen Sprung über das Grab."

Gerne totlachen
Auf einem Faltblatt der „Doktor Clowns" steht das Zitat einer todkranken Patientin: „Wenn ich schon sterben muss, dann möchte ich mich gerne totlachen."

Eur-opa
„Meine Freundin hat heute Morgen in der Schule bitterlich geweint. Sie erzählte unserer Clique, dass der Opa von einer gemeinsamen Freundin am Vortag bei einem Verkehrsunfall ums Leben gekommen sei. Da weinten wir plötzlich alle zusammen, denn es machte uns traurig, dass dieser sympathische, nette Opa nun nicht mehr da war. Als wir später im Erdkundeunterricht „Europa" schrieben und feststellten, dass dieses Wort mit „opa" aufhört, mussten wir plötzlich herzhaft lachen. Das war sehr erlösend."

Brötchen zum Frühstück
Eine Frau wirft am frühen Morgen bei einer Beerdigung zur Verwunderung aller Anwesenden Brötchen in das Grab. Sie berichtet später, dass sie seit Jahren dem Verstorbenen jeden Morgen die Frühstücksbrötchen vorbeigebracht hat. Brötchen zum Frühstück – das war ihr letzter Gruß.

Anni, altes Mädchen, weißt du noch?
Als meine Mutter im Sterben lag, überlegte ich, wem ich Bescheid sagen wollte beziehungsweise wer gerne Bescheid bekäme, um sich zu verabschieden. Ihre beste Freundin sagte gleich, dass sie kommen wolle, hatte aber auch Scheu davor, wie es werden würde. Eine nahe Verwandte meiner Mutter drückte sich um den Besuch, kam dann aber zusammen mit dieser besten Freundin. Gemeinsamkeit macht stark. Nachdem wir eine Weile am Bett gesessen hatten, fragte ich nach lustigen Erinnerungen an meine Mutter. Frau W. fiel gleich etwas ein und ein breites Grinsen erleuchtete ihr Gesicht. Dankbar lächelten wir mit. „Wir haben viel Quatsch zusammen gemacht. Wir hatten viel Spaß." Beide erinnerten sich an ein gemeinsames Erlebnis mit meiner Mutter, und Frau W. sagte zu ihr: „Anni, altes Mädchen, weißt du noch? Wir waren mit dem Auto auf dem Heimweg von Maries Geburtstag und hatten alle drei Etliches gepichelt. Du hast immer wieder gehupt und gehupt und gerufen: *Polizei! Komm doch! Polizei! Komm doch!* Wir lachten herzhaft. Es war eine heitere, gelöste Stimmung. Ich freute mich, dass es für alle ein guter Besuch geworden war. Wir saßen drei Stunden zusammen. Als zwei Schwestern ins Zimmer kamen, um die Lagerung bei meiner Mutter vorzunehmen, sagte Frau W. verwundert: „Sie waren doch erst vor einer Viertelstunde da." Durch die entspannte Atmosphäre war die Zeit verflogen. Später sagte Frau W. zu mir: „Ich habe ein schlechtes Gewissen. Wir haben am Sterbebett deiner Mutter gelacht." Ich staunte, dass sie nachträglich noch Skrupel einholten. Im Gespräch waren wir uns aber rasch einig, dass es genau richtig und gut für alle war. Sterben ist Leben bis zum Schluss. Da darf auch ein Lachen sein.

Wachsen Ihnen schon Flügel?
Während wir neben unserer Mutter saßen, kam eine Pflegerin in das Sterbezimmer. Sie spürte die angespannte, hilflose Atmosphäre und sagte lächelnd zu der Sterbenden: „So – wachsen Ihnen schon Flügel?" Sie brachte uns damit zum Lächeln und die Anspannung lockerte sich direkt.

Sind Sie der Erlöser?
Meine Tochter, mein Freund, eine Altenpflegerin und ich stehen im Flur des Altenzentrums, in dem meine Mutter wohnt, und unterhalten uns. Eine demente Mitbewohnerin eilt auf uns zu, bleibt vor uns stehen und schaut meinem Freund direkt ins Gesicht. Mit einem breiten, strahlenden Lächeln fragt sie ihn erwartungsvoll: „Sind Sie!!! der Erlöser?" Wir stutzen und uns fehlen die Worte. Dann platzt, wie auf geheime Absprache, uns allen ein herzhaftes Lachen heraus. Die angespannte Situation löste sich sofort auf. Die Frau lachte sogar mit und sagt: „Da bin ich aber froh! Auf Sie habe ich schon lange gewartet."

„**Los jetzt! Los jetzt!**"
Meine Mutter hatte es stets eilig. Bloß keine Zeit verschwenden. Immer etwas Sinnvolles tun. Genuss – fast ein Fremdwort. Im Stadium weit fortgeschrittener Demenz konnte sie nicht mehr laufen und saß im Rollstuhl. Bei unseren Besuchen freute ich mich über schönes Wetter, denn dann konnten wir sie durch die Sonne schieben. Wir dachten, wir könnten ihr eine Freude bereiten, wenn wir bei duftenden Blumen anhielten oder sich ein schöner Ausblick anbot. Nein. Falsch gedacht. „Los jetzt! Weiter! Los jetzt!", drängelte sie unwillig. Sie hatte einfach „die Unruhe im Hintern". Nach wie vor.

Am Tag ihrer Beisetzung warteten wir an der Friedhofskapelle auf die Trauer-Rednerin. Sie kam und kam nicht. Es stellte sich heraus, dass sie in einem anderen Vorort, auf einem anderen Friedhof wartete. Shit happens und macht auch vor dem Tod nicht halt. Das war ja schon wieder eher erheiternd. Ich war nur froh, dass sie sich nicht im Tag geirrt hatte.

Die Wartezeit gestaltete sich überraschenderweise als heitere Überbrückung. Wir hatten einen Klappstuhl für die andere Oma dabei. Den klappten wir auf und stellten die Urne mit der Asche meiner Mutter darauf. Meine Tochter hatte ein Foto dabei, das sie mit der Oma unter einem Apfelbaum sitzend zeigte. Dieses Foto stellte sie zur Urne. Meine Schwester stellte den Grabschmuck vor den Stuhl, zu den Füßen meiner Mutter.

Das Arrangement sah schön aus und ich sagte: „Dann ist eben das dein letzter Ruheplatz." Die Sonne schien, die Vögel zwitscherten. Ein leichter Wind wehte und nahm immer wieder das Foto mit. Wir mussten lachen. „Oma hat es schon wieder eilig. Sie mag einfach nicht warten. Auch jetzt ist es ihr nicht schnell genug." Wir hörten sie im Geiste drängeln: „ Los jetzt! Los jetzt!"

Lachdusche als Ventil
„Während einer alternativen Trauerfeier tanzten wir einen langsamen Kreistanz um den Sarg. Die Stimmung war traurig und schwer. Meine verstorbene Freundin hatte sich jedoch eine fröhliche Beerdigung mit Lachen gewünscht. So schlug ich vor: Lasst uns Marie und dem Sarg eine Lachdusche geben! Wir fassten uns alle an den Händen und liefen tapfer lachend

gemeinsam dreimal auf den Sarg und Marie zu. Und dann geschah die Verwandlung. Ein Ventil brach auf, die Energie floss wieder, die zähe Traurigkeit löste sich, die Menschen wurden wieder lebendig, plötzlich drehte jemand den Rekorder auf und Gloria Gaynor sang: „I will survive". Die ganze Gesellschaft tanzte um den Sarg herum, ging in Kontakt, lachte, weinte und sprach miteinander und es kamen Kommentare wie: ‚Das war jetzt genau richtig, das hatte gefehlt, das hätte sie sich gewünscht.' Wow! Was für eine Erfahrung. Danke!"

Warum sollte ich mir Freude verkneifen?
„Vor vielen Jahren bekam ich die Diagnose Krebs und es wurde mir nur noch eine Lebenszeit von wenigen Jahren zugesagt. Ich trotzte dieser Todesnachricht und lebe nun schon 27 Jahre länger als vermutet. In diesen Jahren war viel Trauer, aber ich lachte auch viel. Dabei machte ich immer wieder die Erfahrung, dass mein Umfeld über mein Lachen irritiert war und eher von mir erwartete wurde, deprimiert zu sein. Das ärgerte mich. Warum sollte ich mir Freude verkneifen? Es war doch schon alles dramatisch genug. Meine Heiterkeit hat sicherlich dazu beigetragen, dass ich so manches Jahr dazugewonnen habe."

FAZIT
Lachen und Weinen darf sich spontan und fließend abwechseln. Alles, was im Fluss ist, ist gesund. Erstarrung macht uns krank. Lachen und Weinen kann fast gleichzeitig da sein, sich ineinander verflechten. Wir kennen die Aussagen: Etwas „mit einem lachenden und einem weinenden Auge betrachten" und „Ich weiß nicht, ob ich lachen oder heulen soll." Alles ist möglich und darf seinen Ausdruck finden. Entscheidend ist, authentisch und ehrlich mit den eigenen Gefühlen umzugehen.

Vergiss mein nicht

„Der Tod ist die Geburt der Erinnerung."
Leonardo da Vinci

Wer möchte schon vergessen werden? Wie schafft sich jemand ein Denkmal, damit man über seinen Tod hinaus „mal an ihn denkt"? In Kindern lebt man weiter, heißt es. Ein Lebenswerk schaffen, das andere weiterführen. Wie werde ich unsterblich? Leonardo da Vinci sagte „Der Tod ist die Geburt der Erinnerung." Immer da, wo etwas zu Ende gegangen ist, schließt sich direkt die Erinnerung an. Nahtlos. Im Prinzip leben wir das ständig. Gestern ist schon Erinnerung, sogar vorhin ist nur noch Erinnerung. Deshalb möchte man ja so gerne die schönsten Momente in seinem Leben direkt festhalten, denn gleich sind sie ja schon wieder verflogen.

Für gute Erinnerungen ist es entscheidend, so zu leben, dass man sich gerne erinnern mag. Aber mit dem Erinnern ist es gar nicht so einfach. Ein Mensch ist gestorben, ein sehr vertrauter, und dennoch arbeitet die Kraft des Vergessens. Meist erschreckt man sich schon nach Monaten, dass man nicht mehr weiß, wie die Stimme des geliebten Menschen sich angehört hat. Wie war das Lachen? Ich weiß von einigen Menschen, die nach dem Tod eines Angehörigen noch lange dessen Ansage auf dem Anrufbeantworter behielten, um seine vertraute Stimme immer wieder zu hören. Das kann Anrufer allerdings auch erschrecken. Als ich bei der Familie meiner verstorbenen Freundin kurz nach der Beerdigung anrief und mir ihre Stimme fröhlich ins Ohr hüpfte, zuckte ich zusammen. Aber es war auch schön. Ein letzter Gruß.

Filmschauspieler werden durch ihre Filme unsterblich. Immer wieder kann man sie sich in ihrer vollen Lebendigkeit anschauen, über Generationen hinaus. Autoren werden unsterblich durch ihre Bücher, die man stets von neuem zur Hand nehmen kann. Gemälde berühmter Maler können noch die Ur-Ur-Enkel unserer Kinder bestaunen. Sänger beglücken uns weit über ihren Tod hinaus mit ihrer beseelten Musik. Stiftungsgründer setzen sich ein Denkmal. Forscher verewigen sich mit ihren Entdeckungen und gehen manchmal sogar als Nobelpreisträger in die Historie ein. Aber wie geht das, wenn man nicht zu der Welt der berühmten Sterne gehört? Und wird die Erinnerung schwächer, wenn man sich dabei sein Lachen erlaubt? Mir gefällt die Fantasie, die uns Antoine de Saint-Exupéry in seinem Buch „Der Kleine Prinz", schenkt:

„Wenn du bei Nacht den Himmel anschaust, wird es dir sein, als lachten alle Sterne, weil ich auf einem von ihnen wohne, weil ich auf einem von ihnen lache. Du allein wirst Sterne haben, die lachen können."

Meine Erinnerung kann ich wachhalten, wenn ich mich am Sternenhimmel erfreue und an meine Lieben denke, die schon woanders weilen. Warum nicht auf einem Stern? Das ist ein schönes Bild und in vielen Nächten für uns sichtbar. Und mit einem Lächeln und Lachen sich zu erinnern, weil der Vorausgegangene lachend auf einem von ihnen wohnt, ist eine wunderbare Vorstellung. Ich schaue jeden Abend vor dem Schlafengehen zum Himmel. Als meine Freundin Lisa gestorben war, hatte ich plötzlich die Vorstellung, sie „wohnt" jetzt in dem Großen Wagen. Darüber musste ich schmunzeln. Wer weiß schon, wo sie ist. Aber ich denke jedes Mal an sie, wenn ich das Sternbild sehe, und freue mich.

Die Vergangenheit gibt es nur in dem Maße, in dem wir uns ihrer erinnern. Konkrete Erinnerung können wir stützen mit Fotos, einem Lebensbuch oder Filmaufnahmen. Lisa hat mich mit einem Fotoalbum, beschriftet mit herzlichen Kommentaren, beglückt. Ihre Familie überreichte es mir nach ihrem Tod. Wenn ich darin blättere, kann ich durch all die Jahre unserer Freundschaft reisen. Dieses kostbare Buch bringt mich immer wieder abwechselnd zum Lachen und zum Weinen. Außer dem Album ist mir ein Lebensbuch eine sehr wichtige Erinnerungshilfe.

Das Schreiben eines Lebensbuches ist außerdem hilfreich beim Verarbeiten der einschneidenden Erlebnisse. Für jede verstorbene Freundin habe ich ein eigenes Buch angelegt und hineingeschrieben: Wann und wie wir uns kennengelernt haben, was uns besonders verbunden hat, besondere Erlebnisse, die ich auf keinen Fall vergessen möchte und die wir uns ja nicht mehr erzählen können.

Erinnerungen können wir im Austausch mit gemeinsamen Freunden und Verwandten wachhalten. An was erinnert sich der eine und an was der andere? Können wir gemeinsam über etwas lachen oder staunen wir über Geschichten, die wir noch gar nicht kannten? Die Tochter meiner verstorbenen Freundin Doris hat sich einen Mama-Doris-Tag von mir gewünscht. Fragen klären, Lücken schließen, Mama Doris lebendig halten. In unserem Kopf, in unserem Herzen, in unserem Leben. Eine wunderbare Idee. Mir fällt dazu der Text dieser Todesanzeige ein:

„Man lebt immer zweimal.
Das erste Mal in der Wirklichkeit
und das zweite Mal in der Erinnerung."
Honoré de Balzac

Wenn ihr an mich denkt, seid nicht traurig.
Erzählt lieber von mir und
traut euch ruhig zu lachen.
Lasst mir einen Platz zwischen euch,
so wie ich ihn im Leben hatte.

Die Verstorbenen nicht totschweigen, sonst sind sie noch toter als tot, sondern „erzählt lieber von mir". David Sieveking, deutscher Regisseur und Filmemacher, hat seine demente Mutter begleitet und sein Erleben mit der Kamera festgehalten. Er sagt: „Aus der Tragödie meiner dementen Mutter ist kein Krankheits-, sondern ein Liebesfilm entstanden, der mit melancholischer Heiterkeit erfüllt ist." Dieser Film erhielt den Titel: „Vergiss mein nicht". David Sieveking eröffnet mit viel Herz einen umfassenden Blickwinkel, auf Menschen, die sich häppchenweise vom Leben verabschieden. Anschließend war es mir möglich, meiner dementen Mutter neu zu begegnen. Das führte zu besseren Erinnerungen.

Erinnerung zu schaffen und dabei die heitere mit der traurigen Seite zu verbinden, gelingt auch dem Dokumentarfilm „Der Bernd". Er wurde 2012 als ein Nachruf auf den deutschen Filmproduzent und Drehbuchautor Bernd Eichinger gedreht. Völlig fasziniert las ich in der Zeitung: „Der Film beginnt mit Eichingers Lachen, das die, die ihn kannten, immer in Erinnerung behalten werden, und er endet auch damit."

„Darf ich lachen, wenn ich traurig bin?"

Ich sage „Ja!" Es gibt die Sichtweise: Jeder Mensch hat drei Leben. Ein öffentliches, ein privates und eines, was sich die anderen für uns ausdenken. Und Wilhelm Busch, deutscher humoristischer Dichter und Zeichner, weiß: „Ist der Ruf erst ruiniert, dann lebt sich's völlig ungeniert." Trauen wir uns, immer mehr so zu leben, wie es uns entspricht, auch wenn wir zurechtweisende Blicke und Bemerkungen ernten. Wichtig ist es, authentisch zu sein mit den eigenen Gefühlsäußerungen, weil es ein äußerst gesundes Verhalten ist, das uns immer mehr zur eigenen Identität führt und uns Freiheit gibt.

Früher bin ich zum Weinen auf die Toilette geeilt, damit niemand mein Traurigsein mitbekommt. Jeder sollte mich nur fröhlich erleben. Es dauerte, bis ich begriffen hatte, dass ich mir so die Möglichkeit nahm, getröstet und in meiner Ganzheit gesehen zu werden. Und mein Lachen, das blieb mir so manches Mal im Hals stecken, weil es zu laut war, am Arbeitsplatz, in der Kirche, in der Öffentlichkeit. Dank Lachyoga purzelt es immer häufiger frech und frei aus mir heraus. Und lachen, wenn ich traurig bin? Das lasse ich mir nicht mehr nehmen, weil ich weiß, welcher Lebensmotor darin steckt. Welch wohltuender Ausgleich. Wenn ich wieder einmal tief traurig bin, weil ich an meine verstorbenen Freundinnen denke, und meine Tochter oder mein Freund mich zum Lachen bringen, dann blocke ich nicht ab, sondern genieße die Chance, wieder auftauchen zu können. Wenn ich tief traurig bin und gerade die Möglichkeit besteht, einen Lachclub zu besuchen, dann verstecke ich mich nicht mehr mit meiner Trauer, sondern gehe hin und freue mich, mich wieder munterer stimmen lassen zu können. Wenn mir nach Lachen ist, dann lache ich, und wenn mir nach Weinen ist, dann weine ich, ohne moralische, ethische, ängstliche oder andere Fesseln.

„Der Schlüssel zu einem fröhlichen Leben ist das Lachen."
Silvia Rößler

Den Unwegsamkeiten des Lebens die lachende Schulter zeigen. Aus der Zeit des antiken Griechenlands kennen wir Figuren, deren Mundwinkel zu einem Lächeln hochgezogen sind. Dieses Lächeln interpretierte man unter anderem als Ausdruck einer „Diesseitsfreude" und einer „Erhabenheit über die Schicksalsschläge". Mir gefällt diese Sichtweise der alten Griechen.

Auch wo Traurigkeit herrscht, gibt es einen Platz für ein Lächeln von Herz zu Herz. Stilles, feines Begegnen. Daraus entwickelt sich vielleicht ein schüchternes Lachen, vielleicht sogar mehr. Es ist möglich, ein Lächeln und Lachen in die Dunkelheit zu schicken – zu verschenken –, um ein Licht anzumachen. Wenn du jemanden triffst, der kein Lächeln hat, – schenke ihm eins von deinen. Lachen ist ein Auflösen der Erstarrung, ein Gefühl von Lebendigsein, ein lichtes Auftauchen aus der Dunkelheit. Lachen ist kurzes Auftanken, Denk-Pause, Trauer-Pause und Kontakt zum Leben.

„Wo es Lachen gibt, existiert Hoffnung."
Jim Savory

Es gibt die Haltung, Lachen sei Verrat gegenüber dem Verstorbenen. Man spricht dem Lachenden die Ernsthaftigkeit seiner Trauer ab oder zweifelt, ob die Liebe denn groß genug war. Aber die Liebe kann auch gezeigt werden, indem Fröhlichkeit einfließt, voll Dankbarkeit in Erinnerung an das gemeinsame Leben.

Es gilt zum Teil als pietätlos, wenn gelacht wird dort, wo Trauer herrscht. Ich sehe es mehr und mehr als Erlösung an, wenn der Wechsel der Gefühle vollzogen werden kann. Der Trauer folgt Lachen und dem Lachen die Trauer und wieder das Lachen. So können sich die Gegensätze einpendeln, in einen Gefühls-Cocktail, mit dem man leben kann. Die Trauer will gelebt werden, mit Wehklagen, Weinen und Schreien, voller Verzweiflung, Wut und Hilflosigkeit. Je nachdem, wie groß Schmerz und Trauer sind. Es wäre ungesund, wenn wir es nicht täten. Aber ebenso ungesund wäre es, in ihr hängen zu bleiben. In dem Gedicht „Die Trauerwelle" wird wunderbar beschrieben, wie die Trauer kommen darf und gewandelt wird in Hoffnung und Zuversicht.

Die Trauerwelle

Wenn die Trauerwelle kommt
Und sich an meiner Seele bricht
Dann lade ich sie ein zu mir.

Und wenn jede Zelle dann in mir
Ganz gesättigt ist von ihr
Dann fließt sie wieder heraus aus mir.

Und ich fange sie auf
In einer großen Schale
In die ich Seerosen setze.

Karin Weber

Bei der Seerose verbinden sich zwei Pole: die Wurzeln befinden sich im Schlamm und die schöne Blüte zeigt sich oben in voller Pracht auf dem Wasser.

Ich wünsche jedem, auch in der Trauer sein Lachen willkommen zu heißen und es als Freund zu begrüßen. Es unterstützt uns, auf unserem Weg weiterzugehen. Humor und Lachen, in guten Zeiten trainiert, helfen in Krisenzeiten. Lachen als Lichtschalter in der Dunkelheit, als Kraftquelle, als Denk- und Trauerpause. Schon das kleinste Lächeln ist ein Heilmittel für die Seele. Mag es zu schwierig erscheinen, dann können vielleicht die beherzten Worte der schwedischen Schriftstellerin Astrid Lindgren helfen, die sie ihrer Pippi Langstrumpf in den Mund gelegt hat: *„Ich habe es noch nie vorher versucht, also bin ich völlig sicher, dass ich es schaffe."*

Es gibt nur eine einzige Bedingung, die uns in unserem eigenen Ausdruck eingrenzt. Das ist die Achtsamkeit gegenüber unseren Mitmenschen und unserem Umfeld. Bin ich mit meinem Gegenüber und meinem

Umfeld in gutem Kontakt, merke ich, was möglich ist. Fühle ich mich mit meinen Gefühlen und denen meines Gegenübers verbunden, dann spüre ich die Grenze, die es einzuhalten gilt. Wo andere verletzt und gestört werden, hört die eigene Freiheit auf. Diesen Rahmen gilt es zu überprüfen und eventuelle Irritationen können geklärt werden. Emotionale Intelligenz ist gefragt. Dieses Überprüfen zeigt, wie groß das Spektrum ist, in dem wir frei wirken können. So kann man es halten wie der deutsche Dichter Johann Wolfgang von Goethe:

„Das Leben ist kurz, man muss sich
einander einen Spaß zu machen suchen."

Also nicht allzu lange grämen, sondern die lächelnde Seite füttern, wo und wann immer es geht.

Meisterstück

Während der Recherche zu diesem Buch ist meine Mutter verstorben. Zwei Monate vor ihrem Ableben musste ich mich einer sehr großen Herausforderung stellen. Ihre Demenz zusammen mit der Parkinson-Erkrankung war inzwischen so weit fortgeschritten, dass sie nicht mehr am sozialen Leben teilnehmen konnte. Gehen war nicht mehr möglich, Hände und Arme konnte sie nicht mehr gezielt einsetzen, Schlucken gelang ihr nur mit unglaublicher Mühe, ihr Sprechen war kaum verständlich und ihr vertraute Menschen erkannte sie nur noch zeitweise. Sie lebte immer mehr in ihrer Vergangenheit und Nahrung verweigerte sie total. Jede Hand, die ihr zu essen geben wollte, wehrte sie heftig ab und kniff die Lippen zusammen. Der darauf folgende Gewichtsverlust veranlasste den behandelnden Arzt, uns zur Magensonde zu raten. Meine Schwester und ich wussten, dass meine Mutter eine Patientenverfügung ausgefüllt hatte und derartige lebensverlängernde Maßnahmen ablehnte. Deshalb wurde die Magensonde nicht eingesetzt. Es folgten jedoch Infusionen, die jede Nacht angelegt wurden, um den Flüssigkeitshaushalt zu stabilisieren. Erst nach und nach begriffen wir, dass auch das zur Lebensverlängerung gehörte.

Das führte für mich zu einem großen inneren Konflikt. Ein Großteil meines Lebens begleitete mich die Angst, dass meine Mutter sich selbst töten würde. Mein Leben lang war ich daher bestrebt, meine Mutter am Leben zu halten, und nun sollte ich Anweisung geben, ihr Leben zu beenden? Es schien mir unmöglich, dem nachzukommen. Sowohl Palliativmediziner als auch der behandelnde Arzt sagten uns, dass es nicht unsere Entscheidung sei, sondern dass unsere Mutter die Entscheidung bereits getroffen habe. Diesen letzten Willen gelte es zu erfüllen. Die Entscheidung, lebensverlängernde Maßnahmen wegzulassen, vermischte sich mit dem Gefühl, Sterbehilfe leisten zu müssen. Ich brauchte Zeit, um mir Klarheit zu verschaffen. Nach vielen Hirn-, Herz- und Magenumdrehungen, nach viel Weinen und wenig Lachen konnte ich den Entschluss fassen, diesen Schritt zu gehen. Für mich war klar, sobald alles geregelt ist, möchte ich am Bett meiner Mutter sitzen und sie an ihren letzten Tagen begleiten. Meine Schwester und ich sprachen mit dem Arzt erneut über die Patientenverfügung und die Infusionen und die Powernahrung wurden abgesetzt.

Als ich zu meiner Mutter fuhr, nahm ich mir fest vor, nicht nur als Trauerkloß bei ihr zu sitzen. Mein großer Wunsch war es, meine bisherigen Erfahrungen mit der Verbindung von Trauer und Freude, Weinen und Lachen beim Begleiten meiner Mutter leben zu können. Mein Blick und mein Herz waren ganz weit offen, und ich wurde reichlich beschenkt. Schon auf der Autobahn fuhren ein Reisebus und ein LKW mit dem Namen „Fröhlich" vor mir. Ich empfand es wie eine Ermunterung „Bleib fröhlich!" An der letzten Straßenabbiegung vor dem Altenzentrum befindet sich ein Sonnenstudio. Auf jedem Fenster kleben viele Smileys. Bei den vergangenen Besuchen waren sie wie ein aufmunterndes Lächeln für mich und wirkten nun wie ein Bausteinchen in meiner gesamten Unterstützung. Als ich etwas Obst einkaufte, lachte mir ein Smiley beim Verlassen des Ladens entgegen. Er befand sich auf dem großen Türgriff. Während einer Pause, in der ich durch die kleine Altstadt schlenderte, um Luft, Blumen und andere Gedanken zu holen, lachten mich eine Tasche und ein Pullover an. Große Smiley-Gesichter strahlten mir entgegen, und zwar nicht farbig, sondern ein silbriger Smiley auf schwarzer Tasche und ein silbriger Smiley auf dunkel meliertem Pullover. Ich zögerte. Vor dem Spiegel stand eine junge Frau. Sie schaute mich lächelnd an und sagte: „Sieht gut aus. Nimm den!" „Ist das nicht zu dunkel?" „Nein. Sieht gut aus." Ich schmunzelte. Ich sah es als Symbol der Verbindung von Trauer und Freude, von Weinen und Lachen an. Ich kaufte mir beides, als Erinnerung und Unterstützung. Kraft der Spiegelneuronen entsteht jedes Mal ein heilsames Lächeln.

Einige Pflegerinnen trugen eine Uhr, die man an die Arbeitskleidung anstecken kann, da im Altenheim keine Armbanduhren getragen werden dürfen. Der Klipp der Uhr war ein Smiley. Ich war begeistert. Zwei Tage später brachte eine Schwester strahlend einen Smiley-Luftballon in das Sterbezimmer. „Schauen Sie mal, was ich gefunden habe." Dankbar nahm ich ihr Geschenk an und platzierte den lustigen Luftballon zwischen den

Bilderrahmen, die auf einer Kommode standen. Von dort lächelte er mir immer wieder aufmunternd zu.

Erheiternd waren für mich auch Missgeschicke, über die man lachen konnte. Samstags gab es Waffeln und ich hatte mich schon sehr darauf gefreut. Der leckere Duft durchzog köstlich die Räume. Freundlicherweise wurde mir eine Waffel gebracht, die ich aber nicht sofort essen konnte, weil ich telefonierte. Da stürmte plötzlich die Küchenfee ins Zimmer und rief „Nicht essen! Da ist Salz statt Zucker drin." Trotzdem biss ich neugierig in die verlockend duftende Waffel. Iiiieh, es ging ganz und gar nicht. Dieses Erlebnis bescherte uns ein großes, befreiendes Gelächter und das im Zimmer meiner sterbenden Mutter. Wir verhielten uns angenehm normal. Nicht überaus leise, nicht zwangsweise traurig, sonst hält man solch eine schwierige Situation gar nicht aus. Das wurde mir während dieser Zeit sehr deutlich. Dem stimmte auch das Personal des Altenzentrums zu. „Wie sollen wir denn sonst hier arbeiten?", war deren Kommentar. So viel Normalität wie möglich, den Blick für das Heitere besser schärfen als verlieren, sich Lachen und Lächeln erlauben – das ist Hilfe für alle Beteiligten.

Wenn die Trauer sich wie ein Schleier um die Seele legt, hat Lachen unmittelbar befreiende Wirkung. Die Sonne geht auf, auch wenn es vielleicht nur für einen Moment ist. Es entlässt einen aus der Starre und macht Weitergehen möglich. Lachen ist Seele putzen. Der Atem wird angeregt und es wird leichter ums Herz.

Es war eine glückliche Fügung, dass ich in der gesamten Zeit der Begleitung meiner Mutter in unmittelbarer Nähe bei meiner Cousine und ihrem Mann wohnen konnte. Der herzliche Familienanschluss war eine wohltuende Unterstützung. Angeregte Gespräche, Arme, die mich gehalten haben, warmes Essen zum Stärken, Rotwein zum Entspannen, Ablenkung, lachen, weinen, schreien, alles hatte seinen Platz. Morgens ging ich gut gewappnet mit einer kuscheligen Wärmflasche im Arm und dem **Kraftlied „Bitte"** im Herzen zu meiner Mutter.

Bitte

Bitte gib mir die Kraft
für den heutigen Tag
zeige mir meinen Weg
durch den heutigen Tag

fülle mich mit deiner Liebe
öffne du mein Herz
damit ich sie weitergebe
wohin du mich auch führst.

Mit freundlicher Genehmigung von Iria Schärer, deutsche Liedermacherin, Sängerin, Psychologin.

Letzte Besuche fanden statt. Rührende Abschiedsszenen, während denen ich Taschentücher verteilte. Als ich nach lustigen Erinnerungen fragte, hatten wir wieder ein Lächeln auf den Lippen und im Herzen. In dieser Atmosphäre war es möglich, länger am Bett zu verweilen. Die beste Freundin meiner Mutter erzählte eine lustige Erinnerung. Sie wandte sich voller Achtung direkt an meine Mutter mit den Worten: „Anni, altes Mädchen, weißt du noch?" Diese Geschichte hat uns miteinander und mit meiner Mutter im Lachen vereint.

An einem Abend, als ich nicht gehen wollte, weil ich das Gefühl hatte, dass sie bald sterben würde, kamen meine Cousine und ihr Mann zu Besuch. Die beiden hatten einen „hessischen Rotkäppchen-Korb" dabei, mit „Ahler Wurscht", Brot, Gurken und Rotwein. Es tat gut, zusammen zu essen, und wir machten sogar Späße. Wir erzählten meiner Mutter, dass unsere Verwandten schon leckere Knödel im Himmel gekocht und ein Fest vorbereitet hätten, das sie mit ihr feiern wollten. Pietätlos? Nein, das war eine große Hilfe, mit der dramatischen Situation umzugehen. Meine Mutter atmete und atmete, laut und kräftig wie eine Lokomotive und immer wieder ganz unvermittelt völlige Stille, kein Atem mehr zu hören. Sie kämpfte und kämpfte. Wie oft hatte sie Atempausen, dass ich dachte „Jetzt?!" und mir das Herz stehen blieb. Wann wird meine Mutter „stehenbleiben"? Wann wird es der letzte Atemzug gewesen sein? Für mich war sie die „Kämpferin unter der Sonne". Wenn ich morgens in ihr Zimmer kam, mit dem ängstlichen, suchenden Blick, was mich erwartet, musste ich auch lächeln und an den Kinofilm: „Und täglich grüßt das Murmeltier" denken.

„Humor ist der Schwimmring des Lebens, damit man nicht untergeht." Die Kraft solcher Lebensweisheiten erschließt sich in genau diesen Momenten. Etwas Buntes darf aufblitzen, das Leben huscht durch die

Lücken. Jedes Bausteinchen stabilisiert den Weg der Menschen, die weiterleben, und erleichtert damit deren Unterstützung. Ein hilfreiches Wechselspiel, das Lebendigkeit zulässt. Egal, was einen zum Trauern gebracht hat, bei jeglichem Verlust hilft der Blick nach vorne.

> „Wenn ich meinen grünen Zweig im Herzen bewahre,
> wird ein Singvogel kommen."
>
> Unbekannt

Diese Sichtweise begleitet mich schon lange. Gesund ist, wenn nichts stagniert und wir im Fluss bleiben. Lachen ist dafür ein wunderbares Elixier.

Am zwölften Tag nach dem Absetzen der Infusionen verstarb meine Mutter. Zehn Tage hatte ich sie begleitet und war bei ihrem letzten Atemzug dabei. Plötzlich herrschte eine tiefe Stille im Zimmer. Meine tote Mutter und ich. Welche Ruhe. Sie hatte es geschafft. Ich war erfüllt von Trauer und Frieden.

Die evangelische Pfarrerin, die zur Aussegnung meiner Mutter kam, war eine Frohnatur. Das freute mich sehr, denn ein tiefernster und todtrauriger Pfarrer hätte mir in dieser Situation nicht gut getan. Diese Frau brachte die gesamte Spannweite der Gefühle von Trauer über Verlust bis zur Erleichterung zusammen und sagte: **„Die besten Trauergespräche sind die, bei denen gelacht wird. Denn Lachen zeigt, dass es schöne Erinnerungen gibt, und das ist doch wunderbar."**

Dieses letzte Kapitel ist mein „Meisterstück", weil die Sterbebegleitung der eigenen Mutter mit einem weinenden und auch mit einem lachenden Auge zu erleben, eine große Herausforderung für mich war. Ich habe mich dieser Herausforderung mit offenem Herzen gestellt und habe erlebt, wie wohltuend es für mich und alle anderen um mich herum war, die Reise durch die letzten Tage meiner Mutter mit einem Lächeln zu unternehmen. Voller Dankbarkeit bin ich allen denen gegenüber, die sich getraut haben, neue Wege zu gehen.

Lachen verbindet – Verbindung trägt.

Schlusswort als Auftakt

Ein Lebenskreis schließt sich. Ich habe das Buch mit meiner Geschichte begonnen und berichtet, wie der frühe Tod meines Vaters und das Leben meiner Mutter als Witwe mein eigenes Leben prägten. Im Januar 2014 ist meine Mutter verstorben. Ich habe mich durch viele Stationen hindurchgeweint und -gelacht. Dank Humor und Lachyoga habe ich inzwischen ein gutes Rüstzeug, mit dem ich auch schwere Zeiten leichter bewältigen kann. Diese Leichtigkeit möchte ich noch selbstverständlicher leben. Mehr Abstand gewinnen von hinderlichen Gedanken, wie „Was sagen denn die Leute?" Meinem Prozess folgen, immer selbstverständlicher andere Akzente setzen und mich weiterhin von den Fesseln des Ernstes und der Moral befreien. Das macht es möglich, der Trauer mit einem Lächeln die Spitze zu nehmen.

So hatte ich die Idee, meiner Mutter bei ihrer Trauerfeier eine Rede zu halten, in der ich an das Lächeln und Lachen appelliere. Ich hatte im Vorfeld Bedenken, denn in meinem Heimatdorf sind selbst Rituale, wie eine Kerze anzünden und diese selbst zur Urne zu tragen, unbekannt. Traue ich mich das? Werde ich mir strafende Blicke einfangen und Tadel? Wird es als Provokation verstanden? Ich schrieb die Rede und gab sie dem Pfarrer, damit er für seine Rede etwas auswählen könnte. Er gab sie mir mit den Worten zurück: „Halte du die Rede. Die ist gut." Mir kamen die Worte in den Sinn:

„Mit ein wenig Mut kann man sein, wer man möchte.
Mit noch mehr Mut, kann man sogar sein, wer man ist!"
Unbekannt

Das bewegte mich sehr und der Entschluss, die Rede zu halten, festigte sich, denn ihr Inhalt entsprach dem, was ich vertrete. Do it! Am Tag der Trauerfeier nahm ich sogar die schwarze Tasche mit dem silbrigen Smiley mit auf den Friedhof, die ich in der Zeit gekauft hatte, als meine Mutter im Sterben lag. In der Tasche lag meine Trauer-Lebens-Rede. Als ich den Friedhof betrat, kam eine Freundin meiner Mutter lächelnd auf mich zu und sagte: „Wir hatten immer so einen Spaß miteinander, deine Mutter und ich." Da war auch die letzte Bremse von mir gefallen. Ja, wir wollen uns auf jeden Fall an das Heitere erinnern und es nähren, damit wir gut weiterleben können.

Meine Rede für die Trauerfeier meiner Mutter (Kurzfassung)
Ich freue mich, dass Sie alle hier sind, um unserer Mutter die letzte Ehre zu erweisen. Ich schätze es sehr, dass Sie sich, ihr euch, auf den zum Teil weiten Weg gemacht habt, und danke allen, dass wir hier in dieser Gemeinschaft sein dürfen. Gemeinschaft trägt. Man redet von Trauer-Feier. Was feiern wir bei einer Trauer-Feier? Ich denke, wir feiern zum einen das Leben der Verstorbenen. Wir halten Rückschau auf gemeinsam Erlebtes, fühlen noch einmal die Verbundenheit und zum anderen feiern wir ihren Übergang.

Feste gibt es zu verschiedenen Anlässen und alle sind Übergänge. Bei der Geburtstagsfeier feiern wir das neue Lebensjahr, bei der Konfirmation ist der Anlass die Aufnahme in die Kirchengemeinde, bei der Hochzeit wechseln wir in den Ehestand und bei der Trauerfeier können wir die Erlösung und den transformierten friedlichen Übergang unserer befreiten Seele oder was auch immer wir uns Tröstliches vorstellen feiern.

In anderen Ländern geht es dabei sogar bunt und fröhlich zu. Von Mexiko kennt man es mit Gesang und Tanz und in Südafrika konnten wir es erst kürzlich nach dem Tod von Nelson Mandela miterleben, dass dort viel geweint, aber auch viel gelacht und getanzt wurde.

Von dem französischen SchriftstellerHonoré de Balzac stammen die Worte:

„Man lebt immer zweimal.
Das erste Mal in der Wirklichkeit
und das zweite Mal in der Erinnerung."

Im Gedenken an unsere Mutter möchte ich Fähigkeiten von ihr wachrufen, an die wir uns mit Freude erinnern können. Ich erwähnte unter anderem ihr Geschick als Gärtnerin und rühmte sie als gute Köchin, habe aber auch durchaus ihre dunklen Seiten gestreift. An der heiteren Beschreibung möchte ich anknüpfen.

Als Dichterin und Ulk-Nudel bereicherte sie so manches Fest im Gymnastik- und Landfrauenverein und viele Geburtstage. Mir hat es Freude bereitet, zusammen mit ihr Sketche aufzuführen. Auf dem 40.Geburtstag meiner Schwester haben wir es geschafft, dass sich die gesamte Geburtstagsgesellschaft die Bäuche vor Lachen gehalten hat. Ihre heitere, spielerische Seite, die in ihrem Leben bei all den schweren Lebenseinschnitten viel zu kurz gekommen ist, hatte hier einen Platz. Bei diesen Veranstaltungen konnte sie Witz und Charme einbringen und es mit anderen Frohnaturen genießen. Selbst im Altenzentrum haben die Mitarbeiterinnen unsere Mutter noch von ihrer gewitzten Seite kennengelernt. Viele haben zu mir mit einem weinenden und einem lachenden Auge gesagt: „Wir hatten Spaß miteinander."

Wie gut, dass es neben der schweren, bedrückenden Seite auch immer wieder die heitere Seite gab.

Ich wünsche mir sehr, dass man beim Erinnern an unsere Mutter ein Lächeln um die Mundwinkel und im Herzen hat. Dass man sich an gemeinsame, fröhliche Momente erinnert und diese als Kostbarkeiten bewahrt. Ich erlebe immer wieder, dass Fröhlichkeit wichtig ist, um schwere Zeiten gut durchzustehen. Wichtig für die Betroffenen selbst und ebenso für deren Begleiter. Christian Morgenstern hat poetische Worte dafür:

> „Zwischen Weinen und Lachen schwingt die Schaukel des Lebens,
> zwischen Weinen und Lachen fliegt in ihr der Mensch."

Deshalb haben wir in der Todesanzeige unserer Mutter darauf hingewiesen, von Blumen abzusehen und für die Alzheimer Gesellschaft, mit dem Schwerpunkt „Humor und Demenz", zu spenden. Ich finde es sehr wertvoll, diese Arbeit zu unterstützen. Ich wünsche allen ein Lächeln **trotz und alledem**. Ich möchte dazu ermuntern, neue Wege zu gehen, Wege, die ins Licht führen und Kraft geben, denn:

> „Wer bis zuletzt lacht,
> lacht am besten."

Anderer Tag, anderer Ort. Bei der Bestattung meiner Mutter begleiteten uns Sängerinnen des Bielefelder **Chors für Trost-, Kraft- und Heilungsgesänge,** Leitung Susanne Weiß. Der Gesang war eine sehr wohltuende und hilfreiche Unterstützung auf dem letzten gemeinsamen Weg. Besonders erhellend waren die Worte des letzten Liedes, die uns den Weg in das neue Leben leichter machten. Immer wieder gehen sie mir heilsam durch den Sinn und dann singe ich:

> „Wende dein Gesicht der Sonne zu,
> dann fallen die Schatten hinter dich."
>
> Mündlich überliefert

Danksagung

Ein Buch schreibt man nicht allein. Auch hier bewegt sich der Mensch im sozialen Netzwerk. In der Zeit, als ich an meinem Buchprojekt „Lebe dein Lachen" arbeitete, führte mich mein Weg zu den Bestatterinnen Monika Noller und Lindy Ziebel in Bielefeld. Meine Absicht war, mich zu informieren, wie ich alles regeln kann, wenn meine Mutter verstorben ist. Schon im Eingangsbereich entdeckte ich eine Kiste mit Witzen und staunte: ein Bestattungsunternehmen, in dem zum Lachen eingeladen wird. Hier bin ich richtig. Nachdem wir alles besprochen hatten, ging es fließend in die Thematik Humor und Sterben über. Ich berichtete über meine Idee, zu diesem Thema ein Seminar und Vortrag anzubieten. Monika sagte: „Mach ein Konzept und komm wieder." Danke Monika für diesen Impuls. Du hast eine Schleuse geöffnet, aus der sofort eine Flut von Ideen kam, und beim nächsten Tag der Offenen Tür war ich mit meinem Interaktiven Vortrag: „Darf ich lachen, wenn ich traurig bin?" dabei.

Nachdem ich auf dem dritten Lachyoga-Kongress in Horn-Bad Meinberg meinen Vortrag gehalten hatte, kam Peter Cubasch, Lehrtherapeut, Supervisor für Integrative Therapie und Autor, auf mich zu. Sehr begeistert legte er mir ans Herz: „Schreib ein Buch über das, was du gerade vorgetragen hast." Er meinte: Genau die Verbindung von Lachen und Weinen, die sei mir gut gelungen und darüber möge ich doch bitte schreiben. Ich erkannte deutlich, dass er recht hatte und dass genau das mein wirkliches Anliegen ist. So machte ich mich auf den Weg, die Verbindung weiter zu knüpfen. Peter Cubasch gilt mein Dank als „Geburtshelfer" meines Buches und für sein wunderbares Vorwort.

Viele Gespräche mit Freunden, Verwandten, Patienten, Seminarteilnehmern und Zuhörern nach meinen Vorträgen haben mich unterstützt und bereichert. Intensiver Austausch mit den Angestellten des Altenzentrums meiner Mutter eröffneten mir unterschiedliche Blickwinkel. Ihnen allen sei Dank für ihre Offenheit und ihr Vertrauen.

Steffi Machnik, Journalistin, Wanderbuchautorin und langjährige Freundin hat mich mit ihrem fachlichen Wissen immer wieder in die Spur gebracht. Ich danke dir.

Claudia Brandau, Redakteurin einer Tageszeitung, Autorin und meine wiedergefundene Cousine, war mir während der Sterbebegleitung meiner Mutter eine große Stütze. Unsere Gespräche waren sehr bereichernd und ihre Manuskriptkorrekturen sehr wertvoll. Für all das sage ich: Danke.

Jana Schomaker, die sprachbegabte Tochter meines Freundes, brachte sich mit ihrem scharfen Blick ein. Immer wieder half sie gerne bei der Klärung der Sprache. Vielen Dank dafür.

Im Sommer, als ich bei schönstem Wetter drinnen am PC saß, stellte mein Freund für mich sein Notebook auf den Gartentisch unter den Kastanienbaum. Vielen Dank, lieber Josef, dass du mir so geduldig in allen Lebenslagen auf meinem Weg behilflich bist.

Vielen Dank auch meiner Tochter Carlotta, mit der ich gemeinsam viele Erfahrungen zum Thema dieses Buches gesammelt habe und die, nicht immer begeistert über meinen Magnetismus am PC, sehr geduldig mit mir war.

Meiner Zeichnerin Kordula Röckenhaus danke ich, dass sie mit ihren Zeichnungen zusätzlich Lebendigkeit in das Buch hineinbringt.

Michael Titze, Psychologischer Psychotherapeut, Pionier des Therapeutischen Humors und brillanter Referent, danke ich für seine Worte auf dem Cover.

Dr. Madan Kataria, Arzt und Begründer des Lachyogas, meinem Lehrer und Inspirator danke ich für seine Worte auf dem Cover.

Meinen Freundinnen Lisa, Gudrun und Doris gehört mein Dank, dass ich sie bis zum Schluss begleiten durfte. Auf diesem Weg habe ich viel erlebt und gelernt. Wer sich mit dem Tod beschäftigt, erfährt viel über das Leben.

Mein Dank gilt Werner Vogel und Martin Büttner, die mein Buch in ihrem Verlagsprogramm von Via Nova aufgenommen haben.

Danke an alle, die zusammen mit mir neue Wege beschritten haben und mich immer wieder bestärkten, dieses Buch zu schreiben.

Register Übungen, Tänze, Lieder, Zeichnungen

A

Afrikanischer Tanz 166
Anerkennungslachen 81
Apan-Mudra 237
Aus der Quelle des Lächelns und
    Lachens schöpfen 85

B

Bild in Tanz umsetzen 178
Bitte (Iria Schärer) 226

C

Cluster 201

D

Das Blatt wendet sich 196
Das innere Lächeln 188
Das Qi der Erde mit dem Qi des Him-
    mels verbinden 73
Derwisch-Tanz 169
Dharmachakra-Mudra 196
Dicke Lippe 173
Die Bienen Atmung 159
Die liegende Acht 180
Die Wechsel-Atmung 158
Dschibberisch 172
Dschibberisch Meditation 189

E

Eigenes Mandala 182
Elfchen 201
Energie-Drink 45
Erwachet meine Körperzellen 104

F

Fantasie 173
Fingerlabyrinth 186
Freies Tanzen 165

G

Gääähnen 53
Gezeichnetes Labyrinth 185
Gruben-Lachen 80
Gut ist es (Gila Antara) 174

H

Herzliches Lachen 81

I

Ich-und-Du-Acht 180
Inkontinenz-Lachen 61
Intuitives Malen 176

J

Jammer-Lachen 26
Jammerlappen-Lachen 26
Jammer-und Freudetagebuch 198

K

Kalkutta-Lachen 82
Klage-Tafel 84
Kubera-Mudra 197

L

Lachcreme 153
Lachen aus dem Ärmel schütteln 44
Lachen platzt heraus 62

Lachmantra 154
Lachmotor 32
Lach-Wein-Acht 181
Lach-Wein-Mandala 182
Löwe 80
Luft-Malen im Tanz 178

M

Malen zu Musik 177
Mandala 181
Mentalseide 82

N

Namensgedicht 203
Neues schöpfen – Altes hinter mir
    lassen 83

P

Papier-Wunsch-Blume 179
Pran-Mudra 85

Q

Que sera sera 175

S

Seufzer-Lächeln-Meditation 190
Sorgen von den Schultern lachen 33
Spiral-Tanz 168
Statt am Leben rumzumäkeln 172
Summen und Tönen 174

T

Tanz des Spürens 167

U

Über sich selber lachen 90

W

Wiener Walzer 167

Wunschpfeile 45

Z

Zauberhaftes Lächeln 59

Literatur

Barley, Nigel: *Tanz ums Grab.* dtv, 2003
Benkel, Thorsten und Meitzler, Matthias: *Gestatten Sie, dass ich liegen bleibe.* Kiepenheuer & Witsch, Köln, 2014
Briar, Jeffrey: *Froigen deebled Craggle-zorp! (Dschibberisch Buch)* Creative Arts Press, www.LYInstitute.org, 2010
Canakakis, Jorgos: *Ich sehe deine Tränen.* Kreuz Verlag, Freiburg im Breisgau, 2002
Canakakis, Jorgos: *Deine Tränen haben die Farbe des Regenbogens*, Eigenverlag: www.canacakis.de, 2015
Cousins, Norman: *Der Arzt in uns selbst*, Schirner Verlag, 1996
Cubasch, Peter: *Lachen verbindet.* Breuer&Wardin, Bergisch Gladbach, 2010
Danimann, Franz: *Flüsterwitze und Spottgedichte unterm Hakenkreuz.* Ephelant Verlag, Wien, 2001
Der Tod: *Vom guten Umgang mit dem Tod.* Geowissen, 2013, Nr.51
Domian, Jürgen: *Interview mit dem Tod.* Gütersloher Verlagshaus, Gütersloh, 2012
Dr. Kataria, Madan: *Lachen ohne Grund.* Via Nova, Petersberg, 2. Auflage 2007
Dr. med. von Hirschhausen, Eckart: *Glück kommt selten allein...* Rowohlt Verlag GmbH, Reinbek bei Hamburg, 2009
Fachmagazin für Krisen, Leid, Trauer Leidfaden, *Humor-heilsam oder zerstörend?* Vandenhoeck&Ruprecht, Göttingen, 2. Jahrgang 4/2013
Fachmagazin für Krisen, Leid, Trauer Leidfaden, *Trauer und Sprache.* Vandenhoeck&Ruprecht, Göttingen, 2. Jahrgang 3/2013
Frankl, E. Viktor: *...trotzdem Ja zum Leben sagen.* Böhlau Verlag, 2005
Freud, Sigmund: *Der Witz und seine Bedeutung zum Unbewussten und der Humor.* Psychologie Fischer, 2009
Fynn: *Hallo Mister Gott hier spricht Anna.* Fischer Taschenbuch Verlag, Frankfurt am Main, 2000
Genova, Lisa: *Mein Leben ohne Gestern.* Bastei Lübbe, Bergisch Gladbach, 2009
Hurzelmeier, Rudi: *Sensenmann.* Lappan Verlag GmbH, 2011
Kästner, Erich: *Lyrische Hausapotheke.* Deutscher Taschenbuch Verlag, München, 1988
Kast, Verena: *Trauern.* Kreuz, 1999
Kirchmayer, Alfred: *Witz und Humor.* Edition Vabene, 2009
Kübler-Ross, Elisabeth: *Interviews mit Sterbenden.* Knauer MenSsana, München, 5. Auflage 2013
Küstenmacher, Werner Tiki: *Der Limbi – Der Weg zum Glück führt durchs Gehirn*, Campus Verlag, Frankfurt, New York, 2014
Landmann, Salcia: *Die klassischen Witze der Juden.* Ullstein Buchverlag, Berlin 1997
Liebertz, Charmaine: *Das Goldene Schatzbuch ganzheitlichen Lernens.* Don Bosco, 2013
Lyon, Ursula: *Rituale für das ganze Leben.* Theseus Verlag, *2004*
Marecek, Heinz: *Ein Fest des Lachens – Weihnachten einmal anders.* Residenz Verlag, St. Pölten, 2007
Möhl-Hinse: *Wer bis zuletzt lacht, lacht am besten.* Baier Digitaldruck, 2008
Olvedi, Ulli: *Über den Rand der Welt.* Piper Verlag, 2009
Paessens-Deege, Alwine: *Lasst uns endlich leben.* Santiago Verlag, Goch, 2004
Pause, Rainer & Stankowski, Martin: *Tod im Rheinland.* Kiepenheuer & Witsch, Köln, 2004

Rinpoche, Sogyal: *Das tibetische Buch vom Leben und vom Sterben*. Fischer Taschenbuch Verlag, 1992
Roth, Fritz: *Das letzte Hemd ist bunt*. Campus Verlag, 2011
Schwartz, Morrie: *Weisheit des Lebens*. Goldmann Verlag, 2001
Shah, Idries: *Die fabelhaften Heldentaten des vollendeten Narren und Meisters Mulla Nasrudin*. Herder Spektrum, Freiburg im Breisgau, 2001
Steinberger, Niccel: *Ich bin fröhlich*. Edition E, CH-Olten, 2001
Suter, Martin: *Small World*. Diogenes Taschenbuch, 1999
Titze, Michael: *Die heilende Kraft des Lachens*. Kösel Verlag, München, 1995, 7. Auflage 2012
Uber, Heiner und Steiner, André: *Lach dich locker*. Mosaik bei Goldmann, München, 2006
Uber, Heiner: *All you need is laugh*. Komplett Media, Grünwald, 2010
Wilhelm, Peter: *Gestatten Bestatter*. Knaur Verlag, München, 2009
Wöhrle, Dieter: *Karl Valentin – Mein komisches Wörterbuch*. Piper, München, 1989

Internetseiten

www.lachyoga-silvia-roessler.de
www.lachclub.info.de
www.yogilachen.de/kongress
www.laughteryoga.org
www.lachverband.org
www.humorcare.com
www.humorforschung.de
www.humorhilftheilen.de
www.clownsohnegrenzen.org
www.witz-der-woche.net
www.cartoonguru.com
nrw.es-lebe-der-friedhof.de

Kordula Röckenhaus arbeitet seit 1991 selbstständig in Bielefeld als Grafikerin und Illustratorin in den Bereichen Buchgestaltung und Buchillustration. Seit 2013 stellt sie auch freie Arbeiten als Zeichnerin in Deutschland, Italien und den Niederlanden aus.

Weitere Bücher aus dem Verlag Via Nova:

Lachen ohne Grund
...eine das Leben verändernde Erfahrung
Madan Kataria

2. Auflage

Paperback, 208 Seiten, 45 Fotos, 18 Grafiken, ISBN 978-3-928632-93-5

Voller Witz und doch eindringlich schildert der Verfasser in diesem Buch, wie die Lachbewegung in Indien entstand, wie er die ersten Lachclubs in seiner Heimatstadt Mumbai (Bombay) gründete, ohne sich von der Ironie und dem Spott seiner Mitmenschen beirren zu lassen, und wie die Bewegung sich langsam, aber sicher zunächst über ganz Indien und schließlich über die ganze Welt ausbreitete. Er führt uns die gesundheitlichen Vorteile vor Augen, die das regelmäßige Lachen in unserer gehetzten und stressbeladenen Zeit nicht nur unserem Körper, sondern auch unserem Gemüt zu bieten hat. Auf wunderbare Weise verknüpft er die verschiedenen, von ihm selbst entwickelten Formen des Lachens, wie das herzliche Lachen, das stille Lachen, das Löwen-Lachen, das aufschwingende Lachen, das Ein-Meter-Lachen und das Cocktail-Lachen, mit Atem- und Dehnübungen, die ihren Ursprung im Yoga haben. Er zeigt uns, wie wichtig das Lachen für unseren Alltag ist und in welchem Maße es unsere Einstellungen und unser Leben verändern kann.

Lach-Yoga schenkt Lebensfreude
33 Übungen zum Mitlachen
Gabriela Leppelt-Remmel

DVD, Laufzeit: 65 Minuten, ISBN 978-3-86616-195-5

Eine ausbalancierte Mischung aus spielerischen Lach-Übungen, Yoga-Atmung, Dehnungs- und Klatschübungen sind die vier Grundelemente des Lach-Yogas. Das Lachen wird hierbei bewusst initiiert, ohne dass es eines Grundes bedarf. Dass es kinderleicht ist, zeigt Ihnen die Lach-Yoga-Meisterin anhand der beliebtesten Übungen, wie sie auf der ganzen Welt in so genannten „Lachclubs" praktiziert werden. Es handelt sich um die erste DVD dieser Art in deutscher Sprache. Alle Übungen haben Namen wie etwa das Guru-Lachen oder das Geisha-Lachen. Sie sind für jedes Alter geeignet, laden Sie ein zum herzlichen Mitlachen und schenken tiefgreifend Gesundheit, Wohlergehen und ein heiteres Gemüt.

Vom Segen der Dankbarkeit
Was dich wirklich glücklich macht
Angeles Arrien

Paperback, 240 Seiten, ISBN 978-3-86616-262-4

Dankbare Menschen, so haben Studien ergeben, sind zufriedener, mehr mit sich im Einklang, sie leben länger, spüren mehr Freude, Liebe und Glück. Aber wie wird man dankbar? Angeles Arrien weist einen völlig neuen Weg: Im Einklang mit der Natur, Monat für Monat, nimmt sie den Leser an die Hand und führt ihn – begleitet von Übungen, Meditationen und Praktiken aus den spirituellen Traditionen der Welt – in ein neues Erleben der Wirklichkeit. Ein echtes Arbeitsbuch, ein Buch, mit dem man lernt, Dankbarkeit in alle Bereiche des eigenen Lebens zu bringen – in Beruf und Finanzen, in Beziehungen, in Gesundheit, Ernährung und Spiritualität.

Die Vision vom göttlichen Menschen
Eine spirituelle Weg-Begleitung in das neue Jahrtausend
Barbara Schenkbier

Paperback, 424 Seiten, 21 ganzseitige Bilder, ISBN 978-3-928632-68-3
Prachtband: Geb., 424 Seiten, Einband Kunstleder mit Goldaufdruck,
21 ganzseitige Bilder, Zweifarbendruck, ISBN 978-3-928632-18-8

Das Buch ist ein umfassendes Standardwerk, das den Durchbruch einer neuen Evolutionsstufe im Bewusstsein des Menschen vorbereiten hilft. Aufbauend auf wissenschaftlichen Erkenntnissen und der mystischen Tradition aller Religionen führt es zu einem tieferen Wissen über das menschliche Bewusstsein, um dann den Weg zum göttlichen Menschen zu beleuchten. Alle wichtigen Schritte werden beschrieben, wesentliche Übungen aus einer neuen Sicht heraus dargestellt und die Transformationsstufe zu einem neuen Bewusstsein geschildert. Beim Lesen und Anwenden der beschriebenen Wahrheiten eröffnet sich dem Leser eine neue Sicht auf den Sinn des Lebens. Alle, die den geistigen Weg beschreiten, werden ihn besser verstehen, ihn bewusster, mutiger und konsequenter weitergehen. Das Buch ist aus der eigenen spirituellen Erfahrung der Autorin heraus geschrieben und eröffnet den Blick in eine Zukunft, die die evolutionäre Schöpferkraft selbst schaffen wird.

Die befreiende Kraft der Vergebung
Eine Anleitung, um wirklich verzeihen zu können
Jim Dincalci

Paperback, 288 Seiten, ISBN 978-3-86616-198-6

Manchmal sind es nur kleine Dinge, die man nicht verzeihen kann, manchmal traumatische Ereignisse, die das ganze Leben überschatten. Aber immer, so betont der amerikanische Psychologe und Vergebungsexperte Jim Dincalci, vergiften sie das eigene Leben. Vergeben bedeutet darum freiwerden. Aber wie? Dincalci hat dazu ein Vergebungsprogramm entwickelt, das wirklich hilft: um die Blockaden auf dem Weg der Vergebung zu lösen, um die inneren Helfer zu entdecken, die stärken, und vor allem: um sich auch selbst vergeben zu lernen.

Kommunikation ist Teil der Heilung
Arzt und Patient als Partner
Susann Theresa Braun

Taschenbuch, 144 Seiten, ISBN 978-3-86616-319-5

Glauben Sie an ein Leben nach dem Tod? Bevor Sie diese Frage für sich endgültig beantworten, sollten Sie dieses Buch lesen! Es könnte Ihre Sicht auf die Dinge und das Leben von Grund auf verändern. Denn all die Erfahrungen, Beobachtungen und Studien, die hier überzeugend, leicht nachvollziehbar und wissenschaftlich fundiert dargestellt werden, machen mehr als nur Hoffnung. Sie lassen eigentlich nur einen Schluss zu: dass unser Bewusstsein nach dem Tod überlebt. Und sie zeigen, dass wir Leben und Tod in einem völlig neuen Licht betrachten müssen - ja!- dürfen! Lassen Sie sich auf dieses einzigartige Leseabenteuer ein, das zu einem der letzten Geheimnisse der Menschheit führt – und vielleicht dazu, dass Sie zukünftig in einem vollkommen neuen Verständnis und großer Gelassenheit durchs Leben gehen werden.

Herzensqualitäten
Vom Machen zum Sein
Hanspeter Ruch

Paperback, 136 Seiten, ISBN 978-3-86616-339-3

Rast- und Ruhelosigkeit scheinen die Wesensmerkmale unserer Zeit zu sein. Dieses Buch ist ein leidenschaftliches Plädoyer für einen neue Lebensausrichtung, die wieder zurück in die eigene Mitte führt, in das Herzstück unseres Seins und unsere Herzensqualitäten entfaltet. Dann tritt ein umfassender Wandel ein. Der Stress lässt nach und das Aktivitäten-Karussell hört auf, sich zu drehen, der Kopf wird frei, Ruhe und innerer Friede kehren ein. Wir sehen klar und erkennen, dass das Herz unsere Heimat ist. Ein aufrüttelndes Praxisbuch mit vielen Inspirationen und Anleitungen, wie wir zu unserer inneren Quelle finden.

Mein Weg zu mir selbst
Ich-Erfahrungen
Maria Färber-Singer

Paperback, 288 Seiten, ISBN 978-3-86616-300-3

Veränderungen im Leben sind stets eine Herausforderung. Oft wollen wir Gewohntes und Liebgewonnenes festhalten und es fällt uns schwer, dem natürlichen Fluss des Lebens zu folgen. Doch wenn es uns gelingt, Veränderungen anzunehmen, dann kann sich das Leben auf wunderbare Weise verwandeln. Davon erzählt Maria Färber-Singer in ihrem neuen Buch. Anhand ihrer ganz persönlichen Geschichte zeigt sie humorvoll, tiefgründig und mit viel Esprit, wie man die Wandlungen des Lebens zur Entfaltung der eigenen – oft noch ungeahnten - Potentiale kreativ nutzen kann. Denn sich dem Unvorhersehbaren zu öffnen, birgt – wie dieses Buch - manch kleines Wunder und viele überraschende Möglichkeiten, das Leben bewusst und schöpferisch zu gestalten.

Radikales Erwachen
Nimm dich im Alltag ganz an
Jeff Foster

Hardcover, 256 Seiten, ISBN 978-3-86616-282-2

Jeder spirituell Suchende sehnt sich nach Einssein, Freiheit und bedingungsloser Liebe, „anzukommen" und im Hier und Jetzt vollständig aufzuwachen. Wer es liest, begegnet keinem neuen spirituellen Konzept, keiner Theorie, sondern der Einfachheit, Schönheit und Tiefe einer überwältigenden Erfahrung. Lebensnah, humorvoll, berührend und im besten Sinne radikal in seiner Direktheit zeigt Jeff Foster, wie die vollkommene Akzeptanz des Lebens und der Gefühle zur Freiheit führen und alles verwandeln kann. In jeder Zeile ist spürbar, dass er aus der eigenen lebendigen Erfahrung schöpft, und so geraten wir schon beim Lesen in den erfrischenden Sog der Freiheit.